法国絮语

Flâneries Françaises

王受之的欧洲城市观察

•

王受之 著

人民美術出版社
北 京

图书在版编目（CIP）数据

法国絮语 / 王受之著 . -- 北京：人民美术出版社，2025. 8. --（王受之的欧洲城市观察）. -- ISBN 978-7-102-09768-8

I . J156.5

中国国家版本馆 CIP 数据核字第 20256NZ496 号

王受之的欧洲城市观察

WANG SHOUZHI DE OUZHOU CHENGSHI GUANCHA

法国絮语

FAGUO XUYU

编辑出版 人民美術出版社

http://www.renmei.com.cn

（北京市朝阳区东三环南路甲 3 号 邮编：100022）

发行部：（010）67517791

网购部：（010）67517604

著　　者　王受之

责任编辑　薛倩琳　王 蕊

责任校对　宋正伟　钟 村

装帧设计　冯畇茜

责任印制　胡月梅

印　　刷　天津裕同印刷有限公司

经　　销　全国新华书店

开　　本　32 开

成品尺寸　115mm × 175mm

印　　张　17.5

字　　数　220 千

版　　次　2025 年 08 月　第 1 版

印　　次　2025 年 08 月　第 1 次印刷

印　　数　1—5000 册

ISBN 978-7-102-09768-8

定　　价　98.00 元

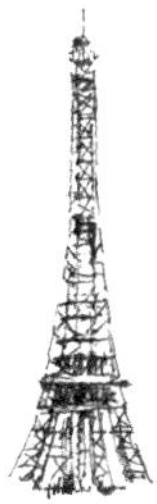

一个不安分的艺术笔记本
Carnet d'art intranquille

1980年，我正在读研，研究美国史，脑袋里满是《独立宣言》与杜威的实用主义，不料身边突然多了一群法国人——这事听起来像是冷战背景下某“文化间谍片”的开头。原来，法国政府与武大合作建立了一个教育基地，派遣了二十多位法国教师来授课，教授法语、介绍法国历史与文化。那年我选了法语作为第二外语，从此，与这个国家结下了不解之缘。

我们班的法语老师是一位中文讲得极溜的法国人，名叫多米尼克（Dominique），个子矮矮的。他聪明绝顶、妙语连珠，讲起课来趣味盎然，是最受我们那一届研究生欢迎的老师之一。正因为“太出挑”，他成了校内的传奇人物，甚至有人编出他是“法国间谍”的八卦——传得最欢的往往是那些从没上过他课、对法文毫无兴趣的人。可他本人却对此一笑置之，甚至还会故意用流利的中文调侃几句：“你们中国人也太会编故事啦！”

与我关系最好的法国人，是一个外号叫“ZuZu”的男老师（本名我有点记不清了），和他女朋友布里吉特（Brigitte），郎才女貌。他们一身自由派气质，骑摩托车走乡串镇，闲时还会来我在音乐学院的家里听听音乐、聊聊天，偶尔也邀请我到他们在武大的专家公寓中吃顿晚饭，我如约前往时，能尝到一整套地道法餐。当时中国市面还没有奶酪出售，布里吉特竟能用配发的牛奶DIY奶酪，风味极佳。那顿饭让我第一次意识到，法国人不仅讲究饮食、重视餐桌礼仪，更擅长在有限条件下展现令人惊艳的饮食创造力。三年下来，我们成了莫逆之交，我从他们身上感受到法国人不疾不徐的生活态度，对音乐、艺术、食物、仪式感的执着追求——那是一种很讲究却不端着的生活方式。

从那时起，法国对我来说就不再是一个遥远的欧洲大国，而是一群有血有肉、有咖啡香气、有文学腔调的人物构成的社会文化网络。而我自己——一个研究美国史出身的学者——在之后的三十年间，逐渐转向艺术与设计史的研究与教学。参观博物馆、观察城市、研究建筑风格、分析展陈语汇，成了我生活的一部分。每一次欧洲之行，几乎都是以“艺术考察”之名的自我沉浸之旅。

在法国人看来，整个法国大致可分为两种地方：巴黎，以及巴黎以外的其他地方——他们称为“外省”。这个词听上去似有贬义，却是法国人习以为常的说法。无论是斯特拉斯堡的学者，还是格拉斯的香水商，他们和我交谈时大都自称“我们外省人”——既无自卑，也无怒意，仿佛这只是一个方位名词。而我自己，也正是在一次又一次离开巴黎、深入外省各地的过程中，才真正看见了法国文化的丰厚底色。

从 1995 年开始，我几乎每十年都会到欧洲一次，并非刻意，只是时间上的巧合。1995 年、2005 年、2015 年，到今年，2025 年，我又出发了。春节前的寒假，我花了将近一个月时间，穿越法国、德国、比利时和荷兰，特别在法国各个地区停留最久，深入外省城市探访艺术、建筑与设计。

这趟旅程让我意识到，法国的艺术面貌不只体现在巴黎的卢浮宫、奥赛博物馆或蓬皮杜中心。从斯特拉斯堡的现当代艺术博物馆到贝桑松的山城美术馆，从阿尔勒街头的古罗马遗迹到马赛的当代建筑新貌，从教皇宫耸立的阿维尼翁到香水之都格拉斯……几乎每一个看似宁静的城市，都藏着一座不容小觑的博物馆，或一个不经意的艺术地标。

这次在阿维尼翁，我才真正理解到外省的文化分量——谁会想到，如今这座宁静的南法城市，在 14 世纪曾是整个天主教世界的权力中心。从 1309 年到 1377 年之间，先后有七位教宗皆为法国人，将圣座从罗马迁至阿维尼翁，一度使这座外省小城成为基督教圣地之一。直到教皇格里高利十一世将教廷迁回罗马，这段法国主导教廷的时期才画上句号。但有意思的是，当地人并不以“昔日教皇城”自居，依旧过着他们自认的“外省人”生活，坦然而自在。这种反差，体现出法国文化的复杂与层次。

这趟外省之行，一路向南、向西，经过第戎、里昂，进入普罗旺斯山区，抵达几座历史小镇。一路上，中世纪的石屋、巴洛克风格教堂、古罗马竞技场比比皆是。与中国“千年古迹”寥若晨星的现状不同，法国乃至整个欧洲，历史建筑如同日常街景，镶嵌在市镇的肌理中，融入生活的节奏里。

如果说巴黎是法兰西岛这片星系的太阳，那外省城市则是散落在周围的小行星，各自运转，自足而不喧哗。我们常常因为巴黎的光芒过于强烈，而忽略了这片群星闪烁的璀璨天空。这本小书，便是一次“不从巴黎看法国”的尝试。从文化中心转向地方视野，从美术史正典踏入非主流路径，是我的写作计划，也是个人对欧洲文化结构的一次重新审视。

本书收录的是我在 2025 年初冬一路走来的所见所闻、手绘草图，以及随手写下的观察与思考。它不是一本系统性的艺术史教材，也不是一本纯粹的旅行攻略，更不是网红景点笔记。它是一个旅行者兼研究者，在欧洲的冬季光影中，寻找历史与现实交界线的小型自述。

希望你能像我一样，不只看见巴黎的灯火，也能在阿尔勒的老街角、贝桑松的山路尽头，遇见法国那种慢悠悠却精致得惊人的文化气息。

2025 年夏于洛杉矶

目录
Catalogue

巴黎

。

Content

•

巴黎
Paris

想起保罗·安德鲁
Penser à Paul Andreu

2025 年 1 月中旬，再次踏上法国的土地，这是我的第四次造访了。每一次，这片土地都令我打开新的视野，让我对艺术遗产能有更深地理解和欣赏。地理上，欧洲离中国、美国都很远，但是在我们这些学艺术、学设计、学历史的人心中，却是非常近的。巴黎给我们留下的印象，是其永恒的魅力、丰富的历史和浪漫的氛围。对于这座城市那些令人惊艳的地标：埃菲尔铁塔、巴黎圣母院、卢浮宫、凯旋门以及漂亮的香榭丽舍大道、壮阔的协和广场等，虽然早已从书本、画报、电影上看过许多，已经耳熟能详了，但亲眼看到它们，置身其境的时候，还是有一种超现实感。

搭乘飞机从上海去巴黎，因为是一大清早起飞，全程都睡不着觉，比较辛苦。好在全程飞行还算平稳，13 小时后终于抵达巴黎。飞机在戴高乐机场降落，这个机场从 1974 年启用，年客流量达 7 千万人次，在欧洲排第三。机场和法国高铁（TGV）连接，可以从这里直接乘车去法国几乎所有的主要城市，马赛（Marseille）、里昂（Lyon）、图卢兹（Toulouse）、尼斯（Nice）、南特（Nantes）、斯特拉斯堡（Strasbourg）、蒙彼利埃（Montpellier）、波尔多（Bordeaux）、里尔（Lille）、土伦（Toulon）、阿维尼翁（Avignon）等。

站在机场的航站楼前，我突然想起这座机场是保罗·安德鲁（1938–2018）设计的。安德鲁设计过很多机场，马尼拉、阿布扎比、雅加达、开罗、文莱，还有浦东机场的 1 号航站。我跟朋友们开玩笑说，我们从安德鲁设计的机场起飞，飞了 13 个钟头，又到安德鲁设计的机场来降落了。

安德鲁是法国一线的建筑设计师，1973 年与另外一位设计师约瑟夫 - 安德烈 · 莫特（Joseph-André Motte，1925—2013）合作，设计巴黎的地铁站，他们采用了一个非常独特的方法设计视觉标志，就是每个墙面全部用白色瓷砖，沿着站台的长条灯带和波浪形的穹顶则用不同的色彩，每一站一种色彩，乘客们会下意识地记住与车站相关的颜色，通过车站的色彩氛围来确定车站名称。这是一个相当简单但雄心勃勃的车站改造计划。他早年的这个设计给我留下很深刻的印象。他后来设计了巴黎的戴高乐国际机场 1 号航站楼，出了大名，中国项目方请他来设计了上海浦东国际机场的 1 号航站楼，也是业内口碑很好的项目。不过，后来安德鲁在北京设计的国家大剧院，形状像一个巨蛋，建成后在国内引起过不少争议。

大约是在 2014 年，我受邀参加北京的一个设计论坛，遇到了安德鲁。那时他 70 大几了，瘦瘦的，穿着一件宽大的风衣。那晚主办方安排了一个十几人一桌的宴会，我和安德鲁坐在同一张桌子上。他的英文讲得不错，和我聊得挺欢。

那天晚上我见到他的时候，他还在为戴高乐国际机场 2E 航站楼 E50 登机口附近桥墩顶棚部分倒塌的事故辩解。发生事故的这一段航站楼长 450 米，那次事故发生在 2004 年 5 月 23 日，造成 4 人死亡、3 人重伤。这么大的一座新完成的建筑物没有查出明确的倒塌原因，让很多人认为是设计问题，而他认为是建筑商的质量问题。其实在结构设计方面，安德鲁做得很好，他将在此之前设计的英吉利海峡隧道的原理运用到了新的机场航站楼的设计中。2003 年航站楼落成，由于没有柱子的支撑，内部显得非常宽敞，经过 2E 航站楼的旅客都对这座建筑赞不绝口，称其美观且实用，但是时隔一年就出了这么大的事故，对他的打击实在是很大的。虽然，后来我看到的调查结果确实是建筑商的问题，与他的设计无关，但是也对他造成了很大的负面影响。老人家设计的北京的国家大剧院也是争议不断。那几年，瑞士赫尔佐格和德梅隆事务所（Herzog & de Meuron Architekten）设计的“鸟巢”、雷姆·库哈斯（Rem Koolhaas，1944–）设计的“大裤衩”、他设计的“巨蛋”在国内都引发激烈的争论，我知道他的压力颇大。

那天晚上我们同桌吃饭，记得还有常沙娜老师，我和他聊得很开心，本来想谈谈他当时正在设计的项目，没有想到突然闯入一群年轻女记者，要采访他，而话题主要就是围绕国家大剧院。不知道这群丫头是谁安排的，言辞犀利，近乎挑衅，很不客气，而且滔滔不绝，一个逼问未完，第二个紧接着又上，打起了“车轮战”，直接用英语质问安德鲁为什么要设计一个这么丑的建筑破坏北京的天际线。我虽然不懂新闻采访的规矩，但直觉这样的“采访”并不合适，对一个老人家来说，更是太“狠”了。我一直坐在旁边，看到安德鲁被追问得很狼狈，已明显露出反感的情绪。我怕会争吵起来，大家都不好看，就对他说，我们走吧，陪他走出了宴会厅。直到我将他送回房间，他才如释重负，坐下来和我谈起国家大剧院方案的由来。

据安德鲁自己说，他原来参加投标的方案是一个比较正规的剧院方案，但是甲方不满意，要他拿一些以前设计的其他方案来看看，其中就包括这个“巨蛋”。那是他原来为一个中亚国家（我记不清他说的是哈萨克斯坦还是土库曼斯坦了）设计的首都政府综合体，但当时没有被采纳，就留在他的手提电脑上。不料甲方一看连声说好，直接采用了。听他的口气、声音，有些委屈。

安德鲁在 2018 年已经过世，这会儿我站在他设计的机场，那个特定的时间、那张委屈的面孔，在我脑海里清晰了起来。眼望着周围的机场建筑，圆形的 1 号航站楼居中，周边有 7 座卫星楼，每颗“卫星”都有 4 个登机口，虽然现在已经有些旧了，但在 20 世纪 70 年代，算是非常前卫的设计了。

在法国，除了机场的航站楼之外，安德鲁最有名的建筑就是巴黎拉德芳斯的新凯旋门（Grande Arche）了。站在老凯旋门，就可以看见大路另一头的新凯旋门，确实非常雄伟。建筑师的作品具有巨大的影响力，安德鲁就是这样一位给我们留下许多时时可以见到、可以谈论的作品的建筑师。到巴黎，首先想到的就是那个被一群中国年轻女记者追着“审问”的老人家，颇有些唏嘘。

法国人
Les Français

法国人是以浪漫出名的，不过，在我眼中，他们更加显著的特点是拖沓和懒散。

法国人 1 年才工作 34 个礼拜，还有 7 个礼拜的带薪假期，午餐时间有一个半到两个钟头。他们的饮食是奶酪、干酪、高胆固醇的鹅肝和蜗牛、大块的红肉（还常常吃生肉，那道著名的法国菜——Steak Tartare，其主要成分就是手工切碎的全生嫩牛肉），中餐和晚餐都要喝酒。除了走去上班之外，基本不怎么运动，但是他们的人均寿命却是西方国家中最长的。法国人对方便快捷的超级市场没有多大兴趣，却喜欢像中国的老人家一样每天逛市场买菜，回家自己烧饭吃。走在巴黎的街道上，到处都能看见这个国家的人一堆堆地扎在街头咖啡座上闲聊、喝红酒，却很少见到有人打开手提电脑在那儿做事（这种景象在美国的星巴克里面比比皆是）。早上出门时就见到这些人，下午回来时，他们还在那里坐着胡侃海聊，可这个国家的人均收入却名列西方国家的前茅。你不觉得有点天方夜谭，有点古怪吗?

在法国，1/4 的就业人口打的是政府工，也就是说，1/4 的人是公务员，比我们整天埋怨的中国公务员比例高多了。这批公务员，在整个西方国家中效率最低，其工会的权力最大。在法国，可以说政府的走向、决策、表现，全是工会在控制，整个国家不懒散才怪了。巴黎那些“衙门”美轮美奂，可是进到里面办什么事情都难得不得了，即便去找部长秘书甚至直接找部长，也帮不上多少忙。其实你找错人了，应该找这个部的工会主席才对。工会一言九鼎，动不动就全体罢工。一下子全城的巴士停开，一下子学校教员罢课，就像一个停停走走的钟。说到停摆的钟，还有这么一个真实的故事：1999年年底，为了庆祝千禧年的到来，巴黎协和广场上特别装置了一个倒计时的大钟，不料却在千禧年之前的两天停摆了。更让人想不到的是，居然没人来修，就让这个钟一直停到元旦之后！真是典型的法国做派。

法国的大企业很多是国营的，基本连年亏损，工会却强硬得很，动不动就罢工、怠工。搞得我们这次去，每趟出行之前都要查查“罢工”网站，看看高铁开不开、航班飞不飞。不过，法国私人企业中工会的力量是全西方最弱的，而法国私人企业的劳动生产率在西方国家却最高。中国人在讨论怎么样避免朝九晚九的连轴转，人家在谈论一周只工作4天。人人都知道法国以美食闻名，可是想吃到法国美食并不太容易，尤其在巴黎以外的其他城市，满街的餐馆晚上7点半才开餐。如果你6点想就餐，想找家餐馆尝尝名满天下的法国美食，你就等着失望吧，前台的服务员会毫无表情地扔出一句“no dish”，因为大厨还在家里休息呢。你大概率只能找到一家咖啡厅或者酒吧，喝口咖啡、吃块羊角酥，或者喝口葡萄酒，加一点奶酪充饥。

2012年巴黎争办奥运时，当时的法国总统弗朗索瓦·奥朗德（François Hollande，1954— ）还以法国饮食之精美来调侃竞争对手英国佬。2024年奥运会，法国总统马克龙（Emmanuel Macron，1977— ）也很是自豪地以法国佳肴款待来宾。可你去法国餐馆坐下来吃顿饭试试，那里的服务态度一般并不热情，好像你进来吃饭倒是欠了他的。这一次去巴黎，我们定好下午1点去奥赛博物馆看展览，中午12点便到附近一家相当豪气的餐厅吃午餐，服务员是四五个老男人，他们颐指气使，言左顾右，搞得大家钱没少花，饭没吃好。我们还有过喝完咖啡，付了费，等服务员找钱的时候，那个眉清目秀的服务小哥却自顾自地跟另一位女服务员聊天而将我们晾在一旁的经历。这样的情景在其他地方，真是难以想象。恐怕在世界各地，都难得找到比法国人的服务更加差劲的。即便是美国快餐连锁店，到了巴黎也得入乡随俗。戴高乐机场的麦当劳，因遵照欧洲环保规定，喝可乐连纸吸管都不给，我还真不知道纸吸管对地球能有多大的损害。

去巴黎次数越多就越困惑。好多在其他国家是常理的事情，到了这个国家就反过来了。营养学家说，在西方国家中，这个国家的公民抽烟最厉害、喝酒最多、油腻的食品吃得最惊人，但是寿命却最长，在街头基本看不见胖子，心脏病比率也比美国低得多。大家叫这种现象为“法国谜”

（French Paradox），我将此叫“法国魔盒”，反正是搞不懂。

在西方，法国有最高的税收、最邋遢的文官群、最烦琐低效的制度、最高的债务，繁文缛节多得数不清，失业率长期在两位数徘徊。就是这么个国家，却在 21 世纪还是全世界生产率最高的国家之一、单位时间产值最高的国家之一、第三大出口国、第四经济大国。世界经济七雄中绝对少不了法国，但是法国也绝对不按照国际经济发展的模式迈步。《华尔街日报》《经济学人》和《财富》等报刊提到的经济增长所需要遵循的原则，法国好像都不具备。《纽约时报》经济评论家托马斯·弗里德曼（Thomas Friedman, 1953– ）在他的著作《世界是平的："凌志汽车"和"橄榄树"的视角》（*Lexus and the Olive Tree*）中写道：如果国家是只股票，法国股一定是我立刻要卖掉的那种。佛里德曼的书对我的影响太大了，在英文作家中，最不遗余力批评法国体制和法国人的莫过于此公了，他的书属于那种掷地有声的权威著作。几次访法，每次我都带回了浪漫的印象，但同时也带回了一大堆自己无法解释的现象。法国人的这种矛盾性、复杂性，实在看得人扑朔迷离。在美国，读遍所有所谓的主流杂志和报纸，像《纽约时报》《洛杉矶时报》《新闻周刊》《时代周刊》等，都没法找到解释。有个作家比喻说，看法国人就好像看骆驼，平时看，怎么都觉得有问题，比马差多了，跑不快，背上还有个累赘的驼峰，但在沙漠里，才知道为什么需要骆驼。法国人也是要在法国这块土地上，才能显示出他们与众不同的地方，出了法国就不行了。自拿破仑以后，法国军队屡战屡败，就是一例。你看法国的武器，样子都不错，实战却不行。什么“幻影2000”，就没听说过有何显赫战绩，甚至训练的时候都会掉下来。至于“拉法叶驱逐舰”（La Fayette class frigate），据说性能是美国“神盾”级的水平，但到了海上却能从雷达上看得清清楚楚，几无隐形性。这也是法国人的可爱之处。

我一直在找有关法国人的书看，大都太学术化，看完了还是搞不懂。2005 年来巴黎的时候，在里沃利街上的书店里，找到过一本读得很过瘾的英文小书，题为《六千万法国人不可能错》（*Sixty Million Frenchmen Can't Be Wrong*），副标题更绝，“Why we love France but not the French”，翻译成中文就是“为什么我们喜欢法国但不喜欢法国人”。这本书的作者是两位加拿大记者，一位叫纳多（Jean-Benoit Nadeau，1964– ），另一位叫巴罗（Julie Barlow，1968– ），他们两位受当代世界事务研究所（Institute of Current World Affairs）的资助，专门花了两年时间在法国研究法国人的矛盾性。这个研究所是由美国工业巨头继承人查尔斯·理查德·克兰（Charles Richard Crane，1858–1939）于 1925 年创立的，旨在通过派遣年青专业人员出国研究各个国家和地区，以及全球的重要议题，来增进美国对国际文化和事务的了解。两位记者都来自加拿大法语区，法文讲得溜溜转，英文也写得漂亮，从头到尾都在讲故事，结论虽然未必能说服所有人，但是研究的内容却引人入胜。他们还列出了一长串参考书目，我就按图索骥，一本一本找来看，受益匪浅。

一个民族，如果能够好好研究自己，如果还能够被别人好好研究、评头品足地去批评，其实是幸事。因为知道自己的不足，才可以改进。许多发达国家都有这类批评自己的书。在伦敦的诺丁山，我买到过一本《盯着英国佬：英国人行为的潜规则》（*Watching the English: The Hidden Rules of English Behaviour*），作者是英国人，叫凯特·福克斯（Kate Fox，1975– ）。这本书也是批评英国人的，也是看得我放不下手。美国书店更是一绝，骂美国的书多了去了，有一本书直接就叫作《为什么大家恨美国》（*Why Do People Hate America*，Icon Books，2003），作者是齐亚丁·萨达尔（Ziauddin Sardar，1951– ）和梅里尔·温·戴维斯（Merryl Wyn Davies，1949–2021）。不过，也不是每个国家都这样，你到韩国看看，书店里全是说自己好话的书，但凡外面有人写点什么批评他们，绝对千夫所指，国家不禁，民众自禁。

我几次去法国，尽量多方接触，四处游历，资料查了很多，书也买了不少，不过要搞懂法国人，还真是不容易。首先是我的法文不好，勉强能看，讲就困难，靠法语是靠不住的。其次是法国人最烦美国人，因为美国在经济上、军事上、通俗文化上实在比法国强太多了，法国人哪里咽得下这口气啊！因此一说是从美国来的，甚至会遭到白眼呢，一句“I don't speak English”扔过来，你就慢慢品吧。

每次来巴黎，对人群的感受都很复杂——在春天百货公司看到熙熙攘攘的人群，会喜欢这里繁荣的商业氛围。可到了卢浮宫或者埃菲尔铁塔，又对那里的长蛇阵感到恐惧，太拥挤啦！尤其是旅游旺季，简直让人不知所措。人一多，小偷就多，地铁上的广播，不断用法文、英文、中文提醒大家注意扒手。尤其这些年来，欧美国家以“平等”做借口，不将偷偷摸摸入罪，纵容放任，才搞到这种地步。1995 年、2005 年、2015 年那三次来法，都听到或见到“小心扒手”的广播和标语，这次没有，算是进了一大步，还是退了一大步呢?

有人说法国人是西方人的典型，我倒觉得法国人和其他西方人实在太不同了。我在美国住了几十年，西方人见了不少，法国人那种气质、那种趾高气扬的态度是非常容易辨认出来的。他们国家的象征是高卢雄鸡，戴顶三色帽子，艳丽夺目，但总是怒气冲冲，大吵大闹，不可一世，却永远生不出个蛋来。高卢雄鸡代表法国人，真是太传神了！高卢雄鸡作为法国的象征，曾在第一次世界大战中与普鲁士老鹰相抗衡，象征着农民出身、自豪、顽强不屈、勇气与繁殖力强盛。虽然到现在，法国政府尚未正式明令将它作为法国象征，但在法国人心里，却已经是国家荣誉的象征了。此外，当法国男人企图以他自傲的外表来吸引女人时，还会被笑称是只“如假包换的公鸡”呢。看来，公鸡和法国真是有着难解难分的情愫！

法国人的确有许多值得骄傲的东西——悠久的历史，美轮美奂的巴黎，文学、绘画、雕塑、音乐、舞蹈、哲学，先进的高速火车，众多的名牌产品，漂亮得有些令人目眩的美女俊男，优雅浪漫的生活方式。其实，法国人还有一种骨子里的骄傲——据说他们都是高卢人的后代，血统比较纯正，不像美国佬，天南海北的什么人都有。这次我去法国南部的几个小城市，和咖啡店的老板、餐厅的服务员聊了聊，他们都很自豪地告诉我：这个地方已经住了他们家族的十几代了。不过，作为一个在美国生活的中国人，我对此并无所谓，因为我有中国的超级悠久的历史和家谱，也有美国的人种混杂的经验。如果美国佬对几十代人的传承会惊奇得不得了，那我这个中国人对此就完全无动于衷了。我告诉法国人：我们王氏家族因为逃避内乱外祸，从粤北的南雄珠矶巷进入广东，那是在北宋后期，算起来接近 1000 年了。如果再往前追一追，几乎可以追溯到山西的王氏大院，那就有 2000 年了。我在甲骨文上就见到本人的姓了，那可是 3000 多年了，这得多少代啊?

和法国大部分外省的城市不同，现在巴黎的外国人确实有点太多了。阿尔及利亚战争之后，涌来大批阿拉伯人，欧洲最大的清真寺就在巴黎的左岸，还有无数的土耳其人，甚至东欧人、南欧人，中国温州人也很多。反正站在巴黎大街上，一眼望去，外国人和法国人的数量差不多。有些区，大部分人在讲阿拉伯语，有些区则都在讲斯拉夫语系的话。现在的巴黎，已经很难说是纯粹高卢人的城市了，估计有 1/3（或以上）的人口是外国移民或者外国移民的后代吧。从历史上看，法国在 19 世纪以前，外国人很少，那个时候法国的人种的确很纯粹，但自从第一次世界大战期间及战后，涌入了大批外国移民，并且慢慢都入了法国籍，这就开始乱套了，巴黎人对此相当恼火。

其实，法国历史上的著名人物中，不少人都有移民的背景。红衣主教兼首相玛萨林（Giulio Raimondo Mazzarino，1602—1661）是意大利人，路易十六的皇后玛丽·安托瓦内特（Marie Antoinette，1755—1793）是奥地利人，拿破仑是科西嘉人，作家大仲马（Alexandre Dumas，1802—1870）据说有黑人血统，法国人叫这类人为“mulatto”，带有冒犯意味。你在巴黎大街小巷走走，注意看看他们门口的邮箱，大约不到 1/3 的姓氏是真正法国人的，其他都绝对是外国的。随便记录几个给各位看看：Ben Jelils、Ben Hammoudas、Johnson、Lopezes……如果到温州人聚居的地方看看邮箱，那就基本是中国的百家姓了。其实，法国文化能够在 19 至 20 世纪突飞猛进，在现代艺术、音乐、舞蹈、文学上取得那么大的成就，外国移民的贡献简直了不得。一个民族的生命力，其实离不开种族融合，美国之所以这样牛，不就是融合了全世界最优秀、最有野心的移民吗? 这些外国人丰富了法国的文化、艺术、烹饪、语言，也丰富和改造了法国的精神和传统，打造了一个与众不同的法国。

不过，说到底法国还是法国，即便有了那么多外国移民，还是会经历法国文化精神的浸染和改造，他们对法国文化和精神的影响是一个缓慢起作用的过程。而不会像美国那样，来了 20 万越南难民，立马就在洛杉矶搞出个“小西贡”来。法国人的傲气，不容许这样的突变。法国的社会意识和美国的高度自由化不一样，适应起来会比较困难一些。

我在法国旅行，一方面因为看到非常独特的城市、建筑、艺术、文化而开心，同时也会感到不太自在。我问过一些美国人，他们居然也说在法国会感觉不自在，语言不通肯定是原因之一，但他们都说这种不自在远超过在其他非英语国家。细问起来，他们告诉我，在中国、日本，或者到了非洲、拉丁美洲，你虽然是个外国人，说着当地大多数人都不会说的英语，但是别人把你当作一个外国客人对待，但凡你做的事情不符合当地习俗，人家会用一句“外国人嘛！他们不懂”就释然了。然而在法国，如果你是个来自外国的白种人，但不是高卢人，尤其是所谓的盎格鲁-撒克逊人，那就糟糕了，法国人最令其他西方国家诟病的，就是这种法兰西民族沙文主义的傲慢。那些法国人原以为你是他们一族，突然发现你不是，“小鞋”有得你穿的。法国人对美国人接近仇恨，对英语有接近变态的恶感，他们大概忘记了：要不是美国军队 1917 年来帮他们打败德国佬，哪里有《凡尔赛条约》？要不是美国佬和英国佬 1944 年在诺曼底登陆，哪里还有法兰西共和国？他们从拿破仑时代就觉得法兰西是世界第一的，但是从 1815 年后他们这个梦就没有实现的机会。坐看没有文化、不懂时尚、不会烹饪、举止粗野、吊儿郎当的美国佬越来越强大，那种羡慕、嫉妒、恨，心里不平衡啊！一口气不出在你们这些人头上，往哪儿出？

我第一次去巴黎时，曾在左岸的圣热尔曼区（Saint-Germain）逛街，看到有家画廊专门卖日本浮世绘原版印刷品。19 世纪末，法国人曾一度非常迷恋日本艺术，进口了大量的浮世绘作品，当然还有日本的漆器、陶瓷、武士刀、和服等。当时，好多巴黎的艺术家受日本风格影响，促成新艺术运动（Art Nouveau）的兴起。目前还有不少日本江户时代的浮世绘作品和手工艺品留存在法国人手上。我也喜欢浮世绘，特别是描绘当时日本村镇、城市风景，记录明治维新前后改革派和保守派武士之间几次大战题材的。那天我见到几张老版画，很是喜欢，便想和老板谈个价钱，买一两张。

谁知，那个老板并不热情。从我走进店，他就没打过招呼，独自坐在角落里，仅抬头冷冷地看了我一眼。我想他必是认定中国人不会买日本货吧。我挑了两张，走过去用英语问他价钱，没想到，这家伙用很不错的英语回答说："I don't speak English"。注意，他并不是说"我不懂英语"，而是"我不说英语"，就是明明懂，偏不说，情愿生意不做。气得我用法文回他一句"我也不说法文"（Moi non plus je ne parle pas français），转头就走。这回轮到他目瞪口呆了，没想到这个中国人还能说一点法文。那家店门可罗雀，送上门的顾客却因为老板的傲慢被赶走了，用哪个国家的逻辑都说不通啊。

法国人这个坏名声，在 19 世纪的英国小说、散文中，我就已经读到过了。这种傲慢已经不是个别人的个人态度，而是成了民族传统的组成部分之一。法国人向来觉得自己天下第一，记得第一次去巴黎时，国际机场里仅有法文。后来总算在机场的进出口、售票处等地方加上了英文和中文说明，算是有了点进步。

体会法国
Découvrez la France

我之前不愉快的经历几乎都发生在巴黎。这一趟我在巴黎停留时间不长，大部分时间在外省，感觉就截然不同了。非巴黎的法国人其实淳朴友好，虽然语言不通，他们对人还是蛮热情的。我先去了斯特拉斯堡，也就是传统意义上的阿尔萨斯地区的首府，这座城市人口约 30 万，在法国属于中等城市，那里的法国人，就很友好。在法国外省很难找到公共厕所，所以一看到桥头有家小小的餐馆，虽然午后尚未开门，我们还是硬着头皮去询问可否借用一下洗手间。不料里面几个服务员客气地说“尽管用”，这种态度在巴黎是从来没有见过的。其中一位服务员是在法国出生的非洲人，长得高大俊朗，走过来结结巴巴地和我聊了起来。当我问道，作为一个法国外省人，他对巴黎人的看法时，他笑了起来，说巴黎人就是“cocky”（趾高气扬），这个字原意是说好像公鸡一样不可一世，有点讽刺意味。他说在巴黎人眼中，法国只有两种人：巴黎人和外省人。

平心而论，法国人的确是拥有了不起的传统，对于人类文化做出过了不起的贡献，好多东西是他们创造、发明出来的，并且这些发明创造都是发生在好久以前，还一直延续到现在。可以说，法国人事实上是生活在传统中，生活在历史的灿烂时代里，心里一直具有对这种传统的自豪感，所以对外国东西大多瞧不起。

随便举几个例子，就很能说明他们的传统有多么伟大。

全世界通用的度量衡制度中的公制，是法国人发明的，并且最早使用。现在世界上唯有美国佬还在顽固地使用愚蠢的英制，其他绝大部分国家（包括英国）都使用法国人发明的公制了。法国现在应用的刑法，基本是从中世纪天主教的宗教裁判庭传承而来。500 年前的宗教裁判庭沿用的那套法规，在英语和法语中，都叫作“inquisition”。500 年前，差不多是中国的明代，那时中国还在采用凌迟、腰斩、骑木驴这类酷刑，而那个时候法国的刑法，从审判程序、证据、证人到调查和检验程序方面都相当符合现代标准了，因此才可以沿用到现在啊。文官法是拿破仑发明的，在英语中叫“Civil Code”，是现代国家雇用文官、考核文官的标准系统，而法国人已经用了 200 年了，能不自豪吗？当然，他们的文官制度使用得太久，问题丛生，还得与时俱进才行。现在世界通用的“bureaucracy”或“bureaucratic”（即“官僚主义”），也是法国人首创的，法文中的“bureau”原是指政府的各个部门，而政府部门里低效率的恶习不就是官僚主义嘛！如此等等，多了去了。今天，当你在讲资产阶级（bourgeoisie）、无产阶级（proletariat）、宪法（constitution）这些词汇的时候，要知道都是在讲法文啊！英文中所有以“tion”结尾的词几乎都源自法语，你想想，法国人的传统文化有多深厚！

因此，法国人是生活在传统中的现代人，只有他们能够把两方面结合得如此和谐，而在法国以外的人看来，简直是匪夷所思。戴高乐在法国做了两任总统，第一次，他结束了殖民战争，构建了新的政治制度；第二次，他对法国社会进行方方面面的改革，奠定了现代法国的基础。但他在任的时候一直在考虑是否要恢复君主立宪制度，这就是一个现代和传统相结合的例子。

再看看法国人的日常用语，也有根深蒂固的传统意识。他们在称呼那些财政部部长、国防部部长、驻外大使之类的部级干部的时候，不是简单称他们“部长”或者“部长先生”，而是在前面加一个“régalien”，意思是“陛下的某人”，相当于英语“King's”的意思。想想看，如果你在美国要去见一位部长，开口闭口称他“陛下的部长先生”，他准以为你脑子有毛病，而在法国就非常自然。

把传统包含在现代生活形态中，法国人做得天衣无缝。他们吃的那种“蓝干酪”（法文叫“roquefort”），其制作历史可以追溯到12世纪，在巴黎圣母院开始建造的时候他们就吃这玩意了。从卫生角度来讲，绝对不合格，但延续了约一千年，他们还喜欢得不得了。法国人喜欢玩的游戏塔罗牌（tarot），是中世纪意大利人发明的纸牌，今天，老人们还天天在街头巷尾天天玩。凡此种种，不胜枚举。

记得2005年去法国的时候，我租了一辆德国小车Smart，在普罗旺斯行走自如，甚至深入格拉斯（Grasse）

那边的山区，行驶在阿尔卑斯山那些窄小的山路，也毫无问题。2015 年来，5 个人，租了一部大奔驰，请租车公司的人把导航调成英语版的，向东开到德国的德绍、柏林，朝西开到杜塞尔多夫，从未出过问题。但这次一行 6 人，行李不少，租不到够大的德国车，不得不租了部法国车——9 座的雪铁龙（Citroën），心里就开始犯嘀咕了。我以前是开过法国车的，无论是标致（Peugeot）还是雷诺（Renault），问题多多，心有余悸。去租车公司提车的时候，我拿了钥匙上车检查，车是崭新的，但导航是坏的！租车公司两名员工分别上车来试，也都不行，本来想立即换车，但租车公司没有别的大车，租车公司的小伙子说，他在合同上写清楚导航是坏的，我们可以在下一个租车公司换同品牌的新车。行程已定，很难更改，此时已近黄昏，我们不得不开着那辆巨大的雪铁龙上了路，但车上的导航只是摆设，请一位朋友拿着手机，坐在副驾导航。一辆车得两个人来开，你说烦不烦？最后忍无可忍，一到法兰克福就退了这辆，换了辆沃尔沃 SUV。这辆车的导航不但一直好用，并且还可以按我的习惯用粤语导航，真是一绝！朋友们都说：法国东西还是中看不中用啊！看来，我这几十年一以贯之的看法，还真不是偏见。

拱廊街与世界文化之都
Arcade et Capitale Mondiale de la Culture

有些建筑形式能够成为代表一个时期文化的标志，成为象征性建筑，比如古希腊的神庙、古罗马的凯旋门。什么是巴黎的象征性建筑呢？有人说是埃菲尔铁塔，也有人说是大凯旋门，而德国哲学家瓦尔特·本雅明（Walter Benjamin，1892—1940）却认为，造就巴黎成为世界文化之都的是拱廊街，有点与众不同。

这一次去欧洲，有位艺术家朋友特别迷醉于古董，每到一地总是到处看古董店，而法国的古董店多集中在拱廊街里，如此一来，我就逛了许多平时不太去的拱廊街。总的来说，拱廊街的百年黄金时期大概是 19 世纪 20 年代到 20 世纪 30 年代，但是依然有很多历史悠久的拱廊街保留了下来。法国的很多文化就沉积在这些我们一般人认为仅仅是挤满摊位、店面的步行街里，拱廊街也被认为是法国成功地打造出世界文化之都的重要手段之一。

离开巴黎的前一天，我们一行顺着蒙马特大道（Boulevard Montmartre）看建筑，看到举办印象派第六次展览的大楼，有点激动，可惜进不去。刚刚离开，就看见巴黎最著名的拱廊街之一的维度廊街（Passage Verdeau）了。这条廊街和其他两条廊街隔着马路相连，分别是全景廊街（Panoramas）和悦福罗伊廊街（Jouffroy），算是过了马路的延伸吧。维度廊街建于 1847 年，两旁遍布书店、古董店和咖啡馆。精致的玻璃天花板与柔和的粉色、黑色石材地板为通道注入了温暖，与新古典主义设计相得益彰。这条迷人的通道远离繁忙的林荫大道，感觉像是巴黎文化和遗产的隐秘圣地。旁边有几家旧书店、版画店，还有一家专门经营斯特拉斯堡来的法国头号铜版画家古斯塔夫·多雷（Gustave Doré，1832—1883）的原作，我站在那里看了好久。

为了零售业的发展，法国各地在18、19世纪建造了许多拱廊街，就是在小巷子上面加盖玻璃拱顶，成为曲折悠长的步行街，就叫作“Arcades”。欧洲各地也有不少类似的拱券步行街，商业集中，逐步成了市民喜欢的去处。拱廊街的成败多少靠地理位置决定，比如我们去的维度廊街、全景廊街、悦福罗伊廊街都在市中心，历史悠久，各有特点，也比较兴旺。有一些在市区外围，地铁不到、停车困难、货色雷同，就少人问津了。

据说巴黎的拱廊街有144个之多，而其他法国城市也有不少。这些拱廊步行街完全不受风雨影响，并且成行成市，各有特色，如古董古玩、家具摆设、旧书旧画、收藏珍品、装框修画等。法国人不像美国人那么钟爱巨大无比、单调无味的购物中心（Mall），而是把自己的消费兴趣都放在大大小小、长长短短的拱廊街里。国内埋头照搬Mall文化，也许，Arcade可能更接近我们的传统习惯呢。

想象一下18世纪末的巴黎。令人兴奋的技术进步正在出现，新兴的资产阶级开始享受美好的生活。第一个购物中心在这个时代创建，并不奇怪。我们走进这些历史悠久的巴黎拱廊，感觉那里离过去很近，还不太受到现代生活的影响。这些有顶棚的通道曾经是巴黎精致生活的顶峰，如今，它们仍然是私密而有气氛的隐居之所，漫步其中，你会发现巴黎永恒而又令人耳目一新的一面。

维维安廊街（Galerie Vivienne）曾经是巴黎奢侈品的中心商区，和几步之遥的里沃利街（Rue de Rivoli）的宏伟拱廊相呼应。那天，我们参观完蓬皮杜中心后，步行去卢浮宫时从这里经过。这座拱廊于1823年开业，带有复杂几何图案的马赛克地板，让人看得眼花缭乱，是请意大利工匠精心制作的。这条廊街的设计者是建筑师弗朗索瓦－雅克·德拉努瓦（François-Jacques Delannoy，1755—1835），建造的时候正是新古典主义建筑发展的高潮，因此大楼采用了许多新古典元素，如檐篷、雕塑、立柱、窗式、山花、拱券等，风格很统一。这里最初用煤气灯照明，是巴黎最早有路灯照明的商业街区之一。岁月流逝，商业重点转移，维维安廊街的光彩有些黯淡了，但其优雅自然的独特魅力，依然令人迷醉。

从维维安廊街出来就是维维安大街（Rue Vivienne）了，接下去又有一个，科尔伯特廊街（Galerie Colbert），这条拱廊街仅比维维安廊街晚了几年，可以想见当年巴黎的建设有多快。进入拱廊，店面不多，但是最中间有一个漂亮的中庭。走过中庭，就是法国国家艺术史研究所和国家遗产研究所，是一个异常精彩的拱券顶廊。2003 年的电影《爱是妥协》(*Something's Gotta Give*) 中一众大明星喝咖啡的科尔伯特餐厅（Le Grand Colbert）就位于此。尼科尔森、戴安·基顿、基努·李维斯、阿曼达·皮特等一众明星在这里喝咖啡的景象，好像还在我眼前晃动。虽然科尔伯特廊街现在不再是一个购物商场，但还是值得一去，看看历史悠久的建筑风格。

维维安廊街、科尔伯特廊街都靠近卢浮宫和塞纳河，而前面提及的维度廊街、全景廊街、悦福罗伊廊街则在加涅尔歌剧院附近一段林荫大道中间，因此被称为“林荫大道的珍宝”。全景廊街建于 1799 年，是巴黎最古老的拱廊之一。它的名字来源于曾经矗立在入口处的两个圆形大厅，当时在那里展示过城市全景，可惜它们在 1831 年的扩建和翻修过程中被毁。这个廊街是巴黎第一个用煤气照明的游乐场，如今，仍有好多咖啡馆、餐馆和独特的商店，以及迷宫般的画廊在其中。

悦福罗伊廊街于 1846 年开业，是旧全景廊街的延伸。它既是巴黎第一座完全由铁和玻璃建造的拱廊，也是第一座配备地暖的拱廊，黑、白、灰色地砖的几何图案很有那个时代的气息。走到深处，看见一扇写有“肖邦酒店”的小门开在街头，上方有一座华丽的时钟。进去问问，说肖邦（Frédéric François Chopin，1810—1849）和乔治·桑（George Sand，1804—1876）就曾住在附近。顺着走下去，就是格雷万蜡像馆（Musèe Grévin）了。

这个肖邦酒店的确引起了我的好奇心，向酒店里的服务员打听肖邦是否曾经住过这里，他说不是，但肖邦故居离这里不远。小伙子给了我一个地址，在不远处的安坦街（Rue de la Chaussée d'Antin）上。走过去看看，是座普普通通的奥斯曼时期的公寓建筑，当时匈牙利钢琴家李斯特（Liszt Ferencz，1811—1886）住在附近的法兰西酒店（Hôtel de France）里，两个人来往颇多。我走回悦福罗伊廊街，在咖啡馆坐下，想想当年肖邦、李斯特、柏辽兹（Hector L. Berlioz，1803—1869）、门德尔松（Felix Mendelssohn Bartholdy，1809—1847）、帕格尼尼（Niccolo Paganini，1782—1840）、罗西尼（Gioachino A. Rossini，1792—1868）这群音乐家经常在这里谈天说地，时光恍惚。

我在任何一个地方走动，都喜欢逛旧书店，总是有惊喜的。在那里我自然就进了旧书店，其实心里有目的：想找本有关巴黎和外省的经典，隐隐约约记得法兰克福学派的本雅明曾经花了不少时间研究这个主题，因此就径直进去问老板，没有想到还真有。他爬上书架拿出一本 1938 年第一版的《巴黎，19 世纪的首都》[1]，还有一本没有完成的关于拱廊街项目的《波德利埃的法兰西第二帝国》[2]，那书本身就是个文物。想起第一本我自己有，放在家里书架上了。第二本是德文版，我颇踌躇。

书店老板是个熟行熟路的老人家，看我满口只讲英语，就猜我德文、法文都不怎么样，于是到另外一个架子上拿给我一本比较新的文集，说："这一本可能你感兴趣。"我拿过来一看，果然是好书，《巴黎依然是 19 世纪的首都吗？艺术与现代化文集，1850—1900》[3]是 2016 年的书，英文版，我当即买下了。

第二天坐 TGV 离开巴黎去法兰克福，我一路上都在读这本文集，感想不少。

巴黎在 19 世纪下半叶成为世界之都、文化艺术的大本营，是不争的事实，但是多数人仅仅是以聚集在巴黎的文化人、艺术家、思想家的人数之多为证据，来求证"首都"说。而《巴黎依然是 19 世纪的首都吗？艺术与现代化文集，

---

1 本雅明：《巴黎，19 世纪的首都》，北京：商务印书馆，2013 年。德文原著：*Paris, Hauptstadt des 19. Jahrhunderts*, 1938.

2 英文原著：*The Paris of the Second Empire in Baudelaire*，德文原著：*Das Paris des Second Empire bei Baudelaire*, 1938.

3 Hollis Clayson, André Dombrowski：*Is Paris Still the Capital of the Nineteenth Century? Essays on Art and Modernity, 1850-1900*, Routledge, 2016.

1850–1900》收集了 13 位学者的论文，从多种方法论的角度检验了本雅明在 20 世纪 30 年代提出的巴黎中心地位的观点。学者们指出，通过研究巴黎为何享有盛名并被赋予近乎神话般的地位，他们发现巴黎非常善于向世界展示自己在文化领域起到了决定性的作用。学者们从现代主义绘画、版画、摄影、插图到城市规划，做了比本雅明更广泛的研究。结论是，巴黎确实在很多方面发挥了现代化国际影响力的中心作用，尤其是在 1850 至 1900 年间，这是实实在在的一面。但是他们也认为，仅有足够的现代艺术展、巨大的博物馆、宏大而优雅的城市建筑，是不足以成为世界文化之都的，他们趋向认为这是巴黎的神话形象所孕育的特殊力量的结果。因为要“造神”，本雅明才把巴黎的若干城市、艺术要素和具体的人关联起来，其中拱廊街就是一个被“神化”的要素。

本雅明的拱廊街计划作为未完成的反思集，在其死后以多种语言出版。该作品主要用德语写成，但也包含法语段落，主要是引文。本雅明原本想让这本书以拱廊街为题，联系到文化思潮就差不多了，但是越写越上劲，对拱廊项目越来越雄心勃勃，希望这个项目的研究能成为他最重要的学术成就。他多次改变了拱廊项目研究的总体方案，部分原因是受他的同事和好朋友西奥多·阿多诺（Theodor Adorno，1903–1969）的影响。阿多诺给了本雅明一笔津贴，作为法兰克福学派、德国新马克思主义的带头人，他希望本雅明在拱廊项目研究中更加明确地采用马克思主义的理论。本雅明自然不断给自己增加理论压力，但最终没能完成这本著作就离世了。

这两本书内容庞杂但是有趣，本雅明谈到了巴黎的拱廊、时尚、地下墓穴、钢铁结构建筑、各种类型的现代艺术展览、遍布街头的广告、奢华而潮流的室内设计，象征主义诗人波德莱尔（Charles Pierre Baudelaire，1821–1867），奥斯曼男爵（Baron Georges-Eugene Haussmann，1809–1891）主持改造巴黎后的林荫大道，摄影师达盖尔（Louis-Jacques-Mandé Daguerre，1787–1851）提倡的全景摄影、街道建筑的立体模型、镜子在巴黎的不同应用、绘画中出现的各种现代流派、电灯发明之后照明方式对城市生活的改变、四通八达的铁路、法国空想社会主义哲学家傅立叶（François Marie Charles Fourier，1772–1837）、摄影的普及对巴黎形象造成的影响、人体模型和橱窗设计的变革、法国风起云涌的社会运动、巴黎公社的冲击、杜米埃（Honoré-Victorin Daumier，1808–1879）的漫画、法国文学对世界文学的影响、巴黎的证券交易所、作为插图或商业海报的石版画，应有尽有。但他首先确定了巴黎是物质文化和精神文化的精英化塑造的奇迹，同时也是各种思想家通过现代媒体打造出来的“神化”首都。

这件事倒是让我联想起很多城市都在说要打造成“XX之都”，其中绝大多数视硬件为第一要素。其实，好好看看本雅明的著作，就会提出疑问来：你有这样的文化神人吗？没有从文化上造神，单凭硬件做到极致，不过是迪拜之类的地方，是“之都”不了的。

那天下午到了法兰克福，租车而行，晚上住在一家很舒适的民宿里，再继续看本雅明的《巴黎，19世纪的首都》。20世纪20年代末，本雅明开始收集1850年前后巴黎城市商品资本主义出现的历史材料，研究巴黎之所以成为世界文化之都的原因，这项研究最终演变成拱廊街研究项目。1935年，德国排犹，本雅明流亡法国时，法兰克福学派联合院长弗里德里希·波洛克（Friedrich Pollock，1894–1970）建议本雅明在巴黎抓住这个课题深入研究，并以论文《巴黎，19世纪的首都》的形式发表。

按照本雅明当时的规划，拱廊街这个课题分为六个部分：傅立叶与拱廊街、达盖尔与全景画、格朗维尔与巴黎世博会、路易·菲利普一世与室内设计、波德莱尔与巴黎街道、奥斯曼与巴黎林荫大道。

六个章节的标题中，提到了和巴黎城市发展有密切关系的人物：傅立叶是空想社会主义者，达盖尔是发明家和摄影师，格朗维尔[伊索多尔·杰拉德（Jean Ignace Isidore Gérard，1803–1847）的笔名]是插画家，路易·菲利普一世（Louis Philippe I，1773—1850）是法国 1830 至 1848 年的国王，波德莱尔是象征主义诗人，奥斯曼则是拿破仑三世委派的对大巴黎进行重新规划和建设的负责人。这种将思想家的想法应用到城市规划的做法我看是有点空前的。

本雅明的《巴黎，19 世纪的首都》只完成了其中一卷。但是从布局中已经看出他对城市和建筑类型研究的切入方式。我的这一本是霍华德·艾兰（Howard Eiland）、凯文·麦克劳林（Kevin McLaughlin）翻译的英文版，哈佛大学出版社出版，是在帕萨迪纳的书店里买的。因为有大概 1000 页，我怕自己没有耐心看完，犹豫好久，还是买下来了，之后断断续续地看。这本书是本雅明用了 13 年的时间研究巴黎拱廊的成果，他认为拱廊是 19 世纪最重要的建筑形式，并把拱廊和许多 19 世纪的现象联系起来。从文学和哲学延伸到政治、经济、技术，还有其中的各种关系。

巴黎的大部分拱廊是在 1822 年之后的 15 年里建成的。它们出现的原因，首先得益于当时纺织品贸易的日趋繁荣，需要有成行成市的街区做生意，因此有人就把合适的街区加上玻璃拱顶连接起来，形成最早的拱廊街，之后更采用拆旧建新的方法建设，拱廊街就成为巴黎最主要的商业载体了。

巴尔扎克说拱廊街就是法国的时尚中心，早年的《巴黎图解指南》说："巴黎这些拱廊是工业界的最新发明。"

在豪华的玻璃屋顶完全覆盖的拱廊之下，大理石镶板的走廊延伸至建筑的各个角落，这是业主联合起来建立的商业区。商店排列在这些拱廊的两侧，阳光透过玻璃屋顶洒下来，拱廊街让普通的横街窄巷成为城市商业中心、成为商业世界的缩影。巴黎的拱廊最早用煤气灯照明，两边的店铺采用钢铁结构，形成沿着拱廊连续不断的骑楼街铺。

德国建筑理论家卡尔·伯蒂谢尔（Karl Georg Wilhelm Bötticher，1806—1889）把巴黎大肆建造拱廊街解释为政府树立形象的手段。拿破仑执政时间太短，还没有体会到钢铁用于建筑对建立帝国形象潜在的助力。新的艺术形式应该是以古典建筑原则、现代化的钢铁结构结合而成的，也就是说用现代建筑框架建造具有新古典风格的商业中心，而拱廊街就是最好的应用场地。

在本雅明看来，巴黎的地标性建筑埃菲尔铁塔、凯旋门、卢浮宫对于巴黎成为世界文化之都的推动作用还不如林荫大道、拱廊街来得重要。这就是哲学家看城市的角度了。

埃菲尔铁塔区
Le quartier de la tour Eiffel

巴黎顶级的打卡景点肯定要数大凯旋门和埃菲尔铁塔了。但是说老实话，我从来没有上过埃菲尔铁塔和大凯旋门的顶部，原因是怕排队。虽然是巴黎的地标，我却最多走到旁边看看就算了。

埃菲尔铁塔是世界上最著名的建筑之一，是人们留影最多的建筑。自 1889 年建成以来，已有 3 亿多人次登上过埃菲尔铁塔，游客最多时 1 天达 1.7 万人。然而谁又能想到，这座举世无双的铁塔却是在一片抨击、谩骂和反对声中建起来的。从铁塔开始设计的时候起，因为它独特的用材——全部采用钢铁结构，加上在当时颇显突兀的造型，遭到了许多法国人的强烈反对。当年批判埃菲尔铁塔的意见有两大类：一类说形式古怪，和巴黎的新古典主义城市面貌不符。听起来有道理，不过那时候埃菲尔铁塔周边并无建筑，完全是一片开阔的空地。因此，这座造型独特的高塔几乎不存在与城市面貌冲突的问题。另一类则从功能出发，认为不应该花这么多钱建一座没有什么实际功能的铁塔。

这些反对意见中最响亮的声音主要来自两类人：一类是比较守旧的文学家、艺术家；另一类是建筑家。自 1886 年铁塔设计图纸公布之日起，攻击、反对的呼声就接连不断，他们掀起了一场“反对 300 米高的运动”。特别是 1887 年 2 月 14 日，正式开工后的第 19 天，巴黎《时代报》（*Le*

Temps）发表了由一批艺术大师和建筑师联合签名的抗议书《反对修建埃菲尔铁塔》。大致内容为：

> 我们——深爱巴黎之美，珍惜巴黎形象的作家、画家、雕塑家和建筑师们，以法国特色被蔑视、以法国历史受威胁的名义，满腔义愤地抗议在我们首都的心脏位置修建一座毫无意义的怪物——埃菲尔铁塔……人们去设想吧，巴黎美丽的建筑怎么能与一个使人目眩的、可笑的、黑色怪异的大烟囱相融合呢？黑铁塔以它野蛮的格调破坏了整个巴黎建筑的氛围，使巴黎传统建筑变得丑陋了，著名建筑随之会掉价，美丽的巴黎将在一场噩梦中消失。在今后的20年中，我们都将看到世纪怪物——那个用螺栓固定的铁皮柱子在城中央颤抖着晃来晃去，如同一滴墨水洒在一张白纸上一样，给巴黎脸上涂上了可憎的污点。

在抗议书上签名的有不少鼎鼎大名的文化人和建筑师，包括作曲家古诺、作家莫泊桑和小仲马、诗人科佩和勒孔特、画家和雕塑家布格罗和麦索尼、悲剧作家萨乐杜等。

面对强烈的反对和抗议，铁塔的建造者、建筑师、工程师古斯塔夫·埃菲尔（Alexandre Gustave Eiffel，1832—1923）做了正面的答复。《时代报》在同一天登载了埃菲尔先生的答记者问，他阐述了自己的建筑艺术理论：

> 对我来讲，铁塔将有它自身独特的魅力。这是因为，我们是工程师，难道我们搞建筑的工程师就不注重建筑物的美感吗？难道我们只关注牢固性和永久性而不尽心尽力去追求它的美感吗？难道力的因素与美的因素真的不能和谐与统一吗？……我可以向大家保证：我所设计的，经过精确测算过的弦形基座与平台连接的曲线造型将既牢固又美观，达到力与美的和谐与统一，打消人们对铁塔安全的种种忧虑，从而显现出整体设计的大胆及魄力。

好在当年巴黎还是有不少支持埃菲尔铁塔的人，他们认为，巴黎需要一个地标、一个制高点。在建铁塔以前，巴黎最高的地方是蒙马特高地，那里是贫民区，除了那些去圣心教堂祈祷的人以外，没有人会去那里俯瞰巴黎的。因此，铁塔作为巴黎的地标，作为观赏巴黎的制高点，具有其他任何巴黎建筑都不具备的功能，这个意见最终被逐渐接受了。

1889 年 3 月 31 日下午 1 时 30 分，埃菲尔铁塔正式落成。埃菲尔手举法国国旗走了 1710 个台阶登上塔顶，在 21 响礼炮声中，把国旗插到了铁塔顶端。他说："法兰西国旗是世界上唯一一面有 300 米高旗杆的国旗。”这个铁塔是当时世界最高的建筑物。

随着时间的流逝，各种非议慢慢消失了。巨大的“A”形钢筋铁骨不但不显笨重，反而显得优美轻盈，它高大宏伟、势压全城，它的现代美终于征服了各界人士，成为巴黎的象征。1889 年世界博览会期间，有 200 万人参观了铁塔。发明家托马斯·爱迪生（Thomas Alva Edison，1847–1931）在参观了铁塔之后，把自己制作的演示型双镜双声筒留声机献给了埃菲尔，并亲笔题词：“献给建造如此巨大、如此现代化建筑典范的勇敢建设者——埃菲尔。”

“9·11”事件以后，埃菲尔铁塔的管理严格多了，现在想登塔，排队要等更久。有些朋友问我后不后悔先前没有去登塔。其实，我倒并不遗憾，因为真正精彩的巴黎，还是得走在城市里面才领略得到。其实，巴黎值得看的，绝不仅是一座埃菲尔铁塔，它的周边以及河对岸的公共建筑，整个区域都属珍品。

在巴黎右岸，耶拿桥（Pont d'Iéna）和阿尔玛桥（Pont de l'Alma）之间是早年巴黎世博会的举办场地，沿着塞纳河边的是乔治·蓬皮杜大道（Voie Georges Pompidou），坡地上有一大片开阔地、雕塑群和纪念性建筑群，共同组成特罗卡德罗花园（Jardins du Trocadéro）。走过耶拿桥，就是左岸的埃菲尔铁塔。托卡戴罗花园面朝塞纳河的坡地，有一个多级大喷泉。1937 年的世界博览会就在这里举办，主题是“现代世界的艺术和技术”，展示了第二次世界大战前夕全球技术和艺术的最高水准。抄手廊是原来的世博会建筑，现在变成了几个博物馆：一边是建筑与文化遗产之城（Cite de l'Architecture et du Patrimoine），另一边是国家海军博物馆（Musée national de la Marine），还有人类博物馆（Musée de Homme）。

那次世博会开幕时，已近第二次世界大战前夕，欧洲战云密布，大国意识形态的斗争已在这个展览上展露无遗。当时广场右边是纳粹德国的展馆，新古典建筑顶部立着一只象征纳粹的巨大的青铜老鹰；左边是苏联馆，有点装饰艺术（Art Deco）风格的展馆顶部，竖着一尊高举着镰刀斧头的巨大的工农雕像，创作者是穆希娜（Vera Ignatyevna Mukhina，1889—1953）。当时的照片记录下了老鹰与工农的对峙，展现出针锋相对、剑拔弩张的架势。

那两栋建筑现在都不存在了，但有些当年展览用的建筑连同整个公园场地被保存了下来。抄手廊中的东京宫（Palais de Tokyo）是开放的，这是当年世界博览会的展场之一。展览馆前面的水池旁边和墙面上都有非常精彩的装饰艺术风格的雕塑，尤其是抄手廊两边建筑墙面上的浮雕，创作者是阿尔弗雷德·让尼尔（Alfred Janniot，1889—1969）。近百年来，那些精彩的装饰艺术风格雕塑，一直屹立在那里，冷眼观看着时代的变迁。它们就像一本用石头雕琢而成的历史书，讲述着现代艺术早期的一个重要片段。

面对塞纳河，整个博览会的场馆呈现两翼对称的布局，因地处沿河小山坡，所以建筑展现出拾级而上的设计特点。一级一级楼梯走上去，中央是高台，两边是完全对称的展馆，很气派，也很经典。既与整座城市的新古典主义面貌相吻合，也彰显了新潮的现代特征。装饰艺术运动在欧洲风行时间不长，1938 年之后就中断了，因此，这个时期的代表作品相对较少。这个世博会场所，大概是巴黎最完整、规模最大的装饰艺术建筑的典范了。

和煦的春风吹绿了塞纳河畔，站在中央高台上，深深体会到展览馆的设计所具有的中心形象鲜明、周边多元化的特点。大凡世界博览会的场馆设计，必须有一个风格鲜明的中心形象，然后才是有各个国家和地区风格的展馆，非如此就无法打造出整个博览会的形象来。

迄今为止，巴黎一共举办过 7 次世界博览会，是全世界举办次数最多的城市。塞纳河边留下众多与博览会有关的建筑，例如埃菲尔铁塔、奥赛博物馆等。它们已经成为这座美丽城市的有机组成部分了。不过，战后巴黎再没有举办过世博会，倒是日本办了 5 次之多。

要去这里参观，坐地铁到特罗卡德罗（Trocadéro）站下车，出来就是了。站在高高的平台上，可以眺望塞纳河和左岸，景观开阔，是个精彩的景点。特别是喜欢建筑的人，或者喜欢 20 世纪初期雕塑风格的人，到那里肯定大有收获。2025 年初，我和几位朋友一早就来到这里，2024 年奥运会开幕式的一些装置还没有拆除，仍可感受到一些当时的气氛。

大凯旋门
Arc de triomphe de l'Étoile

凯旋门是古代罗马人喜欢的纪念碑形式建筑。罗马皇帝征战得胜，就建一座门，欢迎军团胜利归来。军人昂首阔步从门洞里走过，门上雕刻着他们的丰功伟绩，为的是流芳百世。2000 多年过去了，现在还有不少这类凯旋门散落在欧洲、中亚和北非，默默地赞颂着当年的功勋。

巴黎有三座著名的凯旋门，分别是卢浮宫门前对着花园的卡鲁塞尔凯旋门（Arc de Triomphe du Carrousel，亦称“小凯旋门”）、大凯旋门（亦称“星形凯旋门”或“雄狮凯旋门”），还有拉德芳斯新凯旋门（La Grande Arche de la Défense，亦称“大拱门”）——那其实是栋办公楼，只是设计成了巨型凯旋门的形式，是密特朗总统的九大国家项目之一。

大凯旋门坐落在巴黎市中心的戴高乐广场中央，这个广场通常被称为“星形广场”，是拿破仑为纪念他在奥斯特里茨战役中打败奥俄联军的功绩，于 1806 年 2 月下令兴建的。30 年后，这座巨大的凯旋门才建成，是欧洲 100 多座凯旋门中最大的一座。虽然大家都知道这座大凯旋门，不少人还去看过，甚至登上过它的顶部，但知道这座凯旋门是怎么设计出来的人却不多。这个项目是拿破仑提出，让·查尔格林（Jean Chalgrin，1739–1811）设计的，是新古典主义的标准范例。其表面有许多的雕塑、浮雕装饰，这些作品是委托法国学院派雕塑家让–皮埃尔·科尔托（Jean-Pierre

Cortot，1787—1843）、弗朗索瓦·吕德（François Ruder，1784—1855）、安托万·埃泰克斯（Antoine Étex，1808—1888）、詹姆斯·普拉迪尔（Jamesr Pradier，1790—1852）和菲利普·勒梅尔（Philippe Joseph Henri Lemaire，1798—1880）创作的。最引人瞩目且最值得一看的是凯旋门上四座大型雕塑群像，这是四个寓言性的高浮雕，置于高底座上，靠着凯旋门的门框，高 18 米。最早完成的是弗朗索瓦·吕德创作的《1792 年志愿军出发远征》（*Le Départ des volontaires de 1792*，即《马赛曲》），是世界美术史上的杰作之一。这幅高浮雕描绘了全体法国人民的团结，为保卫国家而战。士兵的年龄和种族多样性，彰显了法国民族的特色。在他们之上，战争精灵指引着他们。这个作品整体融合了古典风格（头戴头盔、长有翅膀、手持盾牌的战争天才，以及帷幔、胸甲、武器、裸体）和属于法国的 19 世纪浪漫主义风格（激烈的手势、明显的面部表情、整体动作）。第二完成的是让-皮埃尔·科尔托的《1810 年的胜利》（*Le Triomphe de 1810*），用以纪念拿破仑当时获得胜利的几次大战役。第三完成的是安托万·埃泰克斯的《1814 年抵抗》（*La Résistance de 1814*）。当时拿破仑的军队已经岌岌可危了，英国联军包围巴黎，也是拿破仑最后挣扎的记录。第四座雕塑的作者还是埃泰克斯，名为《1815 年的和平》（*La Paix de 1815*）。四座雕塑内容是贯通的，反映了拿破仑的崛起、全盛、衰亡的过程。这样的高浮雕作品，世界上也有不少，但做得如此精彩、充满时代感召力的，这四座是绝无仅有的典范。大凯旋门拱顶还有一座雕塑，是亚历山大·法尔吉埃（Alexandre Falguière，1831—1900）后来创作的，名为《革命的胜利》（*Le Triomphe de la Révolution*），描绘了一辆马拉战车准备粉碎无政府状态和专制主义，从 1882 年到 1886 年，用了四年完成。

大凯旋门高约 50 米，宽约 45 米，厚约 22 米。四面各有一门，中心拱门宽 14.6 米。门上有许多精美的雕刻，内壁刻着曾经跟随拿破仑东征西战的数百名将军的名字和宣扬拿破仑赫赫战功的上百个胜利战役名称的浮雕。拱门上方四壁的浮雕，是庆贺拿破仑胜利归来的情景，拱门下方是一座无名英雄墓，纪念战争中战死沙场的 150 多万名法国军人。外墙上的巨幅雕像，取材于 1792 至 1815 年间法国战争史，与门楣上的花饰浮雕构成一个有机的整体，是一件精美的艺术品。另外，墓前有一盏长明火，是对为国捐躯军人的永恒纪念。每逢重大节日，就有一面 10 多米长的法国国旗从拱门顶端垂下，在无名烈士墓上空迎风飘扬。一名身着拿破仑时代戎装的战士，手持军刀，守卫在《马赛曲》雕像前。每年的 7 月 14 日，法国举国欢度国庆时，法国总统都要从这里通过。每位总统在其任职的最后一天也要来此，向无名烈士墓献上一束鲜花。巴黎人说，每当拿破仑周年忌日的黄昏，从香榭丽舍大道向西望去，一轮落日恰好映在大凯旋门的拱形圈里，非常神奇。

大凯旋门是现今世界上最大的一座圆拱门，先前罗马人的凯旋门就真的只是一道门，而这座大凯旋门其实是栋建筑，内设电梯，可直达50米高的拱顶。人们亦可沿着273级螺旋形石梯拾级而上，上面有一座小型的历史博物馆，陈列着有关建造凯旋门的历史图片和文件，以及对拿破仑生平事迹的记录和558位随拿破仑征战的将领的名录。还有两间配有英、法两种语言解说的电影放映室，放映一些反映巴黎历史变迁的资料影片。博物馆的顶部是一个平台，游人可以从这里远眺巴黎，巴黎圣母院、协和广场上的卢克索方尖碑、雄伟的埃菲尔铁塔和圣心教堂等巴黎名胜尽收眼底，还可以俯视大凯旋门下由环形大街向四面八方伸展出的12条放射状林荫大道。这些大道就像一颗明星放射出的璀璨光芒，故此，大凯旋门又称“星门”。12条大道中，有著名的香榭丽舍大道、格兰德大道、瓦格兰大道、福熙大道、雨果大道等，估计这是放射形布局中道路最多的一个了。大凯旋门下，以12条放射状的街道构成了巨大的“明星广场”，现在叫“戴高乐广场”。

我这个人不喜欢拥挤，又怕排队，因此从来也没有上过大凯旋门的顶部。有人说你去巴黎那么多次，既没有上过埃菲尔铁塔，也没有上过凯旋门顶部，太亏了吧？我倒很坦然，站在星形广场的中间，看 12 条大道向四面八方延伸出去，体验凯旋门的气势。特别是第一次到巴黎时，恰逢法国国庆前夕，看着那位手持利剑保护着长明火的戎装卫士，感受到那面瀑布般垂下的巨大法国国旗扬起的微风，那种体验，已经让我很满足了！

加尼埃歌剧院
Opéra Garnier

一个城市的文明、富裕程度可以从它拥有的歌剧院、博物馆的数量来衡量。巴黎有几十个博物馆，大型的就有三四个，巴黎还有三个大型歌剧院，足以证明巴黎的确是一个高度文明、相当富裕的城市。

巴黎一共有三个歌剧院，分别是喜歌剧院（Opéra Comique）、加尼埃歌剧院和巴士底歌剧院（Opéra Bastille）。真正代表国家水平的是建于19世纪的加尼埃歌剧院，法国人称之为“加尼埃宫”（Palais Garnier），因其设计者——法国青年建筑师夏尔·加尼埃（Charles Garnier，1825–1988）而得名。不过，它的名字并不只此一个，剧院正面门楣上的金色字“Académie Nationale de Musique”（国家音乐学院），也是它的名称之一。

现在，为了表示对文化的尊重，各国都在建造歌剧院，其实真正懂歌剧的人仍是少数。歌剧源自意大利，后来发展到法国、奥地利、德国和俄国，这些国家以外的民众，首先面临的就是语言不通的问题，意大利语、德语、法语、俄语，听不懂啊！其次，歌剧演出工程浩大，乐队和歌剧团加起来动辄两三百人，服装、道具、灯光等复杂的管理，是个系统工程。没有传统的国家，一方面缺乏观众群，另一方面缺乏营运系统，能不亏本已经不容易了，要做到繁盛，几乎不太可能。歌剧是富裕国家的事情，穷国要发展这个艺术门类，很难。

传统上，法国皇帝都好歌剧，因此巴黎很早就有歌剧院了，并且一开始就是皇家投资建造国家歌剧院。1671 年，皇家歌剧院在巴黎成立。1672 年，国王路易十四授权法籍意大利人作曲家吕利（Jean-Baptiste Lully，1632—1687）专管法国歌剧事务。1672 至 1687 年间，吕利一直掌管着巴黎歌剧院，引领了巴黎歌剧院历史上第一个重要时期。当时，吕利和法国著名剧作家莫里哀（Molière，1622—1673）是好朋友，合作创作过多部歌剧，如《普塞耶》(*Psyché*)。在他任内，曾有 20 多部他创作的歌剧及芭蕾舞剧上演，为法国歌剧的发展奠定了基础。

法国歌剧史上第二个重要时期，1737 至 1760 年间，演出了法国作曲家拉莫（Jean-Philippe Rameau，1683—1764）的许多杰出作品，例如《赫柏的庆典》(*Les fêtes d'Hébé*)。随后，1773 至 1779 年间，奥地利作曲家格鲁克（Christoph Willibald Gluck，1714—1787）自维也纳来访巴黎，他的歌剧，诸如《奥菲欧与尤丽狄斯》(*Orfeo ed Euridice*)，立即在巴黎大受欢迎，法国歌剧第二个重要时期成了格鲁克时代。

法国大革命后，革命政府认为许多歌剧贵族气息过重，禁止上演，而以讲方言的喜歌剧（opéra comique）取而代之。后来王政复辟，又恢复了一些此前禁演的歌剧。1791—1801 年间，巴黎歌剧院归巴黎市政府管辖。1802 年起，拿破仑掌管剧院，他认为皇家歌剧院资金太过拮据，不能够演出真正宏大的剧目，因此在 1811 年下令法国其他歌剧院向皇家歌剧院缴纳资金，皇家歌剧院的管弦乐队因此扩充到 70 人，并且拥有一大批出色的演奏员和演员，演出水平立即得到提高，成为欧洲最杰出的歌剧院之一。拿破仑三世皇帝掌权之后，下令建设新的歌剧院。

为建造新的大型歌剧院，法国政府在 1860 年举行了建筑设计竞赛投标，夏尔·加尼埃的设计脱颖而出。从 1861 年开工建造，到 1875 年完工，耗时 14 年，耗资 4700 万法国法郎。这座宫殿一样的歌剧院，一经建成，就是法国国家歌剧院和所属芭蕾舞团的驻场剧院。这座歌剧院原为法国音乐学院歌剧院，1875 年启用时名为“巴黎歌剧院”，1896 年因加尼埃去世，为纪念他更名为“加尼埃宫”。为便于理解，统称为“加尼埃歌剧院”。

加尼埃反对当时建筑界中流行的模仿古建筑的风气，即反对模仿任何一种单一的传统风格的新古典主义，因而产生了这样复杂的折中主义设计方案。歌剧院的正面还有明显模仿卢浮宫东门的痕迹，室内的大楼梯则模仿了波尔多剧院，但所有模仿的部分都比原型华丽、复杂得多。这栋歌剧院大量堆砌巴洛克式的装饰，色彩极其富丽堂皇。内部使用了法国产的各种大理石，有白、蓝、红、绿、玫瑰等颜色。我进去的时候是晚上，在巨大的枝形吊灯的照耀下，色彩那么绚丽和夸张，真是有点让人叹为观止。

加尼埃歌剧院从一开始就强调以表演法国作家作品为主的原则。从 18 世纪末到 19 世纪初，歌剧院演出的主要是法国作曲家的作品。虽然也引进过一些外国著名剧目，如莫扎特（Wolfgang A.Mozart，1756—1791）的《费加罗的婚礼》《魔笛》《唐璜》等，以及意大利作曲家罗西尼的作品，但这些作品常被肢解得残缺不全。19 世纪下半叶，法国歌剧开始进入繁盛期，涌现了柏辽兹、圣桑（Camille Saint-Saëns，1835—1921）、拉罗（Édouard Lalo，1823—1892）、马斯奈（Jules Massenet，1842—1912）、比才（Georges Bizet，1838—1875）这样一批重要的歌剧作家，使得法国歌剧达到国际水平。

19 世纪末到 20 世纪初，剧院演出了德国作曲家瓦格纳（Richard Wagner, 1813—1883）的歌剧《汤豪塞》（*Tannhäuser*），气势恢宏，大获成功。虽然随后爆发普法战争，瓦格纳的歌剧停演，但是他的作品对法国作曲家的影响却是巨大的。这段时期，一些芭蕾舞剧在这里首演，发展到印象派时期，德彪西（Claude Debussy，1862—1918）唯一的歌剧《佩利亚斯与梅丽桑德》（*Pelléas et Mélisande*）于 1902 年推出。在两次世界大战之间，法国作曲家古诺和马斯奈的歌剧经常在这里上演。

第二次世界大战期间，德军占领了巴黎，直到战后很长的一段时间，加尼埃歌剧院都处境艰难，演出水平根本无法与世界一流水准的维也纳、纽约、伦敦等地的歌剧院相比，直至1973年，瑞士作曲家罗尔夫·利伯曼（Rolf Liebermann，1910–1999）担任歌剧院院长后，情况才有所改观。

加尼埃歌剧院自创建以来，已上演过600多部歌剧，其中不少各国著名音乐家的作品在这里首演，诸如意大利作曲家罗西尼的《奥里伯爵》（*Le Comte Ory*）、法国作曲家柏辽兹的《本韦努托·切里尼》（*Benvenuto Cellini*）、意大利作曲家威尔第（Giuseppe Verdi，1813–1901）的《西西里的晚祷》（*Les vêpres siciliennes*）、俄国作曲家斯特拉文斯基（Игорь Фёдорович Стравинский，1882–1971）的《夜莺》（*Die Nachtigall*）等。在这里演出的歌唱家以法国人为主，亦有世界著名歌唱家在此演出。要听法国歌剧，就要到这里来，你在这里可以看到全世界最杰出的演出版本。

加尼埃歌剧院是永久性的演出场所。它的观众厅是所谓的“法国马蹄形多层包厢式”，据说是马蹄形包厢式的音乐厅建筑中最成熟、最成功的作品之一，音质良好。我去的那次，买票晚了，所以座位不是很理想，但音响效果非常好，音响效果细腻精致，的确名不虚传。

说到建筑，这栋歌剧院采用的是新古典主义折中风格。它融合各种古典风格，加上不计其数的雕塑、浮雕、壁画，极度烦琐，无比花哨，是新古典主义折中一派的登峰造极之作。加尼埃将建筑的不同部分（门厅、礼堂和副厅）设计成不同的体量，并将它们分层排列，令透视深度发生变化，更加强调了对于立面的关注。歌剧院的立面确实值得细看，多根圆柱的装饰非常华丽，嵌入了很多雕塑。歌剧院四周墙面上的壁龛和浮雕，都是世界最杰出的音乐家的肖像。不仅有法国音乐家，贝多芬（Ludwig van Beethoven，1770–1827）、肖邦等外国音乐家也高居其上。在法国，文化人的肖像随处可见，政治家的则少之又少。歌剧院是音乐最高殿堂，在这里能够立有肖像的人，都是世界公认最优秀的音乐家了。建筑立面上众多音乐家的雕像位置太高，看得不是很清楚，如果带一个小望远镜会好一些。屋顶两侧的金翼雕像、顶部的中央雕塑群是古希腊音乐和舞蹈之神阿波罗，他手握一把金色的七弦琴，旁边有代表诗歌和音乐的形象。

走进歌剧院，首先看到的是剧院大厅。这是一个带有装饰性天花板的圆形大厅，宽敞的“大楼梯”令人目眩，两侧的大理石双楼梯通向歌剧院的不同楼层，每一步都有各种吊灯照亮。它的拱顶有近 30 米高。楼梯下面有一座希腊女神皮提亚（Pythia）的雕塑，她盘腿坐在雕饰精密的半圆龛中，两旁各有一盏装有十余支蜡烛的落地灯照耀。楼梯顶部包厢入口处则安置着象牙女像柱。

剧院里的色彩设计以红色与金色为主，红色座椅加上金色的装饰，尽显奢华。歌剧院的灯饰亦颇为惊人，二楼大厅里十多盏巨大的双层枝形吊灯分两行排开，剧场正中那盏青铜水晶吊灯，更是由 340 盏灯组成，重量达到 8 吨，气派非凡。演出厅两旁是休息室的长廊，设计得也十分考究，天花板上色彩缤纷的绘画，以音乐史为主题。除了靠近面向卢浮宫的窗户有建筑师加尼埃的半身像外，在入口门厅内，还安坐着格鲁克、亨德尔（George F. Handel, 1685—1759）、吕利和拉莫 4 位 19 世纪法国歌剧奠基人的巨大大理石雕像。

加尼埃歌剧院总面积达 1.1 万平方米，有观众厅、池座、散座和 4 层包厢。前后台各项设施都很齐备，舞台有升降台等机械设备，台口宽 16 米，舞台足够宽大。为了便于布景，加尼埃歌剧院的舞台上方有 33 米高的净空，这是第一个把这高起的部分表现在外形上的剧院，所以在歌剧院外面就可以看到隆起的舞台上的三角形山墙，加上观众厅上的王冠形穹顶和正立面的柱廊，形成歌剧院外观的三个层次。从它前方的歌剧院大街上望去，可看到完整的轮廓。如此巨大的舞台空间，足以容纳任何表演，给人印象深刻。

好多年前，我曾经来加尼埃歌剧院听过法国交响乐队的一场演出，记忆非常深刻的是莫里斯 · 拉威尔（Maurice

Ravel，1875—1937）的《D 大调左手钢琴协奏曲》，这首作品是拉威尔于 1929 至 1930 年为奥地利钢琴家保罗·维特根斯坦（Paul Wittgenstein，1887—1961）创作的，维特根斯坦本人在第一次世界大战中失去了右臂。这首曲子只有一个乐章。但是也有人援引拉威尔的话说这首曲子分为两个相互关联的乐章。无论如何，于我而言，这首作品是由慢—快—慢三个部分组成的协奏曲，而不是通常的快—慢—快。长达 18 分钟的乐曲，以不同的节奏和调性连续演绎推进。在接近尾声时，部分早期慢节奏部分的音乐与较快的音乐重叠，从而同时出现两种节奏。这部作品最大的特点是拉威尔最早引用了爵士乐的特征谱写，也是我喜欢这部作品的原因之一。

我那一次去加尼埃歌剧院听的音乐会是法国印象派的专场，指挥是帕沃·耶尔维（Paavo Järvi，1962—），主打德彪西、拉威尔的作品，加上一首意大利作曲家奥托里诺·雷斯庇基（Ottorino Respighi，1879—1936）的《罗马的喷泉》（*Fountains of Rome*，1916）。《左手钢琴协奏曲》由阿根廷的马尔塔·阿格里奇（Martha Argerich，1941—）演奏，这是一场几乎完美无瑕的音乐会。

2025 年 1 月，我去巴黎时，刚好遇到歌剧院的立面正在修整，被一幅巨大的油布广告遮挡，好在可以买票进去参观室内。这一趟除了将室内的建筑装饰仔仔细细地看了一遍之外，还发现了歌剧院内有一个图书馆，其实也是一座博物馆，有 300 年历史了。除了书籍之外，还有大量的绘画、素描和模型。这个图书馆属于法国国家图书馆，每天上午 10 点至下午 5 点向公众开放。虽然阅览室仅供研究人员使用，但图书馆的博物馆部分是可以参观的，也算不虚此行吧。

这一次去加尼埃歌剧院的路上，一个朋友老是提上次来巴黎买到最好吃的巧克力，我们走出歌剧院的时候，居然看到了那家店，叫作“阿兰 · 杜卡斯巧克力”（Le Chocolat Alain Ducasse），100 多欧元一盒，里面有形状不同的巧克力几十块，每一块的味道都不同，放在车上，大家一直吃到荷兰。

贝热尔歌舞剧院
Les Folies Bergère

这次在巴黎，我们住在第十区的一个三房一厅的民宿里，地理位置相当好，算是在巴黎的中心地段了，蓬皮杜中心、荣军院、巴黎歌剧院、奥赛博物馆和巴黎圣母院等重要景点，都在步行距离之内。出门就是一条小街，有超市、甜品店、咖啡店、酒吧，离地铁站和火车站也只隔几个街口，都可以直接走过去，还蛮方便的。有点意外的是，我查看了一下地图，原来郑可先生多年前给我介绍过的贝热尔歌舞剧院（我就根据法文的读音，将它译成“贝热尔歌舞剧院”吧，网上也有译成“女神游乐厅”的），就在住处的附近！这一次，我当然要好好看看了。

那天，我走过去的时候，已近傍晚。远远就看到那座漂亮的剧院建筑，灯火通明。与巴黎比较常见的老建筑不太一样，这栋建筑显得很有现代感，上面的装饰花纹都是几何形状的。主立面的正中，有一幅金色的大型浮雕壁画——在多组漂亮的几何曲线的簇拥下，一位差不多全身裸露的女子正翩翩起舞。我在剧场前面照了一张相，心想，如果郑伯伯还健在，我将这张照片传给他看看，他一定会很高兴吧。

记得 1982 年的年底，我在北京看望了中央工艺美院的教授郑可先生。郑先生算是中国工业设计的先驱人物了，他在 20 世纪 20 年代曾去巴黎留学，30 年代就在香港创办了产品设计公司，还帮美国的 GE 公司设计过综合炉具。

郑先生和我的祖父、父亲都相熟，算是我的世伯了。我向郑先生问起装饰艺术，他跟我讲了许多，尤其提到巴黎有一家表演轻歌舞的剧院"Folies Bergère"，并解释说，法文中的"Folies"有"小花样""小噱头"的意思，略显轻佻，有时还用来特指那些18世纪末在大城市近郊建造的，通常被富人和贵族用作秘密色情场所的度假屋。所以这个名字，给我留下了较深的印象。郑先生说，这座剧院就是一栋很典型的装饰艺术风格建筑，有机会去巴黎，应该去看看的。说来也是遗憾，以前来过几次巴黎，但一直没有机会去看看它。

贝热尔歌舞剧院建于1869年，建筑师是夏尔·普吕默雷（Charles Plumeret），他同时还是一位装饰专家和陶瓷专家。普吕默雷生活在文艺复兴风格盛行和新艺术风格兴起的年代，所以，他设计的这座剧院，最早是以阿尔罕布拉音乐厅（The Alhambra Music Hall）为蓝本，并不是装饰艺术风格的。剧院室内的装饰相当堂皇，用镜片装饰的墙壁，创造出无边无际的空间感，悬挂在天花板上的奢华吊灯，放射出迷人而优雅的光芒，映衬着天花板上壮观壁画描述的神话和历史故事，将观众带入一个深具魔力的世界。

歌舞剧院开业后，成为巴黎最早的主要音乐厅和夜总会，上演轻歌剧、哑剧、杂耍和歌舞剧。著名的女歌手伊薇特·吉尔伯特（Yvette Guilbert，1865—1944），喜剧明星费南代尔（Fernand Joseph Désiré Contandin，1903—1971），著名歌手、演员莫里斯·舍瓦利耶（Maurice Auguste Chevalier，1888—1972）等一大批法国本土的演艺明星，以及享誉全球的喜剧巨星查理·卓别林（Sir Charles Spencer Chaplin，1889—1977），红极一时的歌舞演员约瑟芬·贝克（Josephine Baker，1906—1975）等来自国外的表演艺术家们，都曾在这里登台献艺，展现才华。

这里要稍微多说几句关于约瑟芬·贝克，这位在美国密苏里州圣路易斯市出生的黑人女歌舞演员，1925 年乘船到达巴黎，不久就成为贝热尔歌舞剧院最著名的表演者之一。1927 年，她在演出《野性之舞》（*Danse Sauvage*）时，只穿着一条用人造香蕉串成的裙子，几乎全裸上场，引起很大的轰动。这条短裙成了爵士时代和咆哮的 20 世纪 20 年代的标志性形象和象征，并引领了一股由美丽的年轻女子在异国情调的背景下及奢华且精致的服装道具衬托下，半裸或几乎全裸地表演歌舞的风潮。贝克受到当时艺术家和知识分子的推崇，他们称她为“黑色维纳斯”“黑珍珠”“青铜维纳斯”“克里奥尔女神”。贝克于 1937 年与法国实业家让·利昂（Jean Lion）结婚，婚后加入了法国国籍，成为法国公民。

这里要特别说明的是，约瑟芬·贝克后来成为第一位出演主流电影的黑人女性。第二次世界大战期间，她积极支持法国的抵抗运动，后来被戴高乐将军（Charles A.J.M.de Gaulle，1890—1970）授予法国荣誉军团骑士勋章。她还因对 20 世纪 60 年代美国的民权运动做出贡献而闻名。贝克去世后，安葬在巴黎先贤祠，成为第一位获得这项法国最高荣誉的黑人女性。

1925 年，巴黎举办了主题为“装饰艺术与现代工业”的世界博览会，这一届世博会掀起了设计史上非常重要的装饰艺术运动，影响了随后出现的建筑、家具、时装、珠宝首饰、火车轮船等交通工具设计，以及收音机、吸尘器等家用工业产品的设计，这股现代设计的新浪潮遍及全世界。在这股风潮的影响下，1926 年，剧场请来了法国建筑师莫里斯·皮科（Maurice Pico，1900—1977）对剧院的外立面进行了彻底改造，采用装饰艺术风格重新装修。皮科突出地采用了一些形式简练的几何要素，如正方形、圆弧形等，采用了与水泥墙面形成鲜明对比的金色，而且请来当时正在贝热尔歌舞剧院表演的俄罗斯裔舞蹈家莉拉·尼科尔斯卡（Lila Nikolska，1896—1983）摆姿势做模特，在立面的正中镶嵌了充满动感的舞蹈浮雕，成为巴黎装饰艺术的代表作之一。皮科本人多才多艺，不但从事建筑和室内设计，同时也是一名出色的海报设计师，他曾为贝热尔歌舞剧院设计过不少演出海报，直到今天，网上还可以寻觅到那些老海报拍卖的踪影。

除了这件浮雕之外，还有另外一件著名的艺术品也是和贝热尔歌舞剧院有关的，那就是大家都很熟悉的印象派画家爱德华·马奈（Édouard Manet，1832—1883）的油画《女神游乐厅的吧台》（*A Bar at the Folies Bergère，1882*），通过酒吧女招待身后装在金色镜框中的大镜子，描绘了剧院室内的许多细节。

贝热尔歌舞剧院的命名，也有一点小故事。刚开业的时候，它借用了剧院门前那条街道的名字，叫作“特雷维斯剧场”（Folies Trévise），但是遭到特雷维斯公爵的反对，他不愿意让家族的名号与含有“情色小屋”意味的“Folies”连在一起。于是，剧院后来改而借用了侧面一条街道的名称，就叫“Folies Bergère”了。在法文中，“Bergère”的意思是“牧羊女”，这回就没有哪位牧羊女出来反对啦。

19世纪末，时任剧场艺术总管的爱德华·马尔尚（Édouard Marchand，1859—1905）为贝热尔歌舞剧院构思了一种新的娱乐类型——歌舞秀。这是一种多幕的歌舞表演，结合了音乐、舞蹈、歌曲、小品、杂耍等多种表演形式，虽然没有一个完整的总体故事情节，但也不乏引人入胜的小桥段，独奏、独唱、独舞以及团体表演交叉进行，在20世纪的20至30年代，非常盛行。1887年，马尔尚导演的歌舞秀《青年广场》（*Place aux Jeunes*）在贝热尔歌舞剧院首次公演，大获成功。参加演出的衣着暴露的女孩子们，给观众留下了深刻的印象，也引领了“小裸女”的风潮。

后来，这股风潮漂洋过海到纽约，启发了20世纪30年代齐格飞歌舞团（Ziegfeld Follies）在百老汇的一系列歌舞剧表演。继而，这股风又从东海岸刮去了西海岸，旧金山的冬季乐园舞厅（Winterland Ballroom）仅在1944年就上演了好几部贝热尔歌舞剧院的歌舞秀。到了第二次世界大战以后的20世纪50年代，美国的赌城拉斯维加斯更是直接引进了贝热尔歌舞剧院的歌舞秀《女神歌舞厅》（*Les Folies Bergère*），连同法国的创意团队和演员阵容，模仿巴黎贝热尔歌舞剧院的成功模式。这个大型歌舞秀以面容姣好、身材高挑的歌舞女郎，身着极其裸露的华丽服饰，头顶巨大的羽毛头饰，佩戴精心制作的水钻饰物为主要焦点，配以广阔而富有想象力的精致布景和规模庞大的管弦乐队现场演奏的原创音乐，将巴黎的神秘性感、好莱坞的浮华魅力糅合在一起，连续上演了将近50年。参加演出的姑娘们换了一茬又一茬，人数越来越多，演出的规模越来越大，这个秀一直演到2009年才最终谢幕，成为歌舞剧演出史上的一段传奇。直到今天，这类歌舞秀仍然是拉斯维加斯最受欢迎的夜间娱乐节目。

我去的那天是礼拜六，本想买票进去看看演出，可是望见门口那条长长的人龙，只好打消了这个念头。不但演出的节目颇受欢迎，贝热尔歌舞剧院本身也成了巴黎的一个重要景点，早在 1980 年，参观贝热尔歌舞剧院的游客就达到了 5 千万人次，这个数目相当于当年法国全国的总人口数！直到今天，这个剧院优雅精致的装潢、精心制作的绚丽表演仍然吸引着来自全世界的客人。

贝热尔歌舞剧院现在仍在营业，依然是巴黎生活的一个象征，搭乘地铁，在卡代（Cadet）站或大道（Grands Boulevards）站下车，出来就可以看到那座金光闪闪的著名浮雕了。

巴黎圣母院
Notre Dame de Paris

法国文学巨匠维克多·雨果（Victor Marie Hugo，1802—1885）的文学作品《巴黎圣母院》令这栋始建于12世纪的哥特式教堂名扬四海，今天，不少人来到这里，还会指指点点地讨论驼背的卡西莫多躲在哪里。

《巴黎圣母院》完成于1831年，法文书名就是*Notre Dame de Paris*，也有译成《钟楼驼侠》的，迪士尼前几年把这部小说改编成了动画片，名字就叫《钟楼驼侠》（*The Hunchback of Notre Dame*）。此书出版后，引起很大的反响，许多人为修建当时已经残旧不堪的圣母院募捐。

雨果在书里面描写过圣母院周边的氛围，他写道："那时的广场就像今天的一样，呈不规则的梯形，一边是塞纳河岸，另三边是一连串狭窄而阴暗的高大屋宇。白天，可以观赏广场周围多种多样风格的建筑物，全是用石块或木头雕刻而成，中世纪各种住宅建筑的风格式样应有尽有。"

直至今日，站在圣母院四周，还能找到这种感觉，巴黎的可爱之处就在于这种对历史的尊重。

圣母院是法国最著名的哥特式大教堂，是巴黎现存最古老的建筑物之一。1163年开始建造，发起者是当时巴黎的大主教莫里斯·德·苏利（Maurice de Sully，约1105—1196），历经180多年才建成，其后200年不断扩建，可说是法国历史上建造时间最长的建筑之一了。这栋建筑是欧洲建筑史上一个划时代的标志。在它之前，教堂建筑大多笨重粗俗，沉重的拱顶、粗矮的柱子、厚实的墙壁、阴暗的空间，使人感到压抑。巴黎圣母院冲破了旧的束缚，创造了一种全新的轻巧的骨架券，这种结构使拱顶变轻了、空间升高了、光线充足了。这种独特的建筑风格很快便在欧洲传播开来。

塞纳河流经巴黎部分的中段的两个岛——西岱岛（Île de la Cité，常被称为“城市岛”）和圣路易岛（Île Saint-Louis），圣母院就位于巴黎城区的发源地西岱岛上，可算是巴黎城市中心的中心了，地理位置非常优越。加上圣母院是 12 世纪整个欧洲建造的最大的宗教建筑，亦是欧洲早期哥特式建筑和雕刻艺术的杰出代表，自然渐渐成为法国的宗教、艺术及旅游中心。于是，法国人便把圣母院的入口位置设为原点，不仅市内的发展均环绕着西岱岛，由此向外做同心圆式延展，还将法国其他城市的坐标由此算起。所以，当你站在巴黎圣母院门口，就是站在法国的中心了，可见这座教堂在法国人心目中享有何等至高无上的地位。

圣母院前面的大广场相当开阔，正好用来欣赏教堂庄严恢宏的建筑立面，不过，每天都是人头攒动，大排长龙。几乎人人都举着相机或手机，但想拍一张没有旁人入镜的照片却绝非易事。我第一次来巴黎的时候，住在左岸的圣日耳曼，曾在宁静的清晨走过那座巴黎最古老的新桥，去看晨曦中的圣母院。一路望着高矗的尖塔，快步来到圣母院旁边的花园，那里长椅空空，只有成群的鸽子，掠过初春的新绿。独自站在那里，望着这座教堂恢宏的身躯，它的尖塔、它的飞拱，历历在目；它的滴水怪兽、它的玫瑰花窗，细细品味。领略它独特的建筑美，琢磨它脱俗的韵律感。那种感受，真好！

圣母院朝西的主立面，用四道扶壁和两座塔楼强调了垂直的方向感，又用尖拱门上方排列成行的犹太二十八代国王的雕像，以及玫瑰窗顶上那排镂空连拱，营造出稳定的水平视觉来。垂直与水平两大元素的和谐比例与规律节奏，使圣母院宁静、沉稳、落落大方。主入口有三扇并排的大门，哥特式的尖拱门洞很是经典，从外到内层层套叠，生出一种很有深度的厚重感觉。每层都布满精工细刻的雕像，个个身形瘦长——中世纪的雕塑全这个样子。主立面的每一层都重复着高而尖的外形及垂直的线条。这种设计特色，令建筑仿佛要接上天空，营造出一种向上升华的崇高感来。三扇大门上都刻满了圣经故事，左面刻着圣母玛利亚的事迹，右面是圣母之母——圣安娜的故事，中间则是最后的审判。

室外有大量的雕塑，主殿内的雕塑也相当精彩。大厅中座席后面放置了三座雕像，两边是穿着皇服的路易十三和路易十四，两人的目光都投向中央的《圣母哀子像》（*Pieta*）。基督横卧于圣母膝上，身体微微向外倾斜，圣母双手张开，神情哀伤。这座由法国雕塑家尼古拉·库斯图（Nicolas Coustou，1658—1733）创作的塑像，雕工精湛，栩栩如生，尤其是衣褶看上去丝滑自然，完全不觉得那是硬邦邦的石头。

圣母院的南立面上，有一个直径达 13 米的巨大玫瑰窗，抬头望去，玫瑰窗色彩斑斓，在暗黑的环境下观赏，更显华丽夺目。周围还有方形及长形的玻璃窗，上面是一个个《圣经·旧约》的故事，镶工精细，不仅是装饰，更有宗教的教育功能。据说几百年前，因为民众识字率低，神职人员便是通过这些图像讲故事来传道的。

离开主殿，我转往圣母院第三层（最顶层）的钟楼。这段路并不容易，要登上塔顶，须得经过狭窄的旋转楼梯，共 238 级台阶，且只容一人通过。遇到有人下楼，双方都得侧着身子，先下后上。不过，终于到达楼顶时，向外望去，发现自己处在巴黎正中央的制高点上。环顾四周，实在是很美妙的感觉。这一刻，一切辛劳都值了。

上了钟楼，感觉像是走进了《钟楼驼侠》影片里的主要场景，内里简陋的陈设，很像小说中的描述。大钟虽不如想象般大，但确实很厚重。你会不由自主地想象，那位驼背的怪人会不会突然从钟后面跳出来？

钟楼外面围栏上就是那些著名的咧着嘴滴水的石雕怪兽（gargoyles）了，它们可是与钟楼齐名的巴黎圣母院的经典。这些雕塑的外貌狰狞可怖，有长着翅膀的，有尖嘴獠牙的，也有独角奇兽，全都怒目圆睁，死盯着下方，就像是圣母院的守护者。无名雕塑者的奇思妙想，并不逊于现在设计电子游戏、创作动漫画的潮流艺术家们。

2019 年 4 月 15 日那场大火，震惊了全世界！人们熟悉的巴黎圣母院的尖顶在熊熊烈焰中坍塌了，中后部的木质屋顶完全被烧毁。几百名消防员彻夜抢救，直至第二天黎明，大火才被扑灭。起火时，洛杉矶时间是半夜两点半，所以当我早晨打开电视的时候，见到的已是余烟翻卷的场面了。震惊、心疼、难以置信——法国人怎么能让自己的国宝遭受这么大的灾难呢?

平日里，我常对法国人的做派有些微词，其实并不止我一个人有这样的看法。生活悠闲、自由散漫、做事拉垮，这次圣母院的火灾就和他们的行事作风不无干系。火头于下午 6 点 18 分发生在圣母院尖塔的阁楼，烟雾探测器立即向工作人员发出了火灾信号。此人居然没有立即报警，而是派了一名警卫去查看，并且给错了地点——说成是毗邻圣器收藏室的阁楼。警卫去现场看了一下，回报说没看到有火。事实上，当那位警卫攀爬几百级台阶到达收藏室阁楼时，火势已经蔓延开来了。15 分钟后，警卫主管看到已经烧出楼面的火苗，才发现错误，这时，连街上的行人都看到烧出楼面的明火了。可圣母院方面竟然还是没有叫消防队。直到晚上 7 点钟左右，才有人打电话报警。消防队员动作很快，不到 10 分钟就抵达现场，但为时已晚。圣母院烧成一个火炬，整个中部都烧穿了。大教堂的尖顶于晚上 7 点 50 分倒塌，几百吨重的铅皮顶轰然倒下，几乎将主钟楼推倒。大约 600 余名消防队员全力奋战超过 15 小时，才终于把火扑灭。

幸运的是，大火过后，巴黎圣母院的主体结构尚算完好，消防队员拯救了立面、塔楼、墙壁、扶壁和彩色玻璃窗。弗朗索瓦·蒂埃里（François Thierry，1677—1749）在 18 世纪建造的大管风琴，也被保存下来。2019 年初，当局正在修复圣母院已有损坏的木质结构，发现站在尖塔的十二使徒和四位福音传教士的铜像因氧化而呈现绿色，于是拆卸下来进行清理，从而让它们幸运地躲过一劫。更加神奇的是，我们前面提到过的那座《圣母哀子像》，经历了这场灾难性的大火，虽被灰烬覆盖，并被炙黑，但依然矗立在烧焦的瓦砾中完好无缺，真是个奇迹！

历经 5 年，巴黎圣母院终于在 2024 年 12 月 7 日重新开放，开幕仪式由巴黎大主教洛朗·乌利希（Laurent Ulrich，1951— ）主持。

2025 年初这趟巴黎行，因参观圣母院需要提前上网预约，时间合不上，本来不准备去了。结果朋友告知，若一大早去排队，或有机会能够入场。我跟着他们，早上 7 点左右居然进去了。

第一个感觉是，教堂的室内变得非常明亮。欧洲这类古老大教堂，室内通常都比较暗，主要是因为建筑墙面色彩随着时间流逝而发黑。这一次巴黎圣母院的修复，用乳胶溶液清洁教堂内部墙面后，带上了些金黄的色彩，感觉就比较亮。对这一点，是存在着争议的。法国文化部的官员回应说，经过对内墙的清洗，恢复了教堂石头墙面原本的色彩。也就是说，圣母院完工的时候，墙面本来就是这样明亮的。明亮的室内当然好看，但究竟是复原了文物的本来面目，抑或做砸了？法国人对此议论纷纭，各种说法都有。当然，这也很法国！

与圣母院修复有关的争议焦点，还不止这一个。圣母院附属的圣埃洛伊小教堂（Saint Eloi Chapel）的彩色玻璃窗亦处于舆论的漩涡之中。这座小教堂在大火中也受到损坏，所以在修复圣母院时也一并进行了修复。19 世纪，法国设计大师维奥莱 · 勒 – 杜克（Eugène Emmanuel Viollet le-Duc，1814—1879）执掌巴黎圣母院的修复工程时，曾为这座小教堂设计了 6 扇彩色玻璃窗，一直保存在仓库里，并未遭到损坏，按照修复的原则，应该把这 6 扇玻璃窗装上去。然而马克龙总统提议，用住在洛杉矶的法国当代女艺术家克莱尔 · 塔布雷（Claire Tabouret，1981— ）设计的 6 扇现代主义窗户取而代之。勒 – 杜克在法国是建筑设计界的神级人物，总统说换就换了，这件事在法国争议也很大。

我个人对中世纪的艺术并不热衷，因为神权力量过大，人就微弱渺小。圣母院是宏大的，却不是亲切的。有些小教堂，尺度宜人，反而更愿意坐下听听牧师布道。我总在想，宏大的尺度和绝大多数身高2米以下的人类之间，有没有可能营造出一种更加亲切的感觉来呢？

荣军院

L'hôtel des Invalides

国内去过巴黎的人很多，但是去参观荣军院的人很少。这栋位于左岸的宏伟建筑，正对着宏伟的亚历山大三世大桥，只要走到塞纳河边，你根本没有办法不看到它。据说在1670年，法国皇帝路易十四不忍看到那些伤残的士兵在桥上乞讨，决定创办荣军院来收容这些曾经为国上阵杀敌的老兵们。设计任务交给了30岁出头的建筑师利贝拉尔·布吕昂（Libéral Bruant，1635—1697）。工程从1671年开始，1676年竣工。面朝塞纳河的正面主建筑长196米，高110米，沿气势宏伟的正门两边展开，门上有路易十四骑马的浮雕。荣军院里最显眼的那座金顶教堂，是1677年经路易十四授权，由更年轻的儒勒·哈杜安－芒萨尔（Jules Hardouin-Mansart，1646—1708）设计。他为这座教堂设计的那个巨大的金色圆顶，穹顶高度达107米，成为法国巴洛克式建筑的典范。在埃菲尔铁塔建成之前，它一直是巴黎最高的建筑。后来在1989年的大修中，为解决金顶褪色的问题，10名工人以传统的方式，用555000片金箔才将它修整一新。

荣军院整个建筑群共有15个庭院，除了教堂和一些用来安置战争中有功的伤残老兵的类似养老院的楼房之外，还设有几个博物馆。而尤其令荣军院出名的是迁葬于此的拿破仑灵柩。

拿破仑于1821年死于南大西洋的圣赫勒拿岛上，他在遗嘱中写道："我愿我的身体躺在塞纳河畔，躺在我如此热爱过的法国人民中间。”后来，路易–菲利普国王满足了他的遗愿，于 1840 年 12 月 15 日举办隆重的仪式把拿破仑的遗骸运回巴黎，安放到荣军院。也就是说，在去世 19 年之后，拿破仑才被葬到了他想安息的地方。

拿破仑的棺椁安置在教堂内部底层墓堂中央，四周有 12 根石柱，分别饰以浮雕，并立有十二尊胜利女神雕像。拿破仑的遗骸放在六层棺椁之中，从里向外，第一层是白铁棺，第二层是桃花心木棺，第三、四层均为铅制棺，第五层是乌檀木棺，第六层是橡木棺。还有一层外棺，是用从俄罗斯运来的红斑岩凿成，造型曲线凹人，多少有点像拿破仑生前常戴的船形军帽。墓室上层建了环形楼台，人们可以站在楼台上瞻仰他的棺椁。而在环形走廊的墙面上，陈列着十幅浮雕画面，宣示着拿破仑对法国做出的十大丰功伟绩，例如编撰《民法典》、设立法兰西帝国大学等。

我站在那里，看着拿破仑的棺椁，这位历史人物和我的距离突然那么近，有点不真实。那天法国海军陆战队有个什么纪念活动，大厅里有不少军人，肩挎冲锋枪，军容肃穆，也在那里默默地向拿破仑致敬。对于他们来说，拿破仑是法国军人最大的荣耀，荣军院是法国最高的军事将领、最成功的法国元帅们的寝陵，是法国人的圣殿。他们每个人都很严肃，与平常见到的那些浪漫的法国军人截然不同。法国人对拿破仑一直是非常崇敬的，这从军事博物馆中收藏的大量与拿破仑有关的展品和美轮美奂的拿破仑陵寝可以看得出来。是啊，一个总能打胜仗的将军，可不常有呢。

荣军院后院有法国军事博物馆（Musée de l'Armée），那座拥有 200 多年历史的建筑是四面围合式的，因此展览空间都是狭长的、条状的。展览内容主要是第二次世界大战前的法国历次战争遗留下的文物，其中军服的展示恐怕是世界一流的，让人大开眼界。原来在几百年前，法国军队的军服设计已经非常讲究，分类极为细致了。拿破仑在几次战役中所穿的军服也陈列在橱窗里，他的军马制成了标本站立在旁边。让人有一种走进时间隧道的错觉，恍惚回到了奥斯特里茨战役的时光。军事博物馆的顶层陈列着一些做得很精致的模型，简述了法军的辉煌战绩，细看下来，都是拿破仑时期的。不过好像自从拿破仑以后，法国就没有打过什么值得骄傲的胜仗了，这么漂亮的军事博物馆，感觉有点调侃讽喻。

我为什么喜欢去荣军院呢？就是想感受那种真正的古典建筑给人的震撼。巴黎其他的新古典建筑多少都有点花哨，比如加尼埃歌剧院，凡是能装饰的地方绝不留空白，简直像孔雀一样。而荣军院却有肃穆的氛围、严谨的比例、节制的装饰。学建筑的人应该来这里好好看看，真正体会一下古典建筑的内涵。

先贤祠
Le Panthéon

“先贤祠”，中文翻译得非常好，既雅又达。其法文原名“Panthéon”源于希腊语，最初的含义是“所有的神”，因此在希腊艺术史中就将此译成“万神殿”。这类建筑通常以供奉诸神而著称。公元前5世纪，古希腊人修筑的雅典巴特农神庙便供奉着神灵。类似的建筑在意大利也有一栋，即人们熟知的万神殿。

与两位“前辈”相比，巴黎的先贤祠虽然历史短了许多，但若说到声誉，却一点都不逊色。它于1744年规划建设，原名为“圣日内维耶大教堂”。当初路易十五大病初愈，为感念圣女日内维耶（Sainte Geneviève）的恩庇所设。教堂竣工时恰逢法兰西大革命，在那个特殊时期，世俗与宗教的权威皆消失殆尽。于是，圣日内维耶大教堂摇身变成了“祖国和自由的祭坛”，并更名为“先贤祠”。之后几年间，革命家米拉波（Count of Mirabeau，1749—1791）、启蒙思想巨人伏尔泰（Voltaire, 1694—1778）、卢梭（Jean-Jacques Rousseau，1712—1778）等人的灵柩相继迁入，宣告了先贤祠作为世俗祠堂的开始。

前两次去巴黎，我都想过要看看先贤祠，但总是时间上没有计划好，一直拖到2015年才成行。说实在的，到门口时稍感失落，来瞻仰的人并不多，这栋新古典主义建筑的早期典范也不若我想象中宏伟，坐落在一个狭小的广场上，有点孤零零的。旁边是古老的巴黎大学，非常静穆。

因为原本是作为宗教性建筑来建造的，所以先贤祠正厅与普通教堂在结构上并无太大差别：十字形的平面布局、高耸的穹顶、开阔的大厅、不熄的烛火、精美的雕塑和壁画等。不过因为不是教堂，而是寝陵，所以作为正门门廊的那排巨型科林斯石柱之上，镌刻着一行铭文："伟人们，祖国感念你们"（Aux grands hommes, la Patrie reconnaissante），而且大厅里也没有那一排排供信众就座的条椅。先贤们的寝陵设在厅下的地宫，虽然非常幽暗和静寂，却并不阴森，全无恐惧感。墓室、棺柩罗列，上面的名字皆如雷贯耳。

栖身于先贤祠不是件容易的事，许多享誉世界的名人，如巴尔扎克（Honoré de Balzac，1799—1850）、莫泊桑、笛卡儿（René Descartes，1596—1650），至今尚未能入其门。即便有幸入室者，因地下室空间所限，通常也难享一个宽敞的位置。卢梭与伏尔泰可谓是备极哀荣，这两位思想家葬于最显要的位置，并各自享有一个不小的墓室。卢梭棺木上镌刻着的谥语是"自然与真理之人"，伏尔泰的悼词也很简洁："诗人、历史学家、哲学家"。祠堂深处，多是二人一室、四人一室。卢、伏二人不远处安息着雨果，他的"室友"是大作家左拉（Émile É. C. A. Zola，1840—1902）。科学家居里夫妇（Marie Curie，1867—1934，Pierre Curie，1859—1906），数学家拉格朗日（Joseph Louis Lagrange，

1736—1813)，法学家波塔利斯（Jean-Étienne-Marie Portalis，1746—1807)，医学家卡巴尼斯（Pierre J. G. Cabanis，1757—1808)，文学家大仲马等人都安葬在此，设计先贤祠的建筑家雅克·苏夫洛（Jacques-Germain Soufflot，1713—1780）也长眠在这里。先贤祠中还镌刻着很多寂寂无闻的爱国者的名字，例如在两次世界大战中捐躯的烈士。

那么，是谁来决定何人可以享受安葬在此的殊荣呢？1791 年，国民制宪会议有权做出决定；第一帝国时期，这个决定是由拿破仑做出的；第三、四共和国期间，决定权交到了议会手上；自 1958 年第五共和国开始，该决定由总统做出，而且在总统正式宣布封圣之后，还需要经过大约三个月的紧张筹备，才能最后举行进入先贤祠的仪式。迄今最近的一次决定，是由现任总统马克龙于 2024 年 11 月 23 日宣布的，历史学家、第二次世界大战中法国抵抗运动烈士马克·布洛赫（Marc L. B. Bloch，1886—1944）人选，估计现在迁人仪式正在紧张地筹备之中吧。

除了作为法国著名的文化名人的安息之地，巴黎先贤祠也在世界科学发展史上留下过浓墨重彩的一笔。1851 年，法国天文学家、物理学家莱昂·傅科（Léon Foucault，1819—1868）用一条 67 米长的钢索，将一颗 28 千克重的铅锤，悬挂在先贤祠的拱顶下，按照顺时针方向，每小时偏移 11.3 度，历时 32.7 小时，旋转了完整的一圈，直观地证明了地球的自转。这场著名的实验，当年可是公开进行的，拿破仑三世授权发出的邀请函上，清晰明白地印着“邀请您来观看地球的转动”。这项在先贤祠进行的物理实验，引起了狂热讨论，虽然后来多次因政局动乱而停止，但也多次在这里重复进行。直到 1995 年，傅科摆被永久地重新安装在此，并成为参观的重要内容。

虽然，圣日内维耶大教堂刚一建成，就在法国大革命期间成为先贤祠，但在整个 19 世纪，随着法国政治体制的变化，这栋建筑在两种功能中变来变去，不下 6 次。拿破仑皇帝甚至还做出过要拆毁先贤祠的决定。直到 1885 年，第三共和国在此为雨果举行了超过 200 万人参加的隆重国葬，这里才最终定位为先贤祠。

教堂成了寝陵，寝陵又成了向公众开放的公共空间，成了缅怀伟人的胜地，现在这里甚至有了更多功能，阅读、讲座、文娱表演、学术研讨会等，也是相当特别的安排了。文化人在这里备受尊崇，历代帝王则没有任何位置。这大概就是法兰西共和国精神之精髓了。在他们看来，君主皇帝和文化泰斗根本不可同日而语，君主皇帝会随风飘散，文化泰斗却永垂青史。人类历史的发展，不正说明这是千真万确的嘛！

由于地处巴黎中心的第五区，而且直到埃菲尔铁塔建成之前，先贤祠一直是巴黎市内的制高点。因此，这里是登高望远的极好去处，可以观赏到巴黎几乎所有最热门的景点：埃菲尔铁塔、巴黎圣母院、蓬皮杜中心、凯旋门、奥赛博物馆、荣军院、蒙马特高地、圣心大教堂、阿拉伯世界研究所、拉德芳斯摩天大楼群……一如雨果的名言："地平线强调的是无限"。前提是你有足够的体力和决心，攀爬上那陡峭的 206 级阶梯。

走出先贤祠的大门，天空中淅淅沥沥飘起了小雨，门前广场上聚集着一批年轻人，像是来自外国或法国外省，等待瞻仰先贤祠的学生。

香榭丽舍大道
Avenue des Champs-Élysées

我每次去香榭丽舍大道，都是参观完卢浮宫之后，穿过皇宫花园走去的。从地图上看，距离其实不近，不过周边都是名胜，到处都是雕塑和经典建筑，边走边看，好像没多久就走到了。到了爱丽舍宫，看见那条大道如此气宇轩昂，便一点也不觉得累了。

我好像仅有一次是从香榭丽舍大道在协和广场的起点一直走到大凯旋门的，通常都不是一口气走完，主要原因是中间有两个大展览馆，就是人们常说的“大皇宫”和“小皇宫”，那里总是有各种展览，走着走着，总会走去看展览了。后来有朋友建议：“得找一个很舒适的天气一口气走完，才能够领略到这条大道的伟大。”

香榭丽舍大道始建于 1670 年，西起现在的戴高乐广场的大凯旋门，东至协和广场，西高东低，全长 1800 米，最宽处约 120 米。以圆点广场为界分成两部分：东段 700 米以自然风光为主，两侧是平坦的英式草坪，恬静安宁；西段 1100 米为高级商业区，车水马龙。其法文“Avenue des Champs-Élysées”中的“Champs”原意为“田园”，“Élysées”则来自希腊神话，象征“神话中的仙境”（终于知道了“爱丽舍”的含义），因此这条路的名字可直译为“仙境田园”。

香榭丽舍大道两边的建筑，既有协调统一的风格，又有丰富多变的细节，让人百看不厌，每一眼望去，都是精彩。经过 300 多年不断地营造、改建，香榭丽舍大道被法国人毫不谦虚地称为“世界上最美丽的散步大道”。

香榭丽舍大道的演变同巴黎市政的发展紧密相连。据记载，1667 年，皇家园艺师勒诺特尔（André Le Nôtre，1613–1700）为拓展卢浮宫前面的杜伊勒里花园的视野，把这个皇家花园的东西中轴线向西延伸至圆点广场，此为大道雏形。当时，道路两侧还是荒野和沼泽。1828 年，香榭丽舍成为市政府的资产后，铺设了人行道，安装了路灯和喷泉，成了法国城市史上第一条林荫大道。

第二帝国时期，拿破仑三世耗时 18 年（1851–1869 年）轰轰烈烈地扩建巴黎，他委派尤金·奥斯曼主持扩建工程。为了解决城市的堵塞问题，奥斯曼扩建了许多交叉口上的街头广场，如大凯旋门所在的星形广场、巴士底广场等。再用笔直宽敞的林荫大道将各大广场路口连接起来，两旁是豪华的五六层公寓住宅建筑，并种上了法国梧桐。远景中，每条大道都通往一处纪念性建筑物。这种布局令城市气势恢宏，车流通畅，引得世界许多大都市纷纷效仿。正是这次扩建工程，使香榭丽舍大道真正成为“法兰西第一大道”。奥斯曼将星形广场原有的 5 条大道拓宽，又增建 7 条，使广场成为有 12 条呈辐射状大道的中心。香榭丽舍大道则从圆点广场延长至星形广场，成为 12 条大道中的一条。

巴黎扩建后，香榭丽舍大道吸引了好多商业机构入驻，品牌时装店、高档化妆品店、银行、高档轿车行、高级夜总会、高级餐厅等沿路开张。19 世纪末到 20 世纪初，是法国最浪漫、最富裕和最平稳的时代，被法国人称为“美好年代”。这个美好年代和香榭丽舍大道是分不开的。

巴黎的故事就沿着这条大道展开了。香榭丽舍大道一街之隔的爱丽舍宫是几百年来法国政权交替的地方。1814 年，反法联军进入巴黎，普鲁士和英国士兵宿营在这里；1885 年，大作家雨果的出殡队伍走过这里；1940 年，德国军队从这里走进巴黎，希特勒在凯旋门下面兴高采烈地欢呼胜利；1944 年，解放巴黎的美国军队从这里进入巴黎，接受民众的欢呼；1970 年，还是在这条大道上，法国人为戴高乐将军默哀。每年法国国庆节，这里都会举行盛大的阅兵典礼。300 多年的法国历史，居然全与这条大道联系在一起，真是神奇。

从 20 世纪 80 年代开始，随着城市化进程的加快，香榭丽舍大道的容貌受到毁损。不少城市规划设计者痛心地指出，香榭丽舍也难免犯大都市街道的通病。最大的问题是行人与车辆关系位置颠倒，人行道一半以上停放着各种车辆，加之交通拥塞，行人行走受阻。其次是街景出现混乱，从电话亭到报亭，从告示牌到广告栏，各种各样的临时建筑遮住了大道的美景，建筑物也被贴满留言和花里胡哨的广告。最后是向嘈杂的商业街演变的危险，快餐店、商业广告的霓虹灯掩盖了原来香榭丽舍大道的典雅。

法国著名品牌路易威登公司1914年进驻这条大道后，发起成立捍卫香榭丽舍大道委员会，该委员会在1980年改名为“香榭丽舍大道委员会”（Le Comité Champs-Élysées），其宗旨是捍卫世界上最美丽的散步大道的声誉。委员会成员由香榭丽舍两侧的商家和居民代表组成，共约400人，全是志愿者。委员会靠会员缴纳的会费维持运转，因此能对私人或利益集团保持独立。委员会提出一些出于公益目的的建议，交给巴黎市政府，并推动这些建议得到采纳和应用。在这个委员会的推动下，巴黎市政府于1992年2月启动大道全面整修工程，致力于恢复散步大道原貌，为行人腾出活动空间。内容主要有：取消路边停车侧道，兴建一个拥有850个车位的地下5层停车场，把腾出的4000平方米路面拓为人行道；重铺人行道路面，用浅灰色间有小蓝点的花岗石铺设，力求达到宁静沉稳的效果；拓宽人行道后，再种两排梧桐树，大道两侧就有了4排树木，出现绿树掩映的散步大道景观；补充大道两旁的配套设施，包括重新安装路灯、长椅、公共汽车候车亭、海报柱、报亭等。设计师们融现代风格与古典情调于一体。这些设施的基调为灰黑色，配件则采用发亮的深色铸铁，保持着典雅庄重的风格，忠实于香榭丽舍大道的传统形象。

经过两年多的整修，香榭丽舍大道工程于1994年9月竣工。整个工程耗资2.4亿法国法郎，这还不包括大道两侧的商家自行出资整修门面所耗的3000万法国法郎。在竣工典礼上，时任巴黎市长的希拉克登上凯旋门，点亮大道两侧树上的灯带。翡翠色的灯光彩带透过树木枝丫一波一波地变幻着，蔚为奇观。希拉克向欢庆的人群宣布：香榭丽舍大道，这个世人印象中的奇妙地方，现在已恢复了它的声誉。

香榭丽舍大道两旁是法国和世界知名品牌的集聚地，还能看到不少豪车销售店、电影公司、影剧院和娱乐品专卖店。当然还有顶级法国餐厅，像皮尔·卡丹的马克西姆（Maxim's）、富格（Fouquet's）等，至于酒吧、夜总会和咖啡店更是不胜枚举，著名的丽都夜总会（Le Lido）、坚石咖啡店（Hard Rock Café）都在这里落脚。

法国人非常看重这条大道，每年7月14日在这里举行国庆游行，环法自行车赛在这里进行终点冲刺，除夕夜大家到这里按响汽车喇叭迎接新一年的到来。当然，这里也是游客来巴黎的必到之处，走在这条浓荫掩映的大道上，耳闻的外语倒比法语多，跟纽约有些相像。

协和广场
Place de la Concorde

从卢浮宫前小巧的杜乐丽花园（Jardin des Tuileries）往西看，是一条笔直的大道，一直通到大凯旋门，那是巴黎东西走向的中轴线。巴黎大部分的街道设计都是采用中心广场放射状，认路不易。有了这条中轴线，加上塞纳河作为导引坐标，方位就清楚多了。花园临河一边的那条路就是杜乐丽路（Quaides Tuileries），这条沿河马路的名字过一段就变一个，所以人们对它的本名倒无所谓了，就是一条沿河大道吧，叫什么都可以。而花园的另外一面，就是曾经号称巴黎最豪华的拱廊街——里沃利街，一直延伸到协和广场，大街上全是老牌名品店，新品牌多集中在“大道区”那边了。如果说香榭丽大道是巴黎的东西中轴线的话，协和广场、协和大桥、皇家大道那一线可以视为巴黎的南北轴线。不过却不像东西轴线这样刻意建造，因此有点断断续续的感觉。

站在协和广场，面对车水马龙的协和大桥，左边是杜乐丽花园的入口，右边是通向大凯旋门的香榭丽舍大道的开端，总统办公的爱丽舍宫、大皇宫和小皇宫、美国大使馆都在左右，声名显赫的克里昂大饭店也在协和广场上，真是气象万千。

协和广场是法国国王路易十五（Louis XV，1715–1774）营建的，为的是向世人展示皇权的至高无上，但在之后的法国大革命时期它却被革命党人用作处决皇室成员的刑场。1793至1794年间，革命党人恐怖统治时期，共和军曾在此处决了当时的全部皇室家庭成员，包括国王路易十六（Louis XVI，1754—1793）、皇后玛丽·安塔内特等大约1100名皇室成员及保皇派。断头机每天都要砍掉好多人的脑袋。据说当时连牛群走到这里都会停下而不肯向前，广场上的血腥气太重，牛闻到都害怕。

我们读书的时候就知道，当时宣判路易十六死刑的是大名鼎鼎的雅各宾派政府的实际首脑罗伯斯庇尔（Maximilien de Robespierre，1758—1794），此公是法国历史上极具戏剧性的人物。他曾因反对极刑而辞去法官职务，后来在大革命时期又是他强烈主张以极刑处死国王路易十六。之后，他不再满足于对王党分子的判决，一切不能与他保持绝对一致意见的人都成了清除对象。甚至连当时新共和国的政府首脑丹东（Georges Danton，1759—1794）都死在这场残酷的清洗运动中，在罗伯斯庇尔的主张下，1794年4月5日丹东在协和广场上被砍头。更令人意想不到的是，路易十六被处死1年多后，在1794年8月，罗伯斯庇尔自己最终也被推上了协和广场的断头台。历史在这里开了个残酷的玩笑，罗伯斯庇尔在宣布路易十六死刑时怎么也不会料到自己竟会与他“殊途同归”吧。

当然，现在站在广场上，看见的是成群结队兴高采烈的游客在东张西望、拍照留影，完全想象不出当年这里血流成河的恐怖景象。标榜“要做爱，不要战争”的法国人这么浪漫，竟也会如此激进、狂热、极端，是不是正应了那句“革命不是请客吃饭”呢？

1763 年，这个广场举行落成典礼时它的名称是“路易十五广场”。后来在革命恐怖时期被更名为“革命广场”。1795 年再易其名，成为“协和广场”，取“全国各族和谐、融洽、具有凝聚力”之意。1814 年再次被改回“路易十五广场”之名。1826 年更名为“路易十六广场”。1830 年，在被誉为“公民之王”的路易 - 菲利普当政时代，它又重新复名为“协和广场”，并沿用至今。

无论如何，协和广场在规划设计上确是成功的。这个广场始建于 1755 年，由当时路易十五的皇家建筑师雅克 - 昂热 · 加布里埃尔（Jacques-Ange Gabriel，1698—1782）设计建造，工程历经 20 年，于 1775 年完工。卡布里耶首先为协和广场设计了一个长 360 米、宽 210 米，总面积 84000 平方米的八角形广场的雏形。为了达到远景透视效果，他选择了与巴黎先前所建的那些皇家广场不同的方案。他将协和广场设计成开放式的广场，人们在此可远眺杜乐丽花园的百花起舞，可俯视塞纳河的波光荡漾。广场两端有卡布里耶的另两项杰作：法国海军总部和克里昂大饭店，为协和广场画出了终点线。1778 年，就是在克里昂饭店里，法国与美国缔结了法美《同盟条约》及《友好通商条约》，法国成为第一个承认美国独立并与之建交的国家。

广场中心矗立着由雕塑家布沙尔东（Edmé Bouchardon，1698–1762）创作的路易十五端坐马背的雕像，原雕像曾在1792年毁于法国大革命中，取而代之的是处决路易十六的断头台。在路易－菲利普时代，德裔法国建筑设计师希托夫（Jakob Ignaz Hittorff，1792–1867）受命完成广场的规划建设，为了尊重广场原设计师卡布里耶的设计愿景，希托夫为广场四周加上了栏杆及以下几件作品。

第一件作品是很宏伟的雕塑，叫《马利的骏马》（*Les Chevaux de Marly*），这个雕塑矗立于香榭丽舍田园大道入口，是雕塑家吉拉姆·库斯图（Guillaume Coustou the Elder，1677–1746）的作品，最初是为路易十四的离宫花园雕造的。当时，这位自称“太阳王”的皇帝决定在位于巴黎西边15千米的马利乐华小城为自己兴建一座比凡尔赛宫更为隐秘的离宫，在广阔的离宫花园里，设计师建造了众多华美的喷泉水池与雕塑，就包括这匹骏马。1794年，这座雕像被从马利乐华的宫廷花园里运送到巴黎城，安放在协和广场上。今天矗立在广场上的这座雕像是一件复制品，原作保存在卢浮宫中。

第二件作品是两个宏大的喷泉，一个是河神喷泉（La Fontaine des Fleuves），一个是海神喷泉（La Fontaine des Mers），都是在1835至1840年间建造的。两座喷泉彰显了当时法国高超的航海及江河航运技术。不过，实际上这两座喷泉只是罗马的圣彼得广场（La Place Saint-Pierre）喷泉的仿制品。

第三件作品是一套 8 座雕塑，分布在广场的四面八方，代表 19 世纪法国最大的 8 座城市，分别是马赛、里昂、波尔多、南特、鲁昂、布雷斯特、里尔和斯特拉斯堡。

第四件作品是埃及方尖碑（L'Obelisque de Louxor），直译是“卢克索方尖碑”。它矗立在广场正中心，高 23 米，已经有 3400 多年的历史了。这是 1831 年埃及总督穆罕默德·阿里（Muhammad Ali，1769—1849）赠送给法国的礼物。碑身的古文字记载着古埃及拉美西斯法老的事迹。当初运输这块 23 米高、230 吨重，由一块完整的巨型玫瑰色花岗岩雕琢而成的方尖碑，可谓是大费周折。这座方尖碑从埃及卢克索到法国巴黎，经历了两年半的海上航行之后，于 1836 年 10 月抵法。整个运输过程中的波折艰难和戏剧化故事，完全可以写成一个电影剧本。路易 - 菲利普国王把这座方尖碑当作他在保皇派和共和党之间保持政治中立的象征，立在了协和广场之上。埃及当时有两座完全一样的方尖碑，一左一右地守护在埃及卢克索的底比斯神庙大门两侧。碑身纵向刻有三行古埃及象形文字，记述了拉美西斯二世及拉美西斯三世法老的故事。法国人在安置方尖碑时还开发出了它的另一个功用，巨型日晷的晷针，以协和广场作为晷面。每天随着日转星移，方尖碑在协和广场上的阴影就指示着时间。

后来在广场一侧的树荫里，又安放了一组新的雕塑《欢迎之手》。大小不一的手——大人的、孩子的，不同的搭配——单只的、两只相握的、多只相携的，表达出“四海皆兄弟，人间盼大同”的良好愿望。树影下，雕塑间，不时传出孩子们跳跃奔跑的欢笑声。

协和广场正对着那道跨越塞纳河的协和大桥。协和大桥西面就是俄国沙皇亚历山大三世（Tsar Alexander Ⅲ）送给法国的那座气宇非凡的亚历山大三世大桥（The Pont Alexandre Ⅲ）。两桥并列，实在是气势恢宏。我们走上亚历山大三世大桥，上上下下看了好久，实在太漂亮了。这座桥的出资者其实是亚历山大三世的儿子，当时的俄罗斯沙皇尼古拉二世（Nicholas Ⅱ），设计者是法国建筑师卡辛－贝尔纳（Joseph Cassien-Bernard，1848—1926）和库辛（Gaston Cousin，1859—1901），只不过因为亚历山大三世在1892年与法国结盟，法国人喜欢他，所以就以他的名字来命名了，并在大桥两端入口处的立柱上，分别安放着象征塞纳河与涅瓦河的装饰物。这座6米高的单跨钢拱桥，全身布满了金碧辉煌的雕塑和装饰，被认为是巴黎最华丽的桥。为了防止它遮挡香榭丽舍大街或荣军院的景观，这道桥必须做得比较低矮，两位建筑师煞费苦心，最终将其设计得美轮美奂。桥梁完工时正好赶上1900年的世界博览会，同时落成的还有附近的大皇宫和小皇宫，以及奥赛火车站。

那天，我走到协和宫门前，突然看见和里沃利街相交的巷子里停着一辆涂有保护色的军用吉普车。巴黎这么浪漫的地方，怎会出现军车这类东西呢？感觉有点滑稽，有点意外。不假思索，我习惯性地举起照相机就要拍，突然不知道从哪里冒出个全身戎装的法国军人来，低声说道：“这里不许拍照”。我只好满腹狐疑地收了相机。再往前走一点，在克里昂大饭店门边，又看见几个法国军警在守卫，也是感觉怪怪的。正想打听一下缘由，突然想起这里是美国大使馆，几年前我还来这里办过一些手续的。再后面就是爱丽舍宫了，那可是法国总统办公和生活的地方啊。想起来有点搞笑，美国佬也太过分了一点，第二次世界大战结束后，把大使馆径直开在爱丽舍宫旁边。看上去，法国总统的起居之地，倒有点像美国大使馆的后门了。法国人看了，会不会气不打一处来呢。

蒙马特高地
Montmartre

塞纳河右岸的北面，有座小山丘，蒙马特高地，是巴黎的制高点。这里有座圣心教堂（Basilique of the Sacré-Coeur），它的白色圆顶是巴黎的一个显眼地标，每天都会有一些艺术家在它附近的小广场上的桌子和彩色雨伞之间架起画架。不过，这座教堂虽然漂亮，但历史意义倒并不很大——它太新了，建于 1876 至 1914 年间，完工之时第一次世界大战就爆发了。比较有意义的是，圣心教堂边上，一间不起眼的小教堂——蒙马特圣伯多禄堂（Saint-Pierre de Montmartre），是神学家依纳爵·罗耀拉（Ignatius de Loyola，1491—1556）发愿成立耶稣会的地方，1541 年他和六位同伴在巴黎郊区的圣但尼教堂的地下室成立了耶稣会，后来，耶稣会推动了巴洛克建筑、绘画、雕塑和音乐等艺术行业的发展。

一般游客来到这里，除了眺望巴黎的城市风貌之外，就是看看圣心教堂。但对从事艺术工作的人或者对现代艺术有兴趣的人而言，要看的就太多了。这里可是现代艺术的圣地！20 世纪之初，这里还是个比较贫穷的居住区，由于离市中心有一段的距离，有钱人是不会去的。这里房租低廉，吸引了不少刚来巴黎的贫寒的年轻艺术家，多位重要的现代主义大师都曾经在这里工作、居住过。他们在这里租房子作为住所兼画室，在附近的酒吧、咖啡馆聊天谈艺术，交换思想，结交朋友。这里弥漫着一股浓郁的波希米亚氛围，穷而年轻，野心勃勃，广吸国际成分，孕育现代艺术，立体主义就是在这里诞生的。虽然这个地方现在没有多少艺术家了，但是留有不少大师们住过、工作过的建筑，还有他们聚会的场所，是个发思古之幽情的好地方。

19 世纪和 20 世纪之交的巴黎是动荡而富于创造的。学院派式微，印象派、纳比派、后印象派、野兽派、立体主义、表现主义、达达主义、未来主义相继登场。这些流派中最重要的莫过于立体主义，其对现代艺术的促进贡献最大，某种程度上可说是决定性的影响。立体主义的两位奠基人巴勃罗·毕加索和乔治·布拉克，都曾经在蒙马特高地住过，并且在这里创作出第一批立体主义绘画作品。

19 世纪中叶以前，欧洲人还没有想去巴黎学绘画的，因为在那之前，法国艺术被官方和学院派控制得很死板。自从 19 世纪下半叶，浪漫主义、写实主义、印象派突破学院派的桎梏诞生后，全世界有志于艺术的青年都跑到巴黎来了，把巴黎当作艺术的圣殿。

爱尔兰人乔治·莫尔（George Moore，1852—1933）是先行者之一。1872 至 1882 年，他在巴黎学画 10 年。虽然他在绘画上不算成功，却广泛结交了一批巴黎的文人墨客，在文学上崭露锋芒，成为一位唯美派颓废作家。他曾写过一本《我的死了的生活的回忆》（孙宜学译，广西师范大学出版社，2001），讴歌“巴黎的一切都令人愉快”“各种思想在巴黎畅通无阻”“我在其中发现了可以抚慰生活中的一切平庸的东西”，在这个“充满梦想的城市中自由地做过许多空幻的梦”“我年轻时就像一个情人一样来到这里，把自己交托给巴黎”。思想和创作自由，生活超越平庸，梦想得以实现，正是一批又一批年轻艺术家奔赴巴黎的原因。

1872 至 1914 年期间，巴黎有一段叫作“美好年代”的时光，许多艺术家在蒙马特及其周围生活，开设工作室，其中包括来自意大利的画家、雕塑家阿梅代奥 · 莫迪利亚尼（Amedeo Modigliani，1884—1920），后成为印象派大师的克劳德 · 莫奈（Claude Monet，1840—1926），皮埃尔 - 奥古斯特 · 雷诺阿（Pierre-Auguste Renoir，1841—1919），埃德加 · 德加（Edgar Degas，1834—1917）和文森特 · 凡 · 高（Vincent van Gogh，1853—1890），还有以描绘当时颓废风气见长的图卢兹 - 罗特列克（Henri de Toulouse-Lautrec，1864—1901），被无数人画过也画过无数人的苏珊 · 瓦拉东（Suzanne Valadon，1865—1938），抽象画派先驱之一荷兰画家皮特 · 蒙德里安（Piet Mondrian，1872—1944），出生在维京群岛的丹麦裔法国画家卡米耶 · 毕沙罗（Camille Pissarro，1830—1903），当然还有毕加索。

进入 20 世纪，尤其是头 30 年，巴黎迎来了作为世界文化之都的鼎盛阶段，塞纳河两岸的艺术家、文学家群星闪耀，各种前卫艺术流派风起云涌。法国作家丹 · 弗兰克

(Dan Franck，1953- ）写过一部汇集文人逸事的专著，集中描写了巴黎的两个现代艺术发源地，即右岸的蒙马特高地和左岸的蒙帕纳斯（Montparnasse)。以翔实的资料（尤其“充分采用见证人的记叙和回忆”），追溯了巴黎作为世界现代艺术中心的年代。作者通过大量趣闻逸事，栩栩如生地展示了那时巴黎的艺术家、作家们的生活、创作、爱情、友谊；记述了这两块艺术重地的兴衰荣辱；描绘了当时先锋派社团和流派的发展进程。那时候，每天都有美事或丑闻、狂欢或战斗、崇高与卑微、圣洁与放荡、追求与堕落、光荣与悲苦、喧嚣与骚动…… 真个是流光溢彩、目不暇接，如品一场“巴黎的盛宴”！这本书还有几个中译版本，有海南出版社 2001 年 7 月出版的《巴黎的放荡：一代风流才子的盛会》，还有中国人民大学出版社 2005 年出版的《巴黎的盛宴：1900-1930 年间的艺术巴黎》。两本书均为王华所译。

亲历这一盛世的当事人，著书的不少，海明威（Ernest Miller Hemingway，1899-1961）也写过《流动的圣节》，是一本以生活回忆为主的散文，优美动人，一直是我心目中的巴黎“圣经”。而另一位几乎同时游学法国的美国诗人、评论家马尔科姆·考利（Malcolm Cowley，1898-1989）则侧重写“思想的叙述”。其《流放者的归来：二十年代的文学流浪生涯》(张承谟译，上海外语教育出版社，1986)，用整整三章记述美国“迷惘的一代”前往法国接受文化熏陶，通过“巴黎朝圣”来形成文艺思想的经历。当中特别精彩的是对法国意识流作家普鲁斯特等5位当时欧洲重要作家的描述、评说。虽是一部文学断代史，但文笔相当好，可读性挺高。他写道：“巴黎总是让人兴奋、心醉神迷，以致只需饮清咖啡就行了，因为你相信巴黎本身就含有足够的酒精。”

我喜欢看这些书，书架上就放着几本，除了前面提及的这些外，还有斯泰因（Gertrude Stein，1874—1946）的《艾丽丝自传》，让－保尔·克莱斯佩勒（Jean-Paul Crespelle，1910—1994）的《毕加索时代的蒙马特高地（1900—1910）》等。其中几乎一半是法国人写的，另一半出自美国人之手。尽管法国人一直以自己的文化为荣，但当年云集巴黎的文人墨客中，外国人可是占了很大的比例。他们得益于巴黎，汲取于巴黎，也反馈了巴黎，共同绘就了巴黎艺术黄金时代的瑰丽画卷。

海明威在《流动的圣节》的开篇说：“假如，你有幸在巴黎度过年轻时代，那么，以后无论你走到哪里，巴黎都会在你心中……”然而，他在终篇时却也动情地说：“当年的巴黎一去不复返了，不过巴黎始终是巴黎，不论我们怎么变，巴黎怎么变，巴黎总是值得眷恋的。”

我们没能赶上那样的华彩时代，所以更要打点行装，亲身去走走今日的巴黎，希望在街头巷尾，寻觅到那个美好时光的踪影痕迹。记得 2005 年来巴黎时，我是一大早去蒙马特的，因为希望看一个没什么游人的蒙马特。我没有坐正面的缆车上去，而是顺着蒙马特高地后面的山路走上去。山上有薄薄的雾霭，几只猫在阶梯旁的窗台上盯着我，很警惕的样子。街上只有三三两两去上学的孩子，很宁静。上得坡来最先看见的，是那座不太起眼的蒙马特圣伯多禄堂，然后是庞大的圣心教堂，旁边的山顶小广场至今还是艺术家们喜欢聚集的地方。

走着走着，居然看见蒙马特山丘上还有一个葡萄园，小小的，恐怕是巴黎市内绝无仅有的一个了吧。在那些低矮发黑的古老建筑中间，葡萄枝正抽出新芽，看着都令人开心！陡峭曲折的横街窄巷，散布着许多小酒吧、咖啡馆和夜店，诸如毕加索常去并收入画中的蹦蹦兔酒吧（Lapin Agile，又叫“狡兔”），以及雨果、左拉、瓦莱斯（Jules Valles，1832—1885）、都德（Alpnonse Daudet，1840—1897）等都曾是座上客的黑猫酒吧（Chat Noir），还有随意居（A la Bonne Franquette）、森林弹子房（Aux Billards en Bois）、死老鼠（Rat Mort）等，那里曾经聚集过几乎所有世纪之交的现代艺术先驱们，他们的大名我从学生时代起就熟知。这些酒吧虽然颓败，但是风物依旧，好就好在没有刻意修整得光鲜亮丽，保持着原来的味道。拿本旅游手册按图索骥，还可以找到当年从西班牙来巴黎不久的年轻的毕加索的住宅，还有莫迪利亚尼、凡·高、布拉克、修拉（Georges P. Seurat，1859—1891）、郁特里罗（Maurice Utrillo，1883—1955）的住所。

对于蒙马特高地“盛产”画家和作家，人们多有耳闻，而蒙马特高地也走出过一大批音乐家、表演家，知道的人可能不多。19 世纪，这座小山丘曾以咖啡馆、有公共舞蹈区的酒吧和歌舞表演而闻名。现代歌舞表演的创始者罗道夫·萨利斯（Rodolphe Salis，1851—1897）于 1881 年在罗什舒阿尔大道 84 号创立了黑猫酒吧，成为作家和诗人经常光顾的地方。作曲家埃里克·萨蒂（Eric Satie，1866—1925）曾在这里弹钢琴赚生活费。日后红极一时的红磨坊（Moulin Rouge）是约瑟夫·奥勒（Joseph Oller，1839—1922）和夏尔·齐德勒（Charles Zidler，1831—1897）于 1889 年在高地的克利希大道 94 号创立的，这里成为法国康康舞的发源地。伊薇特·吉尔伯特、马塞勒·伦德（Marcelle Lender，1862—1926）、阿里斯蒂德·布吕昂（Aristide Bruant，1851—1925）、拉·古莱（La Goulue，1866—1929）等一大批名动一时的歌舞明星都曾在蒙马特登台献艺。

这里还有些娱乐场所，当时是比较色情世俗的。一些原来用作榨葡萄汁的榨房、磨麦子的磨坊，在 19 世纪末被改成了舞厅，其中的煎饼磨坊（Moulin de la Galette）成了雷诺阿同名画作的灵感来源。画中的舞女跳着康康舞，动作轻佻，洋溢着当时巴黎的喧嚣热闹。蒙马特陵园中，长眠着以写轻歌剧见长，且因《地狱中的奥菲斯》剧中的康康舞曲大受好评的作曲家奥芬巴赫（Jacques Offenbach，1819–1880），还有德国诗人海涅（Heinrich Heine，1797–1856），俄国舞蹈大师尼金斯基（Vaslav Nijinsky，1890–1950），法国新浪潮电影导演楚浮（François Roland Truffaut，1932–1984）等人，墓地里的文化名人多如过江之鲫，这里岂能不牛？

巴黎人很喜欢说，只要在蒙马特高地上的戈兰古尔（Caulaincourt）街或阿贝斯（Abbesses）街住过，或是曾去作坊剧场（Théatre de l'Atelier）看过戏，或在玛丽雅娜餐厅、格拉夫酒馆喝过酒，就足以把这个人改造成艺术家或至少使他的谈吐“像艺术家似的”。我倒不相信艺术家可以这么容易养成，但是这个夸张的说法的确表明了巴黎人是怎样看待蒙马特的。

1920 年聚集在蒙马特的一帮艺术家矢志标新立异，为了自我保护，有人提议成立蒙马特自治市。这一建议立即获得了艺术家们的响应，他们投票选举法国画家儒勒·德巴基（Jules Depaquit，1869–1924）为第一任“市长”，并确定小丘广场（Place du Tertre）为“自治市”首府。德巴基靠给报社画幽默插图为生，过着干一周活，大吃大喝三周的生活。被艺术家们封为“自治市市长”后，还真的来了劲，在一次豪饮后，声称要让他治下的“蒙马特第一共和国”脱离法国而独立。另有法国画家弗朗西斯克·普尔波（Francisque Poulbot，1879—1946）推动成立“蒙马特共和国”，这其实是个慈善组织，宗旨是“在快乐中行善”，主要举办一些帮助蒙马特贫困儿童的活动。“出身”蒙马特的艺术家太多了，找本现代艺术史看看，好像那时候不曾来这里住过或者工作过的反而是少数。大凡19世纪末至20世纪初有点名望的作家、诗人、艺术家，大概都曾经当过一段时间的“蒙马特共和国”公民。小丘广场这个具有浓烈“蒙马特”色彩的历史场所目前还在，两个“共和国”也和蒙马特一起，留在世人的心里。

小丘广场如今成了游客如云的景点，鳞次栉比的画架、露天咖啡座、小餐馆营造出一种特殊的蒙马特气氛。既有放荡不羁的艺术个性，又有山城小镇的质朴清新，同时也不乏布尔乔亚的高雅之气。我们现在大谈“布波文化”，“布波”就是“布尔乔亚”和“波希米亚”的结合。这两种几乎是对抗阶层的结合，我估计就始于蒙马特高地。据说在欧洲，凡是有点名气的人，无论是哪个领域的，都会毫无例外地光顾这个小广场，至少在那儿喝上一杯。

这个如今歌舞升平的地方，也曾硝烟弥漫过。

1814年巴黎战役期间，俄国士兵占领了蒙马特。他们利用山丘的高度对城市进行炮击。普法战争期间，法国军队在山顶的公园里，靠近今天大教堂的地方，安放了许多大炮。

1871 年 3 月 18 日，法军士兵试图将大炮从山顶移走，但遭到激进的巴黎国民警卫队成员的阻拦，国民警卫队俘虏并杀死了两名法国陆军将军，随即成立了一个持续两个月的革命政府，大名鼎鼎的巴黎公社就是始于这个广场。同年 5 月底，法军经过激烈战斗重新夺回了蒙马特高地，这一事件被称作“血腥周”。

当然，现在的蒙马特已经硝烟散尽，也没有当年那些波希米亚艺术家了。那天早上我到岱尔特广场，看见一些画家开始摆摊，准备给游人画像，他们都挂了一些作品招揽客人。我逐档细看过去，起码那天我没有看到一个天才级别的。一大清早，游人尚未上山，街头咖啡馆和酒店的服务生已经在那里铺桌布、摆花瓶，桌椅都准备好了，可惜我不喜欢早上在凉飕飕的户外喝咖啡。

曲径通幽的蒙马特，实在很迷人。街石已经发黑，墙上深绿色的苔藓和爬山虎密密麻麻地掩盖了石头垒成的墙体。走在那里，只听到自己嚓嚓的脚步声，站在晨雾中发呆……真的不想离开了。

很长一段时间里，蒙马特一直不属于巴黎市区，直到 1860 年 1 月 1 日，它才与巴黎周围的其他郊区社区一起，成为巴黎第 18 区的一部分。要去蒙马特高地，先坐地铁到阿贝斯（Abbesses）站，因为地势高，地铁上不去，所以出来要再坐轨道缆车（他们叫“funicular railway”）上去。特别需要提起的是，阿贝斯地铁站是新艺术运动众多铸铁车站建筑中最出名的一个。赫克多·吉玛德（Hector Guuimard，1867–1942）设计的入口，上面有个磨砂玻璃的海贝形状的屋顶，差不多所有的设计史都会介绍，学设计的人可以细细看看。

密特朗主义建筑
Architecture mitterrandienne

·

法国隔几十年就会蹦出一个喜欢建设城市的总统来，拿破仑三世、密特朗都是这类给巴黎留下深刻印记的领导人。自19世纪以来，巴黎曾经经历过两个规模比较大的改造工程，对现代巴黎的形象产生了决定性的影响：一个是第二帝国时期奥斯曼男爵负责的大巴黎规划，另一个就是密特朗总统（François Mitterrand，1916—1996）的项目。密特朗总统为他的“新文艺复兴”计划而制订的“总统建设计划”（President Project）包括9项工程，分别是卢浮宫博物馆扩建、拉德芳斯新凯旋门、阿拉伯研究中心、奥赛博物馆、法国财政部大楼、巴士底歌剧院、拉维莱特公园、拉维莱特科学工业城和音乐城。

不少人认为，“总统建设计划”成了法国当代建筑革命的开端。而法国建筑评论家夏斯兰（François Chaslin，1848— ）的名著《密特朗的巴黎：大型建筑项目的历史》（*Le Paris De F. Mitterand: Histoire des grands projets architecturaux*，1998）则一针见血地指出，密特朗的“总统建设计划”里的巨大公共建筑是“法国共和体制里顽强残存的君主权威性格的重要标记之一”。密特朗总统本人曾说：“在整个城市里，我觉得自己是皇帝，或是建筑师，由我来决定并且评判。”这口气听起来有点像出自拿破仑之口。而所谓的“密特朗风格”是“后现代感觉的具体呈现”，其主要目的是利用1989年法国大革命200周年的历史时机，通过“空间实践”将法国总统的形象“神格化”。按照密特朗自己的说法，就是“恢复法国在世界建筑和艺术发展上的领导地位”。拉德芳斯如是，卢浮宫金字塔如是，巴士底歌剧院亦如是。

这些密特朗建筑都有几个共同的特点。

一是体量巨大。密特朗建筑的“雄伟风格”直接反映在这些建筑物的规模上。简而言之就是“巨大”！国家图书馆像 4 本竖起来打开的书，每栋“L”形玻璃大楼高 79 米，这还是 1993 年经总理巴拉迪尔（Édouard Balladur, 1929– ）修改后降低了的高度，原始计划更高，建筑面积达到 26 万平方米。巴士底歌剧院高 48 米，建筑面积 15 万平方米，主厅有 2700 个座位，是巴黎，同时也是全法国最大的歌剧院。拉维莱特公园占地 55000 平方米，科学城与音乐城也都是让人印象深刻的庞然大物。最高、最戏剧性的建筑物则非拉德芳斯新凯旋门莫属。这座为纪念法国大革命 200 周年的巴黎新地标，高 110 米，宽 106 米，壁面以 28000 块光滑如镜的巨型玻璃拼砌而成，总体覆盖面积为 1000 平方米。中空的大拱门内可容纳包括高耸的哥特式塔顶在内的整座巴黎圣母院！和这座建筑相比，为纪念法国大革命 100 周年而建的埃菲尔铁塔，简直像个玩具一样怯怯地站在塞纳河的对岸。

二是延长城市历史轴线，重写巴黎历史。这些工程在地理上都有把巴黎城市“集中化”的趋向。密特朗身为左派社会党的总统，本来应该拥有拥抱普罗、反对歧视、注重社会公平和区域平衡的价值观。事实上，1982年他担任法国总统之初，的确也曾提出“分散化”和“去巴黎化”两项重要的政策口号，仿佛意图扭转几个世纪以来，巴黎作为法国享有一切绝对优势之首要都市的地位。但是，密特朗大力推动的象征着他权势力量的重大建设，却全部坐落在巴黎境内。不仅如此，除了拉维莱特公园位于巴黎东北角的近郊之外，其余全部设在巴黎市区中心。再进一步看，这些新的建筑项目不但位于巴黎市内，而且都分布在巴黎具有历史意义的轴线上。

人们常把塞纳河称为“巴黎都市文化不可割离的脐带”，沿河由西向东眺望，塞纳河畔可以利用的空地，全被密特朗“充分利用”了。从整体都市架构来审视巴黎市最重要的历史性地点，从爆发法国大革命的巴士底广场开始，经巴黎市政厅、卢浮宫、小凯旋门、协和广场、香榭丽舍大道直至大凯旋门，由东向西正好排成一条线，将巴黎分割成大略相等的南北两部分。这些人们耳熟能详的历史建筑，是每一件影响法国发展、意义深远之历史大事发生的空间背景。法兰西大部分的历史，就是在这条被历史学者称之为“胜利大道”的长街上上演的，它当之无愧地成为一条法国史的中轴线。

而这条长线更可以被视为法国权力更替的一条中轴线。从 18 世纪的巴士底国家监狱到卡佩王朝（Les Capetiens，987–1328）的卢浮宫，从象征民族和睦的协和广场到拿破仑时代建立的凯旋门，似乎每一代的掌权者都希望能在这条胜利大道上有所表现，留下一点“坚实的”纪念。密特朗的作为无疑就是这种“展示王权、夸耀力量”心态的典型表现，巴士底广场上的歌剧院、大卢浮宫计划，都是这种封建思想的现代宣示。而在种种“以建筑写历史”的举动中，密特朗最有创意的大手笔，就是延长历史的轴线，令原先的古老大道向西挺进，以巨大的新凯旋门取代 1836 年完成的凯旋门，作为胜利大道的终点。

三是文化上的混血。虽然密特朗是左派社会党的总统，但是他的建设计划所反映出来的却是对伟大法国的期望，他在变动的环境中，试图恢复法国在世界建筑和艺术发展乃至文化上的领导地位。密特朗认为必须借由文化上的混血恢复法兰西昔日的荣光，这论调与法国人文化上的排他性却是相互抵触的。以卢浮宫扩建计划为例，巴黎一向不太能接受新事物和新构想，而密特朗却未经任何公开招标，就直接邀请华裔美国建筑师贝聿铭（1917–2019）负责此项计划，自然惹来极大的非议。人们质疑：工程如此浩大，为何不经招标？再者，为什么要由外国人来设计？政治手腕高超的密特朗命文化部部长贾克·朗（Jack Mathieu

Émile Lang）举办一连串的公听会、辩论会。他们具有玩弄媒体的高超技巧，一方面任凭大众、反对党和学术界无止境地争论，另一方面则马不停蹄地推进工程的进行，实现他个人自认为对巴黎这座城市有意义的建筑之梦。

四是具象的意象。密特朗的建设计划囊括了我们这个时代琳琅满目的各种设计形式，然而在纷乱之中，仍凸显着清晰可辨的密特朗风格。依照一般建筑评论者的观点，建设计划中的三件作品——卢浮宫扩建计划、拉德芳斯的新凯旋门和国家图书馆，最能代表密特朗这位“民主皇帝”的品位。

这三件建筑作品都呈现了某种世外桃源式古老梦想的具象意义。拉德芳斯的新凯旋门象征着“朝向世界、迎面未来”；卢浮宫扩建计划中最受瞩目的玻璃金字塔，使用现代材料重现古埃及民族渴望超脱而进入一个不受时间与自然毁坏的境界的意愿；国家图书馆则以四座形式简洁的“L”形玻璃幕墙高塔，寓意四本竖直打开的书，直接传递“书”和知识的形象。密特朗去世之后，1998 年 10 月，巴黎捷运 14 号线国家图书馆站正式启用，并被命名为“密特朗图书馆”站。这个地铁站也是空前的宏大，但是旅客很少，与华丽宽大的站台形成强烈对比。

五是展现权力。这些建筑作品都以不同的方式、不同程度地展现了权力。人们提到卢浮宫金字塔时，会戏称它是现代“法老”密特朗的衣冠冢，嘲讽着密特朗追求“永恒权力”的野心。至于国家图书馆，毫无疑问地令人联想起“知识就是权力”这句话来。曾任法国国家图书馆委员会主席的梅洛在他的一本书中称国家图书馆为“新亚历山大里亚”——亚历山大大帝建立的古代西方最大的图书馆——隐含着将密特朗比作亚历山大大帝的意味。

最后就是现代性、透明性与反射性。可以说，建筑设计中有两类不同意味的透明度：一类是社会主义乌托邦的“无所遁形”；另一类则是正式的、冰冷的、静态的，具有一种强硬而不易亲近的先进高科技的距离感。相对于右派总统蓬皮杜（Georges J. R.Pompidou，1911—1974）建立的大众化的蓬皮杜中心，左派总统密特朗的建设计划反而在他主导的文化项目里反射出封建性的仪式风格和强烈的英雄主义历史感。

密特朗在14年任期里“以建筑为自己写下历史”，在20世纪结束前，让巴黎变成了“密特朗风格的巴黎”，此一风格，足以确定这位总统在历史上的地位。

无论怎么说，密特朗总统的这个计划刺激了法国现代建筑的兴旺。在密特朗的“总统建设计划”之后，法国建筑界出现了空前的繁荣。后来好多的著名作品都直接或者间接地受到密特朗主义的影响。

走到尽头——拉德芳斯
Jusqu'au bout: La Défense

巴黎市内有几个制高点可以眺望整个城市。在蒙马特高地从北朝南看，几乎可以望见无边无际的大巴黎。有人到蒙帕纳斯那栋孤独的高楼上，从南面看大巴黎，也相当壮观。

我喜欢去市中心的塞纳河边撒玛丽丹百货公司顶层的咖啡馆，坐在那里，面对巴黎圣母院，从中心环视巴黎。往北看，是蒙马特高地的圣心教堂，中国人都知道，这是为保卫巴黎公社被残忍杀害的的战士和平民所建。而法国人看见那里，首先想到的是毕加索、布拉克这些人是在那里开始自己的艺术生涯的，那里是世界现代艺术的发源地。往南看，是埃菲尔铁塔和塞纳河左岸，那栋孤零零地站立在那里的蒙帕纳斯大楼是市区唯一的高层商业大楼，有点刺眼。朝东看，一大片尺度宏大的建筑，包括法国国家图书馆四座笔直的塔楼，还有财政部那片很难看的建筑群。朝西看，就是凯旋门，而地平线上就是拉德芳斯了。密特朗的“总统建设计划”轴线的终点就在拉德芳斯，这是巴黎几乎绝无仅有的一个庞大的现代主义风格城区。无论站在哪一个制高点眺望巴黎，都可以看到拉德芳斯那片巨大的高层现代建筑。

站在拿破仑的大凯旋门，朝东看，是卢浮宫。转头朝西望，就看见一个中空的正方形巨大建筑，与大凯旋门遥遥相对，那就是著名的拉德芳斯新凯旋门（Arche de la

Défense)。围绕着它的整整一个新区，表现的是法国人在城市建设、建筑现代化上的决心和气魄。这是密特朗最有创意的大手笔，意在延长历史的轴线。

早在 1955 年，当时的法国还处在开始战后重建的艰难时期，就提出要在这个与历史的巴黎市中心有一定距离的地方建造一个新的、现代化的巴黎。1958 年，计划启动，被称为“拉德芳斯公共建筑规划”(简称“EPAD”，是法文“Etablissment Public d'Amenagement de la Défense”的缩写)。这个计划相当庞大，要在 16 区建造若干庞大的公共和商业建筑，并且在周边兴建现代主义风格的新住宅区。1964 年，整个拉德芳斯的项目规划终于得到法国政府的批准。几年之后，第一栋高层建筑完工，是法国的国家工业与技术中心大楼，法文叫“Centre National des Industries et Techniques”，简称“CNIT”。当年，全世界现代主义风格的建筑几乎全被美国人垄断，而这栋纯粹现代主义的大楼却是由三位法国建筑师设计的，他们分别是泽尔菲斯 (Bernard Zehrfuss，1911–1996)、卡麦罗 (Robert Camelot，1903–1992) 和让 · 德 · 麦利 (Jean de Mailly，1911–1975)。之后通过政府投资、吸引私人资本，这里不断有新的现代主义大楼完工，这个区逐步形成欧洲最大的现代主义建筑群、现代主义风格住宅区，是一个与传统巴黎完全不同的新城区，统称“拉德芳斯区”。

密特朗的“总统建设计划”中，最高、最戏剧性的建筑物非拉德芳斯大拱门莫属。整个区域规划的基本概念是人车完全分流，机动车从地下通过。架空的地面是一个庞大的公共广场、园林、步行空间，长度接近1千米。走在那里，气魄大得很。然而大归大，毫无亲切感，缺乏人气。不论中外，但凡政府项目都有个通病，就是完全是人为造城，只管制定规划、绘制图纸，至于是否具有造城的足够条件，就不管了。第一代的几栋大楼建起来后，孤零零地立在那里，除了在那里上班的人每天不得不坐很久的车去那里以外，根本没有人来。下班了，大家还得匆匆忙忙往巴黎市中心跑。晚上来到这里，冷清得像座鬼城。

法国人是丢不起面子的，为了表现自己现代化的成功，一鼓作气，把市中心的地下铁一直延伸到拉德芳斯的地下：一方面，不断建造更多的政府部门大楼；另一方面，鼓励房地产开发商在这里建造住宅，希望通过第二代住宅区的开发留住人气。然而，既是住宅，就得宜人居住，要有人情味，而20世纪六七十年代兴建的那些住宅小区，徒有现代主义形式的外表，缺乏现代主义强调的功能。第二代的住宅和写字楼，全是高大的塔楼，在塔楼上办公还可以想象，住在塔楼上就有问题了：一是周边完全没有自然景观，从窗口看出去，是邻近的塔楼，好像住在科幻小说里面一样；二是租金太高，一般白领哪里承受得了。

于是，出现了第三代的建筑。虽然还是高层的现代主义式样，但建筑的间距扩大了些，单位面积减小一些，这样租金可以降低一点，望出去也可以看见些许远处郊区的树梢了。

新现代主义在法国启动得早，但是发展并不顺利，拉德芳斯就是一个最集中的体现。那里的建筑，塔楼居多，最早的第一代项目代表是 1966 年建造的诺贝尔塔（Nobel Tower，现已更名为“初始塔”，法文为“Tour Initiale”）。这座方方正正的高塔是两位法国建筑师让·德·麦利和雅克·德普赛（Jacques Depussé，1910—1982）雄心勃勃的早期现代主义作品。作为法国早期现代主义的经典，它具有美国人所谓的“国际主义风格”的全部特征。用现在的话来说，就是有点平淡寡然了。

由法国建筑师罗杰·索博（Roger Saubot，1931—1999）、弗朗索瓦·朱利安（François Jullien）等人设计的 1974 年建成的意大利菲亚特汽车公司大楼菲亚特塔（Fiat Tower，现已更名为“阿海法塔”，法文为“Tour Areva”），共 44 层，比诺贝尔塔高出接近一倍。这座塔楼也是个玻璃幕墙的长方体盒子，可算是拉德芳斯的第二代了。

罗杰·索博和弗朗索瓦·朱利安接下来设计的伊尔夫塔（Elf Tower，现已更名为“托沓尔塔”，法文为“Tower Total”），将原来单纯长方体盒子式的造型做了一些变化，用三个单体组合而成，生动了些，被视作拉德芳斯的第三代项目。

第四代的塔楼就是拉德芳斯大拱门了，它其实也是一栋办公大楼。

拉德芳斯最新的一栋现代主义的高层大楼是 2001 开始建造的，算是第五代项目了。

话说法国政府对越来越多的这种嚼之无味弃之可惜的建筑有些头疼，20 世纪 80 年代开始大张旗鼓地请国际高手来设计新现代主义的新大楼，体量更大，形式也富于变化多了，其中最显眼的自然是丹麦建筑师奥托 · 冯 · 斯普里格森（Otto van Spreckelsen，1929—1987）设计的拉德芳斯大拱门。斯普里格森在项目没有完成的时候就去世了，最后由设计戴高乐机场的建筑师保罗 · 安德鲁收尾。

按照密特朗总统的构想，这个“大拱门”是要用来放在拿破仑老凯旋门的轴线上，当作一座新凯旋门的，虽然这是一座四四方方的办公楼，却要模拟凯旋门的形式，所以中间就开了一个巨大的“洞”——每条边长均为 110 米，比操场上的百米跑道还要长出 10 米来！这么大一个洞，正迎着笔直的香榭丽舍大道，于是就成了一个巨大的风洞。东面吹来的风从大道上直扑而来，途中全无遮拦，进入风洞速度更高。拱门之下，人简直无法站住，几乎要被风刮跑。当局只好在大拱门的前后空地上，加设了好几排曲折的玻璃墙，才算是有了点遮拦，可以挪步了。但怎么看，都是画蛇添足。

拉德芳斯现在仍在建设中，只不过节奏十分缓慢就是了。之所以很慢是因为政府内部、建筑界都有争议，对于是否继续建设这个欧洲最大的现代区域有不同看法。拉德芳斯自从20世纪60年代开始建造到现在已经半个世纪了，它的确为法国人挣了很多面子，在世人面前展示了什么是新时代的新凯旋门、什么是大巴黎的中轴线观念。但是这个区域实在过于宏大，而一旦尺度过大，就留不住人，攒不起人气，所以就始终发展不成一个真正的社区。这样巨大的投资，却搞不出一个能够吸引人的社区，实在让法国人很是懊恼。

上次我去拉德芳斯，特别去看了看附近的住宅社区，不说十室九空，总有一多半空着。问问管委会，知道租金高，加上周边没有巴黎那种氛围，没有街边咖啡座，只有一个硕大的购物中心，完全是美国佬的搞法，那么浪漫的巴黎人，怎么受得了这种消费方式呢?

拉德芳斯虽然牛得不得了，但是缺乏人气始终是最大的问题，原先规划的“新巴黎人的中心”始终没能形成。平日里，除了上班的钟点人头攒动之外，一下班，那些白领好像“仓皇出逃”一样，全部匆匆赶地铁离开这里。周末来拉德芳斯，空空荡荡的，迎面所见全是些来自中东、北非的移民在这里闲逛，加上为数不多的外国游客，巴黎人一律见不到。成功吗？难说。

站在宽大的步行平台上，遥望着大凯旋门，我在想，国内好多城市也在尝试做这类宏大到人都不敢来的工程，其结果未必乐观。建筑是给人用的，它不是雕塑，更不是纪念碑，这样简单的一个道理难道就那么难懂吗？

新现代主义走到这一步，法国建筑界已经开始反思了，如何找出一条真正属于法国自己的新现代主义路子，的确不容易。一批建筑师开始承担起这个艰巨的任务，也出现了像西里安尼（Henri Ciriani，1936– ）、波赞巴克（Christian de Portzamparc，1944– ）、让·努维尔（Jean Nouvel，1945– ）这样的大师。同时，新现代主义也在欧洲的荷兰、德国、比利时这些国家有了进一步的发展，力求为世界建筑开辟一条新路。

法国音乐中心
Cité de la Musique

音乐中心也是密特朗的建设计划项目之一，位置在巴黎东北角的 19 区，坐地铁到庞丹门（Porte-de-Pantin）站下，出来就是。这里是一大片庞大的文化建筑群，有音乐中心、科学博物馆（Cité des Sciences et del'Industrie），还一个圆球形的全景电影院，叫作“the Geode”，同样是规模庞大，不聚人气。在科学博物馆对面，有好多现代高层住宅，是和传统的巴黎完全不同的一个地区。那个位置和北京的 798 一带差不多。再往外走，也是机场，那是戴高乐国际机场了。

上次来巴黎去看克里斯蒂安·德·波赞巴克设计的音乐中心，也是一个似乎要下雨的早上去的。带了伞，到了那里，居然出太阳了。巴黎春天的太阳很令人开心，不像加利福尼亚的太阳是万里无云的炙烤，除了躲在室内，简直无处可遁。巴黎的太阳却是煽情的、妩媚的，给那座美丽的城市涂上一抹亮色，让你心里暖暖的。从地铁出来，太阳穿过云翳，照着春天的嫩芽，也照着波赞巴克的音乐中心建筑。看见一群背着乐器的男男女女赶去参加早场排练，建筑中传来阵阵琴声，真让人陶醉。

我很喜欢波赞巴克的作品。在洛杉矶，我曾应解构主义建筑师埃里克·欧文·莫斯（Eric Owen Moss，1943—）之邀，在他担任校长的南加州建筑学院教过建筑史课程，在那里认识了两位曾经在让·努维尔设计事务所工作过的法国建筑师。他们夫妇二人都高大、漂亮得很。课后我们在停车场遇到，寒暄几句后，问起他们对波赞巴克的看法，那美女立即闭上眼睛，双手合十，说："天啊！克里斯蒂安。"我说："怎么了？"她说波赞巴克是她见过的最迷人的男人了，在读研究生的时候看见他来大学讲课，总有种眩晕感，实在迷死人。她丈夫在旁边笑笑，倒也毫不妒忌。

法国就出这样迷人的男人，像著名影星阿兰·德龙（Alain Delon，1935—2024），波赞巴克就有那种气质和长相。头发略微有点乱，两颊胡子刮得青青的，有种淘气男孩的羞涩和调皮。法国人说他有双"烟灰色"的眼睛，永远穿件风衣，戴顶软呢帽（法国人叫"fedora"的那种）。有些评论家说他是建筑界中可以印在挂历上的俊男。我见过他一次，实在好看，风度翩翩，讲话斯文，周围的女大学生眼睛都冒出火来。

波赞巴克可不仅仅是个漂亮的高卢男人，他是法国当代建筑的领袖型人物，1944 年出生于北非摩洛哥的卡萨布兰卡，有些人说："哇！他连出生的地方都这样浪漫。"显然是指 1942 年那部脍炙人口的电影《卡萨布兰卡》（*Casablanca*，又译为《北非谍影》）。他于 1945 年随家人移居法国，在巴黎国立美术学院学习建筑，1968 年毕业，1969 年开设自己的设计事务所，从事建筑设计业务。从资历上看，简直平凡到极点，不过他却能够利用各种机会来表现自己对建筑的理解，很快有所突破。

20 世纪 80 年代是法国建筑师的幸运时光，因为当时的总统密特朗有个建造一系列新文化建筑的雄心勃勃的计划，于是那个时期的巴黎就有点像前几年的中国一样，建筑师有点“供不应求”，人人都有项目做。波赞巴克最早的项目是巴黎 13 区一个低收入住宅区的规划与设计，做得好，引起了建筑界和政府主管建筑部门官员的注意。下一个项目就是政府的大项目了，请他在巴黎的东北角 19 区建造一个音乐中心，法文叫“Cité de la Musique”，“音乐城”的意思。这个庞大的项目，集音乐和舞蹈的排练、教学、演出功能于一身，可能是整个欧洲最大的音乐中心。这个项目到 1995 年才开始启用第一期，1997 年启用第二期，第三期也相继落成。

波赞巴克早在 20 世纪 70 年代，就对巴黎的现代化改造表现出明显的忧虑，他认为所谓的城市现代化过程是在破坏巴黎的文脉和历史，因此他努力通过对于建筑的雕塑性处理来达到丰富的效果，以保护城市的文化浓度，增加美学价值。他早期在巴黎设计住宅时已经表现出这种趋向，并逐步成为他的一个明确的发展方向，影响了很多法国建筑师，形成了以他为首的法国当代建筑两个主要流派之一，可见他的影响力之大。

讲现代主义建筑，我们往往强调它们的功能性，无须装饰。其实，现代主义风格的建筑，虽然简单朴素，但如果处理得好，一样可以具有雕塑的特征，并且可能比那些写实的、煽情的、艳俗的雕塑更加具有冲击力，波赞巴克在这方面把握得就非常好。

音乐中心其实是分开的两个建筑群：一个是1983—1987年间设计的巴黎歌剧和舞蹈学校综合大楼（Opera Dance School in Nanterre）；另一个是1984年设计的音乐城。巴黎歌剧和舞蹈学校综合大楼设计较早，采用了某些类似解构主义的形式方法，建筑通透、结构清晰，同时又具有解构主义的细节特征，在当时很受关注。而音乐城则是集中体现波赞巴克雕塑性原则的大型综合性建筑。整个音乐中心以教育为主，内部包括1个大型音乐厅、15个音乐练习中心、100多间教室，还包括音乐博物馆和100多个房间的学生宿舍。他在设计上采用了丰富的形式变化，来达到雕塑性的目的。这个建筑具有很多不同几何形态的构造部件，屋顶部分是起伏的波浪形，并且在庞大的波浪形顶部中间开了一个圆形的孔透光，整个建筑充满趣味性，打破了现代建筑循规蹈矩的刻板面貌，很受法国人的欢迎。

波赞巴克的这个设计如此轰动，是他自己原来也没有想到的，他获得了建筑界最高的荣誉普利兹克建筑奖（Pritzker Architecture Prize），成为第一个获得这个奖的法国人，你说法国人还不抓狂吗！那年他刚刚50岁。

1999 年，波赞巴克完成了另外两个很重要的作品，一个是巴黎的市会议中心（Palais des Congres à Paris），另一个是格拉斯的司法宫（Palais de Justice à Grasse），都是相当杰出的现代主义作品。对于现代主义建筑，波赞巴克是做出了整体性的促进和贡献的。他赋予单纯的建筑以纪念碑的形式，让具有功能性的建筑起到里程碑的作用，以此提醒大家，无须走后现代主义装饰的路，也可以是震撼的、宏大的、人文的、细腻的。

波赞巴克现在正在设计卢森堡的交响乐中心、法国驻柏林大使馆大楼、阿姆斯特丹的图辛斯基电影院扩建工程，这些具有巨大影响力的项目对他来讲是接踵而至、应接不暇，可见他的影响力在继续膨胀，他已经不再只是一个法国设计师了，而被公认为国际大师了。他 2011 至 2015 年在韩国首尔设计的迪奥旗舰店，是很多人去打卡的地方。做建筑设计做到这个分儿上，算得上是修成正果了。

密特朗国家图书馆
BnF François-Mitterrand

法国国家图书馆（Bibliothèque nationale de France，简称“BnF”）是一个庞大的组织，分为多个馆区，除了在法国南部的阿维尼翁有一个分部之外，其余几个都在巴黎市内。我们这里所讲的，是位于塞纳河上游、巴黎老城东南角的密特朗国家图书馆（BnF François-Mitterrand）。

法国人有一样和中国人特别相似，就是喜欢以庞然大物式的建筑来表现国家的形象，哪怕这些建筑完全破坏功能也在所不惜，讲俗了，就是要“牛”。不过法国人和中国人还有不同的地方，就是他们这些庞然大物都建在郊外，对于历史建筑、城市的历史和文脉的保护，非常小心翼翼。我们就不同了，要不人家怎么开玩笑说我们国家的英文名字取坏了呢，“China”就是“拆啦”！

如果你搭乘地铁到巴黎最东南角，坐到终点，出来再走一段路，就会看见一座木质高台，四个角上有四栋巨大的形如打开的书似的玻璃幕墙建筑，这就是密特朗国家图书馆，是塞纳河右岸一道非常特殊的风景。其体积庞大无比，确实非常壮观，即便从巴黎市中心远远地向东南方向望去，你都可以看到这四座玻璃大厦的身影。不过，你所能望见的，只是图书馆大楼的上半身，其下半身掩藏在高台底下，除非身临其境，不然是看不到的。这座图书馆的外形具有很强的标志性。设计师说，这四座巨大的玻璃塔楼象征四本打开的书，它们可以远远地和人们对话。人还没到图书馆，就先看见这“四本书”了。

图书馆面对着塞纳河，如果沿着河边走来，先得徒步登上52级台阶，来到被四个塔楼围合而成的高台上。高台面积有八个足球场那么大，完全用木板铺就，尺度令人震撼。但有什么功能，就叫人感到很迷茫了。这个空荡荡的巨大高台，无遮无盖，加上巴黎冬寒夏热，温差很大，雨雪相袭，维护保养的费用一定少不了。

这座图书馆，我去过两次，每次都是空荡荡的。所有的建筑和空间，一旦尺度超大，除了让人自感渺小之外，完全聚不起人气来，这大概可算是铁律了。图书馆没有围墙，没有大门。木板高台的中央，是一个凹下去的长方形院落，里面栽有从诺曼底的托尔比亚克森林移植来的成年松树。围绕在这片绿色森林四周的，是图书馆的下半身——阅览室，需要乘坐露天电梯，才能下去进入这片阅览区。

这座图书馆由深得密特朗总统赏识的青年设计师多米尼克·佩劳（Dominique Perrault，1958–）负责整体设计，室内装饰、家具配置均由同一家公司承包，采用先进的科学技术，实现了内外和谐。该馆的设计环保意识较强，走遍整个图书馆，能看到四种材料：玻璃、金属、木板、红地毯。墙壁全是铝合金或玻璃的，给人以强烈的现代感。地面从室外到室内全是木质的，室内摆放的大多是木质家具，这些都令人联想到森林。

不过，我看这个图书馆，大部分地方都非常刻板，巨大无比的玻璃盒子，冷漠得不近人情。比较精彩的部分是面对内庭森林的阅览厅，坐在厅里阅读，透过巨大的玻璃窗，可以看到长方形院落内浓密的高大林木，有点在森林里面看书的感觉。然而树木是被玻璃隔开的，听不到枝叶摇曳的声音，有点可望不可及的超现实感。一个极为机械的建筑群，中间围合了一个人造的自然区，塔楼是强烈的标志性体现，而那片凹陷在木板高台下面的绿色森林，则是在追求感觉上的抽象和空灵。为了获得这种感觉，而去压抑其他所有空间的趣味性和人情味，我觉得是得不偿失的。

由于外墙完全是玻璃，为了保护图书，避免阳光暴晒，在玻璃里面又加了一层木质活动墙，依阳光照射方向而开合。于是，迎着阳光的一面，大厦就变成了本木色，背着阳光的一面，则光亮透明。不过，木质活动墙所用木材全部从非洲的加蓬进口，室外高台和室内木地板所用木材全部从南美洲的巴西进口，费用肯定少不了。馆内的家具和装饰都异常考究，做工精良，设计独特。阅览室里的落地灯灯柱，是用空中加油飞机使用的金属软管包裹的，一眼望去就与众不同，但价格就甭问了。这么巨大的四栋建筑，外面是玻璃幕墙，里面还得多加一层木质墙，你想这个建筑的造价该有多高！当然，对法国人来说，共和国的荣耀高于一切，造价就在所不惜了。

图书馆的四栋玻璃大厦都是藏书库，大厦之间有玻璃回廊从底部相连，回廊内侧是宽敞明亮的阅览大厅。无论坐在哪间阅览室，都可以从回廊的落地玻璃窗看到那片绿色树林。图书馆通过几十条累计 8 千米长的铁轨运送图书，在电脑的指令下，10 分钟内就能将书库的图书送到读者手中。

这座庞大的建筑没有设计主入口大门，也没有围墙，看似简洁明了，但内部却纵横交错，复杂异常。据说图书馆共有 5600 扇门，由 4 名专职人员管理着 17000 把钥匙，创下了世界图书馆门和钥匙数量的最高纪录。这样复杂的设计，给图书馆的管理、设备的维修以及馆内各部门的协调、联系，都平添了诸多麻烦。法国人不怕麻烦，只要面子，由此可窥一斑。

国家图书馆的藏书是不外借的，只供阅读或复制。进入图书馆阅读需要付费，分为 2 日卡、2 周卡和 1 年卡。大学生、失业人员、享受社会救济的人员可享受半价优惠。本馆工作人员及退休人员、外馆的馆员、法国文献学院及法国国立图书情报学院的学生免费。当然，这里法文书占大多数，我这样法文不好的人，在里面就只能看看建筑而已了。

据说，朱镕基总理曾到访这座图书馆，并在那里说起喜欢法国科幻作家儒勒 · 凡尔纳（Jules Verne，1828—1905）

的作品，而图书馆内居然没有他的书。这个报道如果让法国人看到，必会感到荒唐无稽，就好比说在中国国家图书馆找不到胡适之的书是根本不可能的。我估计是年轻的中方翻译不知道儒勒·凡尔纳，讲不准他的法文原名，因此图书馆的人听不明白说的是谁。为了证实这个猜想，我在图书馆里查了一下目录，结果儒勒·凡尔纳的书应有尽有，且有多种版本、多种译文。若不是翻译有误，难道是法国人不想将自己的国宝给朱总理看?

巴士底歌剧院
Opéra de la Bastille

那是一个略带寒意的春日，树木刚刚开始抽出新芽，顶着密布的乌云，我跑到巴士底去了。走出地铁，突如其来的倾盆大雨把我赶进了一家小小的漫画书籍专卖店。初暖乍寒，小书店里面还生着暖炉，上面的开水壶吱吱地冒着蒸气，一只乖巧的小花猫躺在旁边，时不时轻轻地走过来蹭蹭顾客的腿。我站在书架前慢慢翻看喜欢的漫画，等到雨停，出来的时候手上就多了两包原来没有计划买的漫画书了。

雨后，阳光透云而出，照耀着巴士底广场中间那根闪闪发光的高大的青铜雕塑柱，照耀着清澈的运河与运河上那一条条的船，照耀着河岸上漂亮的住宅，也照耀着密特朗总统时期建造的庞大的巴士底歌剧院。

这个歌剧院，耗费了法国纳税人天文数字般的金钱，因此引发了一系列错综复杂、针锋相对的口舌之战，几度成为世人瞩目的焦点。这栋风格上已经有点过时的后现代主义建筑全称是“巴黎巴士底歌剧院”（Opéra de Paris Bastille）。密特朗总统1981年入驻爱丽舍宫，为了庆祝法国大革命200周年，他提出了“总统建设计划”，巴士底歌剧院是其中一大项目，耗资达4亿多美元，号称是全欧洲设备最完善的剧院。该剧院是在1989年启用的，7月13日的傍晚，即攻占巴士底狱200周年纪念日的前夕。密特朗总统与33位外国元首或政府首脑出席了题为“黎明前夜”

(La Nuit avant le jour)的庆典音乐会，为歌剧院揭幕。

法兰西第五共和国的总统，从戴高乐到德斯坦，个个都挺多事的。只不过早期的几位尚在阿尔及利亚的泥潭中纠缠不清，没有过多力量来搞纪念碑型的公共建筑项目。到了密特朗时期，国泰民安，加上此公好大喜功，因此花大手笔搞出一堆纪念碑式的建筑来。法国的政坛，原本就动荡多事，这一下，可让密特朗的政治对手抓住了把柄。从 1981 年巴士底歌剧院破土动工之日起，就被人形容成是政治家的角斗场、舆论的笑柄、行政工作的泥潭和浪费纳税人金钱的一头大“白象”。从头到尾，对巴士底歌剧院提出非议的人不胜枚举，说好的少之又少。

这座歌剧院，也确实不断地给公众舆论提供话题，歌剧院开业不到半年，年轻的天才指挥家丹尼尔·巴伦博伊姆（Daniel Barenboim，1942– ）竟被剧院炒了鱿鱼。这位先后拥有阿根廷、以色列、巴勒斯坦和西班牙多国国籍的犹太钢琴家、指挥家，自 1975 年起，一直担任巴黎交响乐团（Orchestre de Paris）的首席指挥。这事件自然又引起了一番轩然大波。美国《时代周刊》评论：“巴伦博伊姆表面上是跳槽到大洋对岸，接手了芝加哥交响乐团，成为乔治·索提爵士（Sir Georg Solti，1912–1997）的继承人，坐上了美国指挥界的头把交椅，但明眼人不难看出，他裤子后面还印着巴士底后台老板的鞋印呢！”巴伦博伊姆才华横溢，正当大红大紫之际，他又是出了名的聪敏、会做人，深得乐团的欢心和拥戴，要是连他都伺候不好巴士底歌剧院，其他人还用想吗？

歌剧院计划伊始，政府就标榜要建一座现代化、大众化的歌剧院，而不追求加尼埃歌剧院那种豪奢的皇家气派，这自然是合乎民意的。问题就是看你怎样去诠释这个目的了。现代化固然无可非议，但歌剧院这种建筑，历来是最富贵族气息的，于今要和大众化的概念达成妥协，倒是一桩创举，绝非易事。众说纷纭，媒体紧咬不放，也就在所难免。上次去巴黎的时候，看见法国最大日报《世界报》（*Le Monde*）上刊有痛骂歌剧院的文章，后来因这份报纸长期对这里的演出多有攻击，歌剧院一怒之下，决定停止在《世界报》上刊登商业广告。这样的攻防战，也属屡见不鲜了。

歌剧院的设计者——加拿大建筑师卡洛斯·奥托（Carlos Adolfo Ott，1946– ），原本寂寂无闻，能从全球700余个竞争方案中脱颖而出，令很多人大跌眼镜。私下流传着一个不无恶意的揣测：按照规矩，评审团在裁定作品时，是看不到设计者的名字的，而当时的评审团成员都知道，密特朗总统偏爱美国新现代主义建筑师理查德·迈耶（Richard Meyer，1934– ）的设计。于是他们便煞费苦心，挑了一个最像迈耶风格的作品。谁知结果出来一看，中选者并非美国的迈耶，而是全不相干的加拿大人卡洛斯·奥托。这个传闻，虽未查及实据，但是我总觉得无风不起浪，且奥托的参赛作品的确有近似迈耶风格之处。

奥托的设计，以传统的城市空间体系为依据，在建筑材料上，他注重选用石料、金属和玻璃来构成建筑物外部形象，方块结构虚实堆叠、阶梯状排列，是后现代主义风格的典型手法。

剧院的内部设施倒是尽善尽美，有“欧洲第一”之称，有深约 75 米的舞台、完备精巧的机械装置，更换布景几乎可在瞬间完成。一台布置完毕的场景，能够原封不动地从排练剧场直接搬到舞台上去。此外，歌剧院还有一个可移动且伸缩自如的可变式歌剧表演中心，它的高度、座椅数和舞台前部装置，全都可以靠液压机械装置任意改动。这样一来，无论是举行小型的独奏会、独唱会、室内音乐会，还是有大型交响乐队参加的演出，都能应付自如。观众的座位，可以从 600 席一直加到 1300 席。剧院还拥有 4500 平方米的排练大厅，以及各式小演奏厅、展览厅、图书馆、餐厅和书店等附属设施。

受到非议的，主要是歌剧院的观众大厅。尤其是主厅的楼座，是悬吊式结构，呈倾斜状，视觉感受不稳。而且座位偏窄，台阶偏小。有人打趣说，来这里听歌剧，须得有羚羊般灵巧的身手，否则有可能扭伤腿脚。我坐在那里，确实有一点要倾倒的感觉。

经过歌剧院门口，看见成群的年轻人坐在阶梯上，青烟袅袅，似乎有大麻的味道。恍惚之间，好像到了纽约布鲁克林某个地铁站一样。

法国的国家艺术收藏体系
Le Système National des Collections d'Art en France

在法国，主要的艺术收藏是国家的，因此展览、博物馆的布局和管理也是国家的工作。这一点与美国的情况大相径庭。美国联邦政府通过史密森学会（Smithsonian Institution）来管理国家的博物馆、画廊，其他各个州的博物馆都是州或私人的。法国政府在巴黎虽然也有这样的一套系统，但是在巴黎之外的法国城市有国家的博物馆和展览。法国文化部是主管单位，而美国是根本不设文化部的。

国家艺术收藏的组织方式不仅关乎作品的存储与展示，更关乎文化战略的核心议题，它体现了一个国家对自身历史的认知、对艺术遗产的保护以及对艺术发展的学术态度。法国在这方面做出了典范，精心规划的艺术收藏体系确保了不同历史时期、风格和艺术运动的作品得到系统性保存和呈现，并成为世界各国在组织官方艺术收藏和展示时可以借鉴的重要案例。

法国政府长期以来推行了一套很有条理的艺术收藏与展示策略，确保国家艺术收藏的展示不仅具有历史脉络的连贯性，同时也符合不同艺术流派的特点。卢浮宫、奥赛博物馆和蓬皮杜中心作为法国三大核心艺术机构，按照艺术发展的历史脉络进行分工，分别收藏和展出从远古文明到当代艺术的作品。这一分类方式不仅提供了一种清晰的学术体系，也极大地优化了观众的参观体验，为世界各国在构建艺术收藏体系时提供了值得借鉴的模式。

到巴黎，看完这三家博物馆，基本上对艺术史就有了一个比较完整的概念。

卢浮宫的收藏策略，使其成为全球范围内最具权威的古典艺术研究中心之一。集中展示古代文明和法国美术学院派（Beaux-Arts）作品，不仅有助于公众理解欧洲艺术传统的根源，也凸显了法国在美术教育领域的独特贡献。其丰富的新古典主义馆藏，进一步反映了启蒙运动时期法国在艺术和文化上的主导地位。通过这样的体系，卢浮宫不仅成为世界级的艺术殿堂，也在世界文化遗产保护和研究方面起到了示范作用。

奥赛博物馆主要展示现代主义产生前夜的过渡阶段的艺术，将这些作品独立于卢浮宫之外进行展览，是法国文化战略中的重要决策。印象派和后印象派作品，如莫奈、雷诺阿、凡·高和塞尚（Paul Cézanne，1839—1906）的作品，象征着 19 世纪后期艺术家对传统美学的挑战，他们捕捉光影变幻、情感表达以及新的视觉体验。奥赛博物馆不仅有助于学术研究，还能使观众能够更清晰地理解 19 世纪艺术发展的脉络。通过这种独立分类的方式，法国成功地构建了新古典主义与现代主义之间的桥梁，使参观者可以在不受其他历史时期干扰的情况下，深入理解现代艺术的诞生。

法国艺术收藏体系的最后一部分是蓬皮杜中心，这座专门收藏 20 世纪至今的艺术作品的机构，充分体现出现代与当代艺术的多样性和实验性。将现代和当代艺术从传统美术馆体系中分离，具有重要的战略意义。现代艺术往往以实验性和概念性为特征，其展览方式和强调观众互动的模式与古典艺术截然不同。通过设立独立的现代艺术馆，法国为 20 世纪以来的艺术发展提供了专属的展示空间，使这些作品能够在最适宜的环境中被理解和欣赏。此外，蓬皮杜中心象征着艺术的创新精神，其高科技风格建筑与收藏内容相得益彰，进一步强化了该中心作为现代艺术与科技交汇平台的定位。这种空间与内容的匹配策略，为全球其他艺术机构提供了宝贵的参考。

一般人往往用收藏量作为评判美术博物馆的标准，而忽略了系统化收藏模式的优势。而法国的艺术收藏体系之所以成为全球典范，主要得益于以下优势。

第一，历史脉络清晰——通过不同机构的分工，观众可以更系统地理解艺术史的发展，不会因时代跨度过大而失去连贯性。上述三大机构为我们提供了一部“完整的艺术史”，拥有世界上最全面、最多样化的艺术收藏，体现了超过五千年的人类创造力。其广泛的收藏涵盖了从古代文明到当代艺术几乎所有重要的艺术运动、文化和历史时期。在这方面，卢浮宫是个典型。它的收藏包括古埃及、古希腊和古罗马的杰作，涵盖中世纪、文艺复兴、巴洛克时期的作品。像《蒙娜丽莎》(*Mona Lisa*)和《米洛的维纳斯》(*Vénus de Milo*)这样的标志性作品，代表了艺术史中的重要时刻，并被视为艺术成就的普世象征。除了艺术品的数量之外，卢浮宫的收藏还因其能够追溯西方艺术和文化的演变而显得尤为重要。它还收藏了来自其他文明的作品，提供了关于艺术发展历程的全球视角。因此，它为参观者提供了一个在同一个空间内见证人类创造力的机会。

第二，主题聚焦——每座博物馆均专注于特定的历史时期和艺术运动，使藏品展示得更加深入，避免了不同风格作品混杂在一起而导致的相互干扰。奥赛博物馆主要聚焦于 19 世纪和 20 世纪初的艺术，时间虽然不长，内容却很丰富，主要展现浪漫主义、现实主义、印象派、后印象派和象征主义等艺术流派的作品。其收藏完美地反映了法国艺术和文化的变革时期，弥合了古典艺术时代与现代艺术曙光之间的空白。法国的国家艺术收藏体系的分级管理，以时间和风格为基础进行分类，使每个历史阶段的艺术以更完整的面貌得以呈现。并通过卢浮宫、奥赛博物馆和蓬皮杜中心三大机构的合理布局，实现了从古典艺术到当代艺术的系统化展示。这种模式不仅使法国的艺术收藏体系更具条理，也为世界范围内的博物馆管理提供了可借鉴的标准。

现在，各国对于设立艺术博物馆，普遍都比较重视，而且很多国家确实也拥有丰富的艺术收藏，但由于博物馆的历史尚短，展览策略较为零散，未能形成清晰的展示逻辑。

第三，注重优化观展体验——令参观者可以根据个人兴趣选择合适的博物馆，例如喜爱古典艺术者可前往卢浮宫，而对印象派和现代主义感兴趣的观众则可分别专注于奥赛博物馆和蓬皮杜中心。

第四，强调为学术研究提供便利——由于每座博物馆均以特定艺术时期为研究重点，其策展团队能更深入地挖掘该领域的学术价值，提高研究的专业性和系统性。

至于说进到博物馆，该如何看画呢？我个人觉得有三种基本方法：一是不问三七二十一，看自己喜欢的。于一般参观者而言，就是开心。所以，无论是卢浮宫、奥赛博物馆、蓬皮杜中心，还是其他美术馆，进去看得高兴就看下去，无须太拘泥于专家的解释，其实艺术的原意就是愉悦大家。二是聚焦看每个阶段的代表作品，欧洲除古希腊、古罗马之外，大略可以分为中世纪、文艺复兴、巴洛克、新古典（学院派）、写实主义、浪漫主义、印象派、现代艺术各流派，以及当代艺术几个大阶段，按顺序看，既愉悦了自己，也增加了知识。三是具体针对某些画家，系统地欣赏和学习，这种方法往往更加适用于专业人士。

行走卢浮宫
Balade au Louvre

去巴黎，当然要去卢浮宫，除了主要参观这里收藏的艺术作品之外，参观贝聿铭先生设计的卢浮宫主入口——玻璃金字塔，也是个重要的内容。

说起这座 1993 年全部完工的玻璃金字塔，当年可是引起了很大的争议呢。那时候，在很多法国人的心目中，卢浮宫这样一栋从中世纪到文艺复兴时期法国最显赫的建筑，是非常神圣的。他们认为，即便需要加建，也应该做成非常庄严的文艺复兴风格。所以当法国总统密特朗亲自请来的美籍华裔建筑师贝聿铭先生提出了设计方案——为了采光，广场上散布着三个小玻璃金字塔以及几块大小不等的三角形玻璃采光板，中央耸立起的主建筑则是一座通体透明的金字塔时，法国人被触怒了，这么漂亮庄重的卢浮宫，怎能掺进这样平庸、单调的几何结构呢？一时间，批评，甚至谩骂充斥着各种媒体，接近九成的巴黎市民表示反对。但是，随着工程的完成，反对的声音渐渐平息了。一次次的春夏交替，这座非常具有现代感的金字塔已经成了巴黎的地标，当年的批判和谩骂变成了赞美和称颂。

卢浮宫位于塞纳河的右岸，体量非常大。游巴黎，只要走到了塞纳河畔，无论如何都不会错过这群建筑的。卢浮宫的最东端有一个方形院落，而如今的卢浮宫里的第一栋建筑位于院落里的西南角上，始建于 12 世纪末（1190 年）。后来经过逐步扩建，形成了如今人们所看到的卢浮宫，占地 6 万多平方米。馆内收藏了从古代至 19 世纪 60 年代的各种艺术品和工艺品，60 余万件永久藏品主要分为八大类——古埃及、古希腊 / 伊特鲁里亚 / 古罗马、古代近东、伊斯兰艺术、雕塑、装饰艺术、绘画、印刷与素描，日常的展品将近 35000 件。卢浮宫不但展场面积大、展品丰富，并且是世界上最早的博物馆。早在 1793 年 8 月（路易十六在这一年的 1 月被处决，标志着法国君主制终结），卢浮宫就作为博物馆向公众开放了。现在，卢浮宫已是世界上最大的艺术博物馆，也是全世界参观人数最多的博物馆之一。卢浮宫曾有过一年接待 900 万参观者的记录，每天约 15000 人次，其中超过六成观众来自法国以外的世界各地。华人到巴黎旅游，总要去看看卢浮宫的，这已经成了标配，所以在这里见到的华人面孔相当多。

卢浮宫地处巴黎市中心，交通很方便，搭乘地铁 1 号线和 7 号线到卢浮宫博物馆（Musée du Louvre）站下车，步行可达。卢浮宫周围还有很多可看可逛的景点，例如卢浮宫下面的卡鲁塞尔地下商场（Carrousel du Louvre），以及紧挨着的西面的杜乐丽花园。卢浮宫南面临河，北面则挨着与香榭丽舍大道齐名的时尚商业街——里沃利街，这条街道因纪念拿破仑在里沃利战役中战胜反法同盟而得名。

我们先来讲讲卢浮宫的历史吧。最早是法国皇帝菲利普二世（Philippe II Auguste，1165—1223）下令在这里兴建一座方形城堡，派兵驻防，抵御外敌的攻击。那还是 12 世纪末的 1190 年，中国正处于宋代。当时攻打法国最频繁的是英国，英国军队一从海上登陆，攻打的就是法国，所以这座城堡最初是抗英用的。其面积大约是现在卢浮宫最东端方形院落的四分之一那么大，里面还有一间监狱，并挖了一条约 90 米长的护城河。这条护城河的遗迹，在卢浮宫里中世纪修建的地下室内还可以看得到。起初，这座城堡主要用来存放王室的财宝和武器，国王并不住在这里，因此，这里并不是宫殿。当时国王住在塞纳河中间的西岱岛上的西岱宫里。住在岛上，出入并不方便，也有些离群索居的味道，所以到了 14 世纪，查理五世（Charles Ⅴ，1338–1380）觉得这座城堡比西岱岛更适宜居住，就从西岱宫搬了进来，这座城堡也就成为宫殿了。不过，他之后的法国国王觉得住在这里还是不安全，又搬了回去。直到 1546 年（已是文艺复兴全盛期），那时的法国皇帝——强力而开明的“骑士国王”弗朗索瓦一世（François Ⅰ，1494–1547）才又搬回卢浮宫。

弗朗索瓦一世年轻的时候，意大利文艺复兴思想在法国已经深具影响力。在他的母亲和老师们的教育下，这位年轻国王受到人文主义的影响，不但像一般青少年那样学习算术、语法、地理、历史，还学习了舞蹈、音乐、哲学和神学。他精通意大利语、拉丁语等多种外语，崇尚骑士精神，并对文学、艺术、诗歌和科学非常着迷，喜欢骑马、射箭、狩猎、比武等。他收藏了很多艺术品，包括意大利“文艺复兴三杰”之一的达·芬奇（Leonardo di ser Piero da Vinci，1452—1519）的《蒙娜丽莎》。算起来，《蒙娜丽莎》“移居”法国已经将近700年了，自1797年以来，便一直在巴黎卢浮宫展出。

弗朗索瓦一世很喜欢卢浮宫这个地方，但并不喜欢原先的老城堡。于是他下令将其拆毁推平，然后让御用建筑师皮埃尔·莱斯科（Pierre Lescot，1515—1578）按照文艺复兴风格设计和建造了如今的卢浮宫最东端的方形庭院。这个庭院现在用来陈列雕塑作品，屋顶也改造成玻璃的了。工程前后进行了将近13年，直到弗朗索瓦一世去世，他的儿子亨利二世登基之后才完成。后来，在弗朗索瓦的儿媳凯瑟琳·德·美第奇（Catherine de Médicis，1519—1589）的主持下，修建了一座新的宫殿——杜伊勒里宫，以及杜乐丽花园。这个工程在1564年动工，17世纪初才完成，那时亨利二世已经去世，凯瑟琳已变成皇太后了。凯瑟琳是著名的意大利佛罗伦萨美第奇家族的成员。众所周知，美第奇家族是一个名门望族，15世纪至18世纪中期在欧洲拥有强大势力。他们最大的成就在于艺术和建筑方面，长期非常慷慨地资助艺术家及艺术活动，捐赠建筑及赞助科学研究，对文艺复兴运动起了很大的促进作用，被称为“文艺复兴的教父”。很可惜，杜伊勒里宫后来在 1871 年被巴黎公社当局焚毁。

亨利四世即位之后，制定了一项更大的扩建计划，修建一道长廊，将杜伊勒里宫与卢浮宫连接起来，这就是现在卢浮宫博物馆最重要的展示空间——花廊（The Pavillon de Flore）。工程于 1608 年完成，其设计者是法国建筑师雅克·安德鲁埃二世·杜·塞索（Jacques Androuet II du Cerceau，1550—1614）。之后，路易十四命令建筑师克劳德·佩洛（Claude Perrault，1613—1688）和路易·勒沃（Louis le Vau，1612—1670）按照法国文艺复兴风格，对卢浮宫的东立面加以改造，改造工作一直持续到 1654 年。由于法兰西皇室总觉得卢浮宫毕竟在城里，不太安全，路易十四便从 1682 年开始，在巴黎郊外建造凡尔赛宫（Château de Versailles），并搬过去住了。至此，卢浮宫的扩建才算停止下来。

路易十四不仅搬离了卢浮宫，还一度想要将它拆除。不过考虑到拆除的费用挺高，所以最终也没有动手。那时候法国王室的藏品已有油画 2000 多幅、雕塑 150 多座、素描 700 多幅，还有大量其他的艺术品。接下来的路易十五和路易十六两位皇帝，还继续从意大利、西欧（主要是荷兰和比利时这些低地国家）以及西班牙买进艺术品，法国皇室的艺术收藏规模就越来越大了。

既然不拆了，总不能让卢浮宫空着吧，于是路易十四就用卢浮宫来展示皇家的艺术藏品。后来，更让法兰西学院、纹章院、绘画雕塑院和科学院都搬入了卢浮宫，这里一度成为法国的文化、艺术、科学的最高殿堂。当然，现在这些机构都搬出去了，法兰西学院、科学院搬去了塞纳河的左岸，搬去左岸的还有绘画雕塑院，后来变成了法国的高等美术学院。纹章院呢，也搬去了河对岸，在奥赛博物馆的对面。我以前不太知道这个纹章院，这次去巴黎，有一天兴冲冲地拿着预定的票去参观奥赛博物馆，没想到把预约的时间错订成第二天的了，参观不成，有些失落。出得门来，发现对面那座宫殿式的建筑便是纹章院，还无需预约，于是就走了进去。纹章院不算大，上下两层陈列的都是法国皇室以及拿破仑时代颁给政府官员和军队将领的各种纹章、勋章、绶带等物。制作之精良、材料之昂贵，完全是极品珠宝的水平，尺寸还非常大，令人咋舌，估计当时法国的军费在这上面的花费不菲。法军后来的战绩乏善可陈，不知道这是否是原因之一呢?

1789 年爆发了法国大革命，对卢浮宫造成重大的影响。先是民众冲进了凡尔赛宫，将国王路易十六挟持到巴黎市内，扣押在杜伊勒里宫。1791 年 5 月，国民制宪会议将全部皇家收藏收归国有。1791 年 6 月 20 日，路易十六带领全家化装成平民，打算乘马车出逃，被起义者发现后押送回巴黎城内，并于 1792 年 8 月 10 日关进了监狱，法国的君主制从此灭亡了。1793 年 1 月 21 日，路易十六在巴黎的革命广场（即现在的协和广场）上被公开处决。

这时，存放在卢浮宫里的所有皇家藏品，统统成了国有财产。为了防止被人偷盗或遭到破坏，1792 年的 8 月 19 日，国民议会就宣布要想办法开始筹办博物馆，公开展示这些艺术品，因为挂在墙上，偷窃的难度就大大增加了。到 1793 年 8 月，即法国的君主制灭亡一周年的纪念日，卢浮宫被正式命名为“中央艺术博物馆”（Muséum Central des Arts，这是该馆曾经用过的三个正式名称中的第一个），每周向公众免费开放三日，老百姓可以自由出入卢浮宫，观赏这些艺术珍品。刚开始的时候，展出的作品共有 721 件，其中的四分之三是原来的皇家藏品，其余的四分之一则是从教堂、贵族家庭以及原先的地方政府那里没收来的。大革命以后成立的法国第一共和国政府，不但每年投人经费去维持这个博物馆，并且还想办法从北欧和欧洲各地继续收购艺术品。1797 年，还和梵蒂冈签订条约，来自梵蒂冈的作品也在卢浮宫展出了。就这样，卢浮宫这座博物馆慢慢地打响了知名度。

1802 年，战功赫赫的拿破仑被加冕成为皇帝，创建了法兰西第一帝国。拿破仑戴上皇冠后，便将杜伊勒里宫作为自己的皇宫，并开始对卢浮宫进行大规模的修建。现在面向里沃利街的卢浮宫北翼建筑，就是在那时完成的。他还在卢浮宫和杜伊勒里宫之间的卡鲁塞尔广场（Place du Carrousel）上修建了漂亮的、古罗马风格的卡鲁塞尔凯旋门（即小凯旋门），作为杜伊勒里宫的正门入口。那时的拿破仑叱咤风云、驰骋四方，不但征服了欧洲各国，甚至还远征到埃及。他的军队不断地将从被征服国家掠夺来的大量艺术品和文物送到法国，放到卢浮宫展出。1803 年，他将博物馆更名为“拿破仑博物馆”（Musée Napoléon），并任命多米尼克·维旺·德农（Dominique Vivant Denon，1747—1825）为博物馆馆长，力图打造出一座宏伟的博物馆来。此间，博物馆的规模扩大了不少，增加了古罗马和古埃及艺术品展厅，它作为世界上最负盛名的博物馆的声誉一直持续到 1814 年——那一年，拿破仑被废黜，被流放到厄尔巴岛。

经历过短暂的百日王朝之后，到了 1815 年，拿破仑在滑铁卢遭到重创，不得不第二次退位，并被终身流放到圣赫勒拿岛。于是，1816 年 7 月 22 日，“拿破仑博物馆”被改组，并更名为“卢浮宫博物馆”（Musée du Louvre），沿用至今。当时，奥地利、西班牙、德国和英国纷纷要求法国将所掠走的艺术品归还给原主，最终大约有 5000 多件艺术品被归还给原来的所属国。不过，由于高昂的运输费用，以及一些作品的易碎易损属性，加上法国政府通过外交斡旋竭力争取，仍有相当部分留了下来。例如意大利文艺复兴时期的著名画家、“威尼斯画派三杰”之一的保罗·委罗内塞（Paolo Veronese，1528—1588）的名作《迦拿的婚礼》（*The Wedding at Cana*）至今仍保留在卢浮宫里，成为卢浮宫馆藏尺寸最大（666cm×999cm）的布面油画。1563 年，画家受本笃会的委托，为威尼斯圣·乔治·马焦雷修道院（Basilica di San Giorgio Maggiore）创作了该画，一直挂在修道院的墙上。1797 年，拿破仑带兵攻打威尼斯，看上了这幅画，决定把它搬回法国。由于尺寸巨大，这幅画被切成两半，卷起来运到巴黎，然后才又被缝合起来的。

波旁王朝复辟后，在路易十八和查理十世执政时期，不但卢浮宫的建筑得到拓宽和整修，而且收藏范围也不断扩大，增加了东方部、亚叙部、古埃及部。

后来，在先后担任法兰西第二共和国总统和第二帝国皇帝的夏尔·路易·拿破仑·波拿巴（Charles Louis Napoléon Bonaparte，1808—1873，他是拿破仑的侄子，亦被称为“拿破仑三世”）治下，1848 至 1852 年，短短几年里，他主张对卢浮宫博物馆进行了更大规模的重新装修，为其今日的宏伟规模打下了基础。仅在 1861 年，拿破仑三世就购买了 11835 件艺术品，包括 641 件绘画，还有古希腊和古罗马的黄金饰品，并在卢浮宫内创建了一个新的展览部，命名为“拿破仑三世博物馆”，用来展出他新收藏的这些物品。在整个第二帝国期间（1852—1870），卢浮宫博物馆增加了两万件新藏品。

1871年，是法国历史上一个重要的年份，这一年爆发了巴黎公社运动。巴黎公社曾短暂地统治巴黎，还宣布要接管法国全境，引起了混乱，巴黎公社遭到法国军队的包围。面临失败的公社起义军就放火焚烧杜伊勒里宫和卢浮宫。当时，公社社员还打算将巴黎市政府和皇家宫殿等标志性建筑都付之一炬。熊熊烈焰燃烧了两天，杜伊勒里宫被完全烧毁了，卢浮宫的花廊和马尔赞长廊也遭到部分毁坏。我们现在到卢浮宫参观，看见里面有片空地，那就是原来的杜伊勒里宫所在地。幸而经过博物馆员工和巴黎消防队员们的奋力抢救，博物馆的主体保存了下来。

巴黎公社运动结束之后，法兰西第三共和国拆除了废墟，形成了卢浮宫现在的格局。博物馆的北翼和南翼不断地进行了扩建，来自世界各地的收藏品也不断增多，卢浮宫变成了一个汇集了法国以及西方其他国家和近东文明的艺术博物馆。随着馆藏数量与种类的不断扩充，部分藏品就被转移到夏乐宫（Palais de Chaillot）、圣热尔曼昂莱城堡（Château de Saint-Germain-en-Laye）、枫丹白露宫（Château de Fontainebleau）等地方去了。卢浮宫的中国艺术藏品颇多，在这方面，它与伦敦的大英博物馆、纽约的大都会博物馆齐名。

从19世纪后半期开始，卢浮宫就一直对公众开放。说起来，卢浮宫最早成为博物馆的时候，法国当时采用的是共和历法，每周有10天，其中前6天只给外国人和艺术家参观，后3天留给公众参观，第10天闭馆休息。而在19世纪初，实行了7天一周的历法后，公众曾一度只有在周六和周日的下午2点到4点之间可以进入博物馆，也就是说，每周只有四个小时可以入馆参观。1824年又规定公众只能在周日和节假日进入，其他日子则只对外国人和艺术家开放。直到1855年，情况才有了改变——博物馆除了周一之外，一律全天向公众开放。第二次世界大战后，1946年卢浮宫重新开放以来，除了某些节假日之外，卢浮宫只在每周二闭馆，其余时间一直都向公众开放。

法国人对于卢浮宫是看得很重的，也非常在意对它的保护。1938年9月，纳粹德国强占了捷克斯洛伐克的苏台德地区，那时虽然第二次世界大战尚未全面爆发，但卢浮宫已经制定了一项周密的艺术藏品撤离计划，将诸如《蒙娜丽莎》等重要的画作转移去了香波堡（Château de Chambord），而将一些精选的雕塑，如《萨莫色雷斯的胜利女神》（*The Nike of Samothrace*）和《米洛的维纳斯》送去了瓦朗塞城堡（Château de Valençay）。1939年8月27日，在德军进攻波兰，第二次世界大战正式爆发的四天前，卢浮宫的员工就着手打包装箱，紧张奋战两天之后，卡车车队开出了巴黎。到了年底，赶在德军入侵法国之前，博物馆的大部分作品都已经转移了。这些艺术珍品幸亏没有被希特勒抢走，不然被运去了德国，到盟军反攻大轰炸的时候，这些宝贝就保不住了啊。1945 年法国解放以后，这些基本上没有受到战火波及的艺术珍品，才运回了巴黎，重新与公众见面。

第二次世界大战之后，卢浮宫经历过几次大的改造。第一次改造，是 20 世纪 80 年代开始的，属于在巴黎进行的纪念法国大革命 200 周年的十大工程之一。当时的法国总统弗朗索瓦 · 密特朗没有经过投标，直接聘请了美籍华裔建筑师贝聿铭来设计卢浮宫的主入口。过去，因为卢浮宫是一栋栋分开的宫殿，所以就有多个从街道进入的入口。想入馆参观的人，常常要辛辛苦苦搜寻一番，才能找到一个相当狭小的入口，很不方便。

卢浮宫的这次改造，从 20 世纪 80 年代一直进行到 90 年代。除了对原有的旧建筑维护装修，将原有那些分散的入口永久封闭改成画廊之外，最突出的工程是在卢浮宫庭院的中间，建起了一座用玻璃和金属构架建成的金字塔，其下就是博物馆的地下入口，并且开辟了一个广阔的地下层。

密特朗总统邀请贝先生来设计，还有一段小故事。早些年，密特朗还未当总统的时候，访问过美国，曾经参观过美国华盛顿的美国国家博物馆，贝先生设计的美国国家博物馆东厅，给他留下了很好的印象，他还非常喜欢从东厅通向西厅的路上那些用来采光的小金字塔。所以他就很想请贝先生来为卢浮宫的改造工程做设计。但是他并不认识贝聿铭先生，于是就请当时卢浮宫改造工程的负责人埃米尔·比亚西尼（Émile-Joseph Biasini，1922– ）设法去联系。这位比亚西尼先生认识当时在法国的中国画家赵无极（1920–2013），赵无极认识贝聿铭。通过赵先生从中牵线，请贝先生来巴黎。

1982 年 10 月，贝聿铭乘飞机来到巴黎，见到了比亚西尼先生。经过一番寒暄，比亚西尼很客气地试探着提出，邀请贝先生参与卢浮宫改造工程的设计。这样一个重大的项目突然摆在面前，让贝先生颇感惊讶，他用礼貌的微笑掩饰了心中的激动。作为一个很有经验的建筑师，贝先生深知改建卢浮宫的难度，沉吟一阵之后，他很冷静地回复说："我年纪大了，不想再为了一个项目去搞竞标，要么直接把项目交给我，要么就让别人去参与竞标而我放弃。"密特朗总统也真是慧眼识英雄，终于设法避开了有关招标的规定，将项目交到了贝聿铭的手上，并赋予他在设计上绝对的特权。

贝聿铭没有马上动手，而是请求法国总统给他四个月的时间，来仔细地探索卢浮宫，认识法兰西。在以后一年的时间里，贝先生多次来巴黎对卢浮宫进行细致考察。时任卢浮宫博物馆馆长米歇尔·拉克洛特（Michel Laclotte，1929—2021）后来回忆道，他曾多次从他那间朝向骑兵凯旋门花园的办公室里看到贝先生独自一人在卢浮宫里面踱步、观察、探究、丈量。贝先生后来也在自己的回忆录里写道："我不是法国人，我对于卢浮宫这个法国人的纪念碑并不熟悉，我必须想办法将它搞清楚。"

贝先生不仅仔细考察了卢浮宫，也实地考察了法国人引以为傲的其他一些文艺复兴风格的建筑，例如巴黎郊区的花园住宅沃-勒-维孔特城堡（Château de Vaux-le-Vicomte）和凡尔赛宫。他非常欣赏安德烈·勒诺特尔设计的凡尔赛宫后花园，认为这位法国景观设计师很巧妙地把握了几何图形与空间关系，跳出了巴洛克时期的烦琐，给人某种"现代性"的感觉。勒诺特尔采用简单几何图形设计的园林给了贝先生很大的启发，贝先生后来曾写道："给我最大启发的莫过于勒诺特尔。金字塔的律动来自整个建筑的几何性，而这种几何性正是根植于法国文化的。"

贝先生的设计并不复杂。根据卢浮宫博物馆的根本需要以及不动原建筑的原则，他采用了古埃及金字塔的标准倾斜度——52度，在广场上设计了一座玻璃金字塔，作为巨大的地下入口的穹顶。来访者从卢浮宫的庭院广场走进这座金字塔，顺着一道旋转扶梯通向地下层，经由那里的三道走廊，就可以进入各个展厅了。地下层朝西的方向，则直通地铁站。站在地下层朝西的门口看过去，可以望见小凯旋门，穿过小凯旋门就是香榭丽舍大道，而这条声名远扬的大道又通向著名的大凯旋门，成了巴黎的一条轴线！以“金字塔”为入口的新开辟的地下层，为卢浮宫提供了它以前严重缺乏的接待、技术管理和学术研究的空间，外加一个很大的地下购物城。

方案完成后，经历了多次的审核及漫长的辩论过程，有太多的攻击、谩骂，甚至有人轻蔑地将这一设计说成是“将卢浮宫的回廊庭院变成迪士尼后院”。当然，也有人清醒地看这个设计：“追求一种最好被人忽视，却又无可置疑地存在。贝聿铭的设计方案明确标明了博物馆的入口，而且解决了至今一直没能解决的通行问题。”幸运的是，贝先生得到了密特朗总统和时任巴黎市长后来当选法国总统的雅克·希拉克（Jacques Chirac，1932—2019）的坚定支持。在希拉克先生的建议下，1985 年 5 月 1 日，一台高达 70 米的巨大起重机，将一个 1:1 比例的光缆结构金字塔模型吊装到卢浮宫的拿破仑庭院中，让在场的记者和群众细细地观察。这次现场演示，成为一个转折点，自此，反对的声浪逐渐平息，许多人改变了观点，接受了贝先生的设计方案。建成之后，更是博得了法国人的好评。一片叫骂突然就能变成交口称赞，这也算是大家都知道的法国人的一个特点吧。

在这个过程里，贝先生可是受了不少气，有过不少委屈。不过他自己觉得，能够完成这么重要的一项任务，终于让大家都非常喜欢的卢浮宫有了一个明亮的、方便的入口，还是很值得的。

进了卢浮宫，就像沉浸在一片艺术的海洋。然而，每年数百万观众，有些人进入了这座艺术殿堂之后，目标往往只是看看那三件最具标志性的艺术品——《蒙娜丽莎》《米洛的维纳斯》和《萨莫色雷斯的胜利女神》。当然，这些杰作确实具有极高的艺术和历史价值，但因为对它们的过度关注而忽视了卢浮宫更广泛的文化价值，尤其是它作为法国绘画艺术发展史的重要收藏机构的作用，那就太过遗憾了。

在卢浮宫众多极具学术价值但常常被忽略的藏品中，法国美术学院派、新古典主义和浪漫主义绘画尤为重要。这些艺术风格在 17 至 19 世纪间发展起来，不仅深刻影响了整个欧洲的美学潮流，也塑造了全球的艺术传统。

就我个人而言，参观卢浮宫时，我会特别注重以下内容。

学院派艺术植根于巴黎美术学院（École des Beaux-Arts）严格的学术训练体系，强调古典美学的和谐、理性与技术的精湛。雅克-路易·大卫（Jacques-Louis David，1748—1825）和让-奥古斯特-多米尼克·安格尔（Jean-Auguste-Dominique Ingres，1780—1867）是这一传统的杰出代表，他们的作品结合了理性思辨与历史宏大叙事方式。大卫的《荷拉斯兄弟的誓言》（*Le Serment des Horaces*，1784）成为新古典主义的宣言，强调启蒙运动时期的公民责任与道德力量。而安格尔的《大宫女》（*Grande Odalisque*，1814）和《荷马的神化》（*The Apotheosis of Homer*，1827）则体现了他对线条精准性的极致追求，其影响力延续至象征主义甚至早期现代艺术。

尽管这些作品具有极高的艺术和历史价值，但许多观众往往忽略卢浮宫丰富的新古典主义馆藏，而是将注意力集中在更为大众化的焦点上。这一现象反映了当代博物馆参观方式的变化——在社交媒体的驱动下，快速打卡式的视觉消费正在取代对艺术传统的深入理解。

如果说新古典主义强调理性与秩序，那么19世纪初兴起的浪漫主义则深入发掘人类情感、政治动荡与大自然的崇高力量。卢浮宫收藏了一系列代表性的浪漫主义杰作，包括西奥多·籍里柯（Théodore Géricault，1791–1824）的《梅杜萨之筏》（*Le Radeau de La Méduse*，1818–1819年），这幅作品不仅展现了人类在灾难面前的挣扎，也是对政治冷漠的控诉。而欧仁·德拉克洛瓦（Eugène Delacroix，1798–1863）的《自由引导人民》（*La Liberté guidant le peuple*，1830）则成为革命精神的象征，生动地描绘了七月革命的激情。

浪漫主义不仅在法国蓬勃发展，也深刻影响了世界艺术潮流。西班牙的戈雅（Francisco Goya，1746—1828）、英国的透纳（J.M.W. Turner，1775—1851）以及美国的哈德逊河画派（Hudson River School）都从中汲取灵感，塑造了各国独有的艺术风格。然而，与意大利文艺复兴或荷兰黄金时代的作品相比，卢浮宫的浪漫主义馆藏往往未能得到应有的关注。

作为国家级和国际性的文化机构，卢浮宫有责任引导参观者超越仅仅关注几件知名艺术品的局限。过度集中于少数标志性作品，不仅缩小了公众对艺术的理解范围，也加剧了当代参观模式的浮躁化倾向。因此，博物馆和观众都应致力于培养人们更深入的艺术鉴赏能力，真正理解塑造视觉文化的艺术运动。

对于学者、学生和艺术爱好者来说，以批判性的视角重新审视卢浮宫的馆藏，是一次重新发现法国对世界艺术贡献的机会。学院派、新古典主义与浪漫主义并非仅仅是历史遗产，它们的影响延续至今，从学院派绘画技法的教学，到现代电影构图的视觉语言，都能看到这些艺术传统的深远影响。

提倡更全面地探索卢浮宫，不仅能丰富我们自身对艺术的理解，也能让这些重要的艺术运动获得应有的认可。参观博物馆的真正意义，不在于打卡几件明星作品，而在于深入艺术的脉络，理解人类文明如何通过视觉语言讲述自身的故事。

让我们一同踏上这段旅程。

奥赛博物馆的前世今生

Passé et présent du Musée d'Orsay

早在1851年，英国人就在伦敦举办了第一届世界博览会，为此还特别修建了水晶宫这样庞大的温室型建筑，出尽风头。“高卢雄鸡”自然不甘让“约翰牛”专美于前，因此在19世纪下半叶和20世纪初，法国一个接一个地举办博览会，规模一个比一个大。在塞纳河两岸，可以看到历届世界博览会留下的建筑物。著名的埃菲尔铁塔，就是为1889年5月在巴黎举办的世界博览会而兴建的。这些建筑体积庞大，设计精美，是去巴黎很值得参观的项目。位于巴黎塞纳河左岸的奥赛博物馆，也是当年世博会的建筑之一。

这座宏伟的新古典主义建筑，原本是法国建筑师拉洛克斯（Victor Laloux，1850—1937）、贝尔纳（Émile Bernard，1844—1929）和马涅（Lucien Magne，1849—1916）联手专门为1900年的巴黎国际博览会建造的火车站，叫作“奥赛火车站”（Gare d'Orsay）。当时的功能有点像现在的轻轨捷运系统，是专门用来将来自世界各地的游客送到展览中心的交通枢纽。第二次世界大战爆发后，这个车站被废弃。第二次世界大战刚结束时，因为这里空间够大，成了战俘中心，基本就是个监狱。战俘被遣返之后，建筑物又关闭起来了。战后巴黎百业萧条，城里许多新古典主义的精品建筑都处于荒废状态，谁会来考虑使用这个旧火车站呢？到20世纪60年代，政府也曾考虑过重新启用这个紧靠着塞纳河中心区的车站，但那时法国的客运火车已经多是十几节车厢的长度了，而奥赛火车站站台当年是为 5 节火车车厢设计的，长度差得太多，无法使用，于是好长时间里，依然被空置在那里。后来甚至有人建议，拆掉算了，腾出地方来建座新酒店。

这个车站的新古典主义建筑是非常精彩的，屋顶上全是雕塑装饰，门前有新艺术风格装饰的玻璃大棚顶，大门外成排屹立着被称为“各大洲”（Les Continents）的黑色青铜雕像——来自世界各地的六位女子，个个丰乳肥臂，性感得很，是法国雕塑家莫罗（Mathurin Moreau，1822—1912）的作品。这么好的建筑空置不用，实在很可惜，拆掉就更是太浪费了。

幸而，乔治·蓬皮杜总统发起了大规模的巴黎文化复兴运动，投入巨额资金对旧建筑加以修缮，改做各种文化用途。法国政府是法国最大的艺术品收藏单位，这一点与美国大相径庭，美国的艺术珍品一多半都是私人收藏的。从波旁王朝开始，法国政府就收购艺术品，有时候还会特别邀约艺术家为政府创作，这个传统一直持续到今日，所以法国政府收藏品数量特别庞大。其中，有不少是 1848 至 1914 年的作品，这段时间不长，但创作特别丰富，在艺术史上占据着相当重要的地位。当时，法国政府将 19 世纪以前的艺术品放在卢浮宫展示，之后建造的高科技派风格的蓬皮杜中心用来收藏、展示现代艺术品。两座博物馆，虽然都体量巨大，但应付各自的收藏、展示任务，也基本上满负荷了。这样一来，19 世纪末到 20 世纪初的那批艺术品就有点尴尬了——放在卢浮宫太新，放在蓬皮杜中心又太旧。于是，法国政府在 1978 年举行了建筑设计招标，计划将奥赛火车站改造为艺术博物馆，专门用来展示这一时期的艺术品。1986 年奥赛博物馆开幕迄今，已经成为观赏这个时期法国艺术作品的最佳去处了。

经过招标，博物馆改建工程交给了法国 A.C.T. 建筑事务所的三位年轻人，皮埃尔 · 科尔伯克（Pierre Colboc，1940—2017）、雷诺 · 巴东（Renaud Bardon，1942—2011）和让 - 保尔 · 菲利蓬（Jean-Paul Philippon，1945— ）。又在 1980 年进行第二轮咨询后，指定意大利著名女室内设计师盖 · 奥伦蒂（Gae Aulenti，1927—2012）负责内部装修。奥赛火车站的改造工程在 1983 至 1986 年进行，设计理念相当超前，将巨大的工业建筑改造成相当时尚的艺术博物馆，当时尚属首例。建筑师们很聪明地保持了建筑原有的风采神韵，又满足了新的要求。例如，穹顶依然沿用了和原有装饰一模一样的蔷薇花雕板，但又不动声色地加上了防止声音反射的设计，还加装了通风口。在我参观过的世界各地博物馆中，美轮美奂的奥赛博物馆完全可以列入榜首。法国人有了钱就想着将传统的好东西修复整理，发扬光大，比那些一有钱就只想着拆的人高明太多了。

这座博物馆在20世纪90年代又经历过一次整修，将建筑师们的名字刻在了入口的一块石碑上。说起来，将建筑师的名字刻在建筑上，真是一个好传统。那些著名的大建筑自不必说了，我在登上蒙马特高地的途中，注意到连阶梯旁的老住宅上也刻有建筑师的名字。这除了表明对建筑师创作的尊重外，也赋予了建筑师一份社会责任——真名实姓刻在上面，你还敢弄个豆腐渣工程出来吗?

这次去欧洲，同行的朋友中有几位第一次来法国，在安排日程时，我建议先看奥赛博物馆，把人满为患的卢浮宫放在后面。为什么先看奥赛呢? 因为这里收藏的艺术品是法国最精彩时期的作品，而这些作品，在法国之外不容易系统地看到。19世纪下半叶至20世纪初这段时期，法国艺术的发展简直不得了，那是崇尚新古典艺术的学院派逐步衰退，现代艺术开始萌芽的时期。刻画人民真实生活的写实主义兴起，出现了古斯塔夫·库尔贝（Gustave Courbet，1819—1877）、米勒（Jean-François Millet，1814—1875）这些非常具有革命性的艺术家，继而又产生了印象派、后印象派这些初期现代艺术流派艺术家。奥赛藏品太丰富，一整天不出来也就仅能走马观花而已，如果要看好，得去好多次。奥赛博物馆展出的这个时期的作品，无论是质量或是数量，在世界上绝对第一。

奥赛博物馆的展览有几大亮点。

一是印象派与后印象派作品。奥赛收藏了大量莫奈、德加、雷诺阿和凡·高等艺术家的作品，这些作品探索了色彩、光线和笔触的新方法，定义了这一时期的艺术特色。美术史上，印象派时期是一次颠覆性的革命，印象派大师们（以马奈、莫奈、德加、雷诺阿、塞尚为代表）用他们的画笔反对统治法国画坛两百年的学院派，最终真还把学院派弄倒了。他们给现代艺术打开了大门，从此西方艺术就和以往大相径庭了。

二是现实主义与浪漫主义作品。奥赛藏有库尔贝和德拉克洛瓦等艺术家的重要作品，他们在挑战古典形式、探索人类情感和社会问题方面起到了关键作用。

三是新艺术运动作品。奥赛展示了与新艺术运动相关的作品，包括赫克多·吉玛德设计的巴黎地铁入口、家具和装饰艺术品。

四是雕塑作品。奥赛收藏了大量这一时期的雕塑作品，其中包括奥古斯特·罗丹（Francois-Auguste-Rene Rodin，1840–1917）等艺术家的作品，展示了三维艺术在形式和技巧上的演变。

奥赛博物馆比较值得细看的画家，库尔贝是第一位。参观奥赛博物馆之前，我没有见过库尔贝的原作，从印刷品上得到的印象是，其题材平民化，的确与众不同，但是色彩灰暗，大概是那个时代法国底层民众心态的写照吧。

在奥赛第一次看到原作时，非常震惊，因为它们都巨大无比，实在难以想象。库尔贝在1855年创作的《画家工作室》（*L'Atelier*），副标题为“真实的寓言：总结我七年艺术生涯”（*Allégorie Réelle déterminant une phase de sept années de ma vie artistique*），此画有3.59米高、5.98米宽，鸿篇巨制，要退后好远才看得到全貌。另一幅作品《奥尔南的葬礼》（*Un enterrement à Ornans*，1849—1850），宽度接近7米，这样巨大的作品，除了大卫受拿破仑委托画的《拿破仑一世加冕大典》之外，世所罕见。大卫的画，是拿破仑用来标榜自己丰功伟绩、执政合法化用的，库尔贝则是为自己的信念画的，完全是另一回事了。大卫将拿破仑画成了神，库尔贝笔下的皇帝就是个糟老头子，在他的画室里逗狗玩耍。

中国有一阵子基本不介绍西方艺术，而库尔贝在西方画家中，算是受国内长期善待的一位。20世纪六七十年代，一顶“形式主义”的帽子，就足以把艺术家送去劳改。此风刮自苏联，其实很荒诞，艺术不讲形式讲什么？真是有点莫名其妙。当时国内除了写实，其他一概“此路不通”。因此，当时国内出过屈指可数的几本介绍西方艺术的书，将印象派、野兽派、立体主义都当作腐朽艺术的象征，而库尔贝画农民，画平民，反映人民生活的真实面貌，因此被冠以“杰出的现实主义画家”之名，与专画农民的米勒一起被介绍，算是很给面子了。20世纪60年代初期，我读到过国内出版的一本介绍西方油画的小册子，其中以库尔贝、米勒、杜米埃、夏尔丹（Jean-Baptiste-Siméon Chardin，1699—1779）为法国现实主义的最高代表，我对库尔贝的印象就是在那个时候开始形成的。

库尔贝的作品很真实，他似乎一辈子也没想粉饰什么，都是看见什么画什么，有一种率直的气质，这一点在艺术中非常可贵。他的自画像表现了自己那种无所谓的波希米亚式生活态度；他画的海是愤怒的、不安的；他画的《碎石工人》（*Les Casseurs de pierres*，1849，该作在第二次世界大战被毁）是世界上最早描绘底层民众的作品之一；他的《奥尔南的葬礼》，就是乡村的葬礼场面；他画的《画家工作室》，把自己所认识、所想到的人归类；他画的裸体不具备模特的完美，却有赤裸裸的肉欲感。库尔贝在绘画上很“真”，其作品的确很坦率地表现了自己的情感、自己的信念。他的绘画方式很粗犷，也很草率，如果看惯了学院派那种精雕细琢的人物画，看他的画时会认为有些“伤风败俗”。他的主题往往是社会底层小人物的故事，并且画面永远有种非常浓郁的黑色基调。画家当中，把黑色用来展示明确目的且用得这么淋漓尽致的，除他之外，就很少见了。

库尔贝的画，尺寸都大得惊人，画的又多是乡下的场景，怎会有人花钱买这么大一幅“乡村葬礼”挂在客厅里呢？其实，大尺寸是库尔贝的策略——虽然不见得会有人买，但是在秋季沙龙里，几千幅画挂在墙上，他的这些6米长的巨画肯定能够第一时间吸引满场的目光，他的《画家工作室》《奥尔南的葬礼》就是这么出名的。他的画，内容多是乡下人，明摆着和学院派对抗。法国皇帝拿破仑三世只支持学院派，他就把皇帝画在自己的画室里，坐在一旁逗小狗。学院派画裸体，他就直接画女性的私处，对着干。学院派的画纵横百年，大家已有审美疲劳，特别是安格尔那一批人画的裸女，大家都看腻了，这一下来了个赤裸裸画农民的"土包子"库尔贝，注意力自然就被他抓过去啦。

库尔贝这个人一身反骨。普法战争爆发、巴黎公社成立，他都积极参与，居然还当了巴黎公社主管艺术的领袖，下命令推倒了巴黎的旺多姆柱（Vendôme column），极端到把巴黎街头的铸铁小便亭也捎带全推翻了，弄得巴黎人上街无处去"方便"。这些打砸抢行为太伤法国人的自尊了，公社失败之后，共和国总统麦克马洪（Patrice de MacMahon，1808—1893）在1873年要他赔偿损失，以重建旺多姆柱，总数是32万法郎。库尔贝哪来这么多钱赔啊！只好溜到瑞士小镇拉图佩利兹（La Tour-de-Peilz）躲债，1877年死在那里，享年58岁。

平心而论，我更喜欢库尔贝的小画和习作，他在驾驭自如的尺度之内，是画得非常好的。骨子里的直率、直觉、灵气让他的画充满了张力，不矫揉造作，也不向谁献媚，直来直去，艺术感非常强悍。而他的那些大画，动不动就是 5 米以上的鸿篇巨制，大到驾驭得有些困难了。他又急于完工，感觉无论构图还是寓意，都有些牵强。当然，现在他被视为法国写实主义头号大艺术家，把他的大画拆分得细致入微地分析，我倒觉得做理论的人把他讲得太复杂了。

还有一个跟学院派对着干的人就是马奈，他出身富裕家庭，跟学院派大佬托马斯·库蒂尔（Thomas Couture，1815—1879）学画画，库蒂尔的那幅巨大的《罗马帝国堕落时的罗马人》(*Romans in the Decadence of the Empire, 1847*）就摆在奥赛博物馆的走廊里。马奈不喜欢老师们那套标准化、男女裸体的色情化趋向，自己去欧洲周游列国，受荷兰画家弗兰斯·哈尔斯（Frans Hals，1580—1666）、西班牙画家迭戈·委拉斯开兹（Diego Velázquez，1599—1660）和弗朗西斯科·戈雅的影响，回来就画出《草地上的午餐》（*Le Déjeuner sur l'herbe*，1863），这里的裸女可不是学院派那些美得像神仙的天女，而是隔壁的大妈，天气太热，她脱下来的衣服就丢在地上，这画明显就是针对学院派来的，况且笔触豪放，和学院派笔触藏着掖着、不露锋芒的做法大相径庭，完全打开了另一条路。

当然，库尔贝、马奈这批人之所以能够成功，也有一些特殊的原因，一是这个时候出现了锡管装的油画颜料和带三脚架的画箱，否则怎么出去写生呢？他们有专门画农村题材的巴比松画派（École de Barbizon）开路，米勒、柯罗（Jean-Baptiste Camille Corot，1796—1875）早就在巴比松那个乡下画农民和农村风景了。另外一个重要的原因就是买画的人群也变了，法国最早一批收藏原作的人出现了，就是中产阶级。学院派那种关在画室、完全依靠模特、以皇室贵族作目标市场的方式，一下子就被淘汰了。

印象派的出现和拿破仑三世有关。如果用现在的术语来讲，此公在法国可是带动现代化，搞改革开放的人，他吸引外资、开放市场、投资大规模基建、建设新巴黎、创造大量就业机会。他去秋季沙龙看学院派的画，买学院派的画，但是他看见有 2000 多幅沙龙淘汰下来的画堆在仓库里（印象派的画都落选了），动了恻隐之心，命令在法国工业展览馆举办一个“落选者沙龙”（Le Salon des Refusés）展，给了印象派一个出头的机会。正是因为拿破仑三世，印象派才见得天日，脱颖而出，成了 19 世纪下半叶最显赫的画派。

大部分人去奥赛美术馆，是冲着印象派去的。印象派现在是尽人皆知，比西方艺术任何一个流派都更出名。在巴黎街头逛会看见，就连糖果、饼干包装上都印着莫奈在吉维尼（Giverny）花园里画的睡莲、塞纳河畔的阿让特伊之桥等，商业化到令专业人士都怕沾边的地步。从 19 世纪 70 年代的先锋艺术，到现在被严重商业化，不过才 100 多年，真是始料未及。

到了奥赛博物馆，该看哪些印象派作品呢？这就太简单了，有什么看什么。在那里，登峰造极的印象派名作基本收全了，慢慢看就行。印象派是一个群体，各位画家都不俗，值得好好欣赏。雷诺阿的《红磨坊的舞会》（*Dance at Le Moulin de la Galette*，1876），马奈的《草地上的午餐》，莫奈的《干草堆》（*Haystacks*），冈扎雷斯（Eva Gonzalès，1847—1883）的《意大利歌剧院包厢》（*Une Loge aux Italiens*，1874），巴兹尔（Jean Frédéric Bazille，1841—1870）的《家庭团聚》（*The Family Reunion*，1867），加里波特（Gustave Caillebotte，1848—1894）的《刨地板》（*Les raboteurs de parquet*，1875），塞尚的大批风景画，德加的《贝里利家庭》（*The Bellelli Family*，1858—1867）、《歌剧乐队》（*The Orchestra of the Opera*，1870）、《舞台排练》（*Rehearsal on Stage*，1874）、《浴盆》（*The Tub*，1886），阿尔芒·吉约曼（Armand Guillaumin，1841—1927）的《伊佛里河落日》（*Soleil couchant à Ivry*，1873），马奈的《奥林匹亚》（*Olympia*，1863—1865），《莫里索特肖像》（*Berthe Morisot with a Bouquet of Violets*，1872），《军笛手》（*The Fifer*，1866），《左拉肖像》（*Portrait of Émile Zola*，1868），《阳台》（*The Balcony*，1868—1869），莫里索特（Berthe Morisot，1841—1895）的《在热纳维尔的麦田里》（*In the Wheatfield at Gennevilliers*，1875）等

名作，以及毕沙罗（Camille Pissarro，1830—1903）的一批作品，西斯莱（Alfred Sisley，1839—1899）的一批作品，都在印象派那个大厅里，这些作品都是印象派的代表作，值得多花点时间慢慢欣赏。好东西、好展场，就是看的人太多，难得安静。

印象派这些人，其实并没有统一的风格标签，他们都是画外光、写生、反对学院派。不过这一群人并不团结，之间的关系有些复杂。巴齐耶（Jean Frédéric Bazille，1841—1870）最富裕，画室也大，不但自己画得好，也积极组织活动。奥赛有一幅他的作品《巴齐耶画室》（*L'atelier de Bazille*），画着印象派画家的群像，站在右边的那个高个子帅哥就是巴齐耶本人。巴齐耶学医，却喜欢画画，在医学院上完课，就去夏尔·格莱尔（Charles Gleyre，1806—1874）的画室学画。在那里他结识了莫奈、雷诺阿和西斯莱。1864年，巴齐耶没有通过医药考试，从此就全心绘画。巴齐耶经常慷慨地帮助生活窘迫的同学，分享画室和材料。莫奈出道的时候很穷，巴齐耶就买他的画，价钱还给得比较高，帮朋友度过困难。他也不抢风头，在家里聚会，总是把马奈放在精神领袖的位置上，多好的一个人啊！普法战争开打，巴齐耶就参军保家卫国，1870年11月在博纳拉罗朗前线带着法国步兵冲锋，身中两弹，当场牺牲。不过那时候莫奈已经出名了，靠自己的名气就可以卖画了。帮助印象派办“落选者沙龙”的拿破仑三世，居然在普法战争的战场上被普鲁士的俾斯麦首相抓住了，皇朝也跟着倒了。

印象派得名自莫奈的《日出·印象》，是1874年被一个评论家讽刺莫奈这幅画而冠名的，这幅著名的画并不在奥赛，而在玛蒙坦的莫奈博物馆（Musée Marmottan Monet）。那个博物馆离奥赛不算很远，喜欢印象派的应该也去那里看看，那里展出200多幅以莫奈作品为主的油画。

奥赛还有几幅印象派作品与我们这本小书有些关系，除了《日出·印象》《草地上的午餐》之外，马奈的《女神游乐厅的吧台》（*Un Bar aux Folies-Bergère*，1882）是我们讲那座建筑的焦点之一。德加1876年画的《苦艾酒》（*L'Absinthe*），估计和蒙马特高地的酒吧有关。

其实，依我的看法，现在并不需要太过费心去看印象派，因为即便不费心，你也时常会看到。这个流派现在是过度普及，从流行程度来说，已经变味了。

19世纪后半期，印象派变成时尚，不少重要的作品流出了法国，美国的芝加哥艺术学院博物馆有一批，华盛顿的美国国家美术馆有一批，大都会艺术博物馆、纽约现代艺术博物馆各有一批，差不多各国只要大一点的博物馆总会有几幅。印象派后期的作品则有不少在法国南部，特别是尼斯。

个人觉得，奥赛博物馆值得看的东西远不只是印象派绘画，它收藏的新艺术风格家具作品（包括画作和设计品），世界上所有博物馆无一能出其右，推荐大家好好看看。

“新艺术”是直接从法文“Art Nouveau”翻译过来的，这场19世纪末20世纪初期在西方国家掀起的设计运动，以弯曲的自然纹样为中心，在不同国家、不同地区有不同的名称：德国称为“青年风格”（Jugendstil），维也纳称为“分离派”（Secession），斯堪的纳维亚半岛则称为“工艺美术运动”（Arts and Crafts Movement），只有法国称之为“新艺术”。名称众多，不仅体现出其覆盖的地理之广泛，也体现了这场运动涵盖的艺术形式之丰富。经过一段时期的分散发展，这场运动在19世纪末期出现了融合的趋势。1889年巴黎世界博览会上，已经开始具有整体的面貌了。纽约的路易斯·蒂芙尼（Louis Comfort Tiffany，1848–1933）和法国南锡的埃米尔·加莱（Émile Gallé，1846–1904）都在这届博览会上展出了自己的作品，虽然分隔大洋两岸，风格却趋同。1891年，法国国家美术学院成立了装饰艺术协会，法国艺术家协会最初持抵制态度，但到1895年已经不得不接受在世博会上开设装饰艺术品的独立展厅了。那一年，齐格弗里德·宾（Samuel Siegfried Bing，1838–1905）开设了他的“新艺术”时尚店，出售优雅的家具和陈设品，这家商店的名字后来就被用于指代整个运动。

当时的巴黎是现代艺术及现代设计最重要的中心，不仅集结了法国的艺术设计精英，同时也是世界精英的荟萃之地，新艺术运动在这里产生和发展是非常自然的。新艺术运动在巴黎有三个最重要的设计中心，即齐格弗里德·宾的“新艺术之家”设计事务所、“现代之家”设计事务所和“六人集团”，基本是以家具为中心的设计事务所，兼营制造和销售业务。

齐格弗里德·宾的“新艺术之家”，除了展示和销售英国工艺美术运动代表人物威廉·莫里斯（William Morris，1834—1896）设计的纺织品和蒂凡尼设计的首饰、玻璃制品、灯具以外，还有乔治·德·费尔（Georges de Feure，1868—1943）、爱德华·科洛纳（Edward Colonna，1862—1948）和尤金·盖拉德（Eugene Gaillard，1862—1933）等多位新艺术运动艺术家和设计师的作品。这些人的作品，具有强烈的自然主义倾向，模仿植物的形态和纹样，取消直线，刻意强调有机形态。他们的作品在1900年的大展（巴黎世博会）上展出过，得到广泛的称赞。今天，走进奥赛博物馆，还可以看到费尔设计的那张著名的双人蝶型沙发——纤细的木框、优美流畅的曲线、金色的涂层，倍显尊贵，正中的镂空雕刻更增加了轻盈感，难怪被称为“女性的赞美诗”。

“现代之家”（La Maison Moderne）是朱利斯·迈耶－格拉斐（Julius Meier-Graefe，1867—1935）于1898年在巴黎开设的设计事务所和展览中心，从设计到制作，为顾客提供新艺术风格的家具、室内设计和用品。奥赛博物馆展出了“现代之家”的主要设计师阿贝尔·兰德利（Abel Landay，1871—1923）1902年的作品“弗兰斯扶手椅”（Flaneuse Armchair），100多年的时光流逝，并未让这把造型优雅的扶手椅风华消减。

“六人集团”也成立于1898年。顾名思义，它是由六位设计师组成的松散的设计团体。他们的设计相当杰出，影响比以上两个机构更大、更广。这六个人包括亚历山大·查平特（Alexandre Charpentier，1856—1909）、查尔斯·普伦密特（Charles Plumet，1861—1928），托尼·塞尔莫斯汉（Tony Selmersheim，1871—1971）、赫克多·吉玛德、乔治·霍恩切尔（George Hoentschel，1855—1915）和鲁帕特·卡拉宾（Rupert Carabin，1862—1932）。六位设计师在设计理念上比较一致，都强调自然主义，提倡“回到自然”的理念。他们在设计风格上也非常接近，比如都采用植物纹样、曲线作为设计的主要风格特征，这种趋向在他们的作品中，无论是家具、建筑还是地铁的入口设计等，都表现得非常突出。

亚历山大·查平特在1900至1901年设计的全套的室内餐厅装饰和家具，现在奥赛博物馆展出。一进门就被那对竖琴似的分隔屏吸引住了，门窗、桌椅、灯具……无一不是美到无可挑剔。所有的装饰都由曲线构成，但仍能让人感觉稳重，无处不在的雕刻精细无比，却不会让你感到累赘。那种构思和掌控，真是大师级别的。

建筑师出身的吉玛德是其中成绩最为卓著的一位，设计了许多家具与家庭用品，都具有鲜明的新艺术风格特征。他大量采用藤蔓或缠枝花卉为设计动机，造型奇特，极力摆脱简单的几何造型。因为有太多的自然主义装饰细节，致使他的作品基本上无法批量生产，在设计与制作的时候，吉玛德常常不得不自己动手处理装饰细节。故此，他的家具同时应该被视为雕塑式的艺术品。奥赛博物馆中展出了一件他设计的家具，这件原创于 1897 年似乎有点异想天开的作品，让我不敢简单地将它称作“沙发”——互不平行却非常流畅的线条支撑着右上角的那个小展示柜，好像悬浮在半空中。

吉玛德最重要的作品不是他的家具，而是他在 20 世纪初，受巴黎市政府委托，设计的 100 多个地铁入口。这些入口的顶棚和栏杆都用青铜和其他金属材料铸造而成，模仿植物的形状，特别是扭曲的树木枝干、缠绕的藤蔓花朵，顶棚还着意处理成海贝的形状。巴黎的地铁被称为“大都会地铁系统”，因此，大都会的法文缩写“Metro”现在也被法国人用作新艺术运动风格的别称。这些令吉玛德声名大振的漂亮的地铁入口，极受巴黎市民喜爱，迄今保存完好，不用走进博物馆，在巴黎街头就会不时看到。

除了巴黎之外，南锡市是法国新艺术运动的另外一个重要中心，以家具设计与制造为主，产品生产批量较大，且广受欢迎，因此影响很大。南锡新艺术运动的发展，与设计师埃米尔·加莱是分不开的。在奥赛博物馆的二楼，可以看到加莱设计的一个百宝柜，上下并不呼应，左右也不对称，但因为除了主框之外，全部细节采用了灵动的曲线图形，让人有耳目一新之感。加莱与巴黎的设计师不同，强调利用各种不同的木料镶嵌，以达到装饰的目的。其实，对于材料的选择和关注是新艺术运动的一个特色，加莱的作品是这个特色的一个很好的诠释。

奥赛博物馆展出的新艺术风格家具有上百件之多，巴黎派、南锡派主要代表性设计师的作品应有尽有，同一风格有这么多作品集中在一起，一次看个够，机会实在难得。

一个火车站可以变成这么精彩的博物馆，对世人是很有启发的。我们的城市改造，不少地方将旧时的工业生产基地、交通设施建筑，一股脑儿全拆了。其实学学巴黎人，通过改造赋予它们新的内涵，恐怕比推倒重建更加精彩。看看奥赛，一定会有体会的。

我这次来奥赛博物馆，是第四次了。主要的展品基本没有变，小件的有所调整。上海浦东美术馆好像计划在 2025 年展出 100 多件奥赛博物馆的藏品，这对国内的艺术、设计爱好者而言，无疑是个好消息。

蓬皮杜中心随想
Centre Pompidou à volonté

2025年初去巴黎，住在中心区的巴黎贝热尔歌舞剧院旁边的“Rue des Petites Écuries”，“Écuries”的法文原意是“马厩”，街名直译就是“小马厩街”，至于原先是否真的是马厩，就不得而知了。从这里步行可及的最近的美术馆是蓬皮杜中心，所以第二天上午就到那里去了，看了建筑和里面的展览。那里的新个展，介绍的是现代艺术兴起初期的一位女画家苏珊·瓦拉东的作品，很有意思的一个展览，这样就看了一整天。

这个中心的全称叫“乔治·蓬皮杜国家艺术与文化中心”，法文是“Centre National d'art et de Culture Georges Pompidou”，俗称“蓬皮杜中心”，是1977年建在巴黎市内的一座国家级文化建筑。南北长168米、东西宽60米、高42米，分为6层。建筑的支架由两排间距为48米的钢管柱构成，楼板可上下移动，楼梯及所有设备完全裸露。宽大的内部空间没有柱子，方便自由间隔，是当代艺术最理想的展览场地。东立面的管道和西立面的走廊均为有机玻璃圆形长罩所覆盖，站在管道内的自动扶梯上，徐徐上升，大巴黎一览无余。内部设有现代艺术博物馆、图书馆和工业设计中心。南面小广场的地下有音乐和声学研究所。蓬皮杜中心打破了文化建筑的设计常规，突出强调现代科学技术与文化艺术的密切关系，是现代建筑中高科技派的代表作。

蓬皮杜中心是法国众多公共项目中第一项允许外国建筑师参加投标的项目。当时的竞选评委有法国建筑师让·努维尔、美国的菲利普·约翰逊（Philip Johnson，1906–2005）及巴西现代主义大师奥斯卡·尼迈耶（Oscar Neimeyer，1907–2012）等国际巨匠，有来自 49 个国家的 681 个方案参加了投标。结果脱颖而出的居然是两个名不见经传的青年建筑师：意大利的伦佐·皮亚诺（Renzo Piano，1937– ）和英国的理查德·罗杰斯（Richard Rogers，1933–2021），众人大吃一惊。

乍看蓬皮杜中心，第一感觉是这简直就是一个长方形的脚手架。其实也没说错，原设计就是一个巨大的脚手架，把其他所有的设施都挂在脚手架上面，这就是现代建筑界高科技派的主张。早在 20 世纪 60 年代，英国就出现了一个前卫建筑运动群体，叫作“建筑电讯派”（Archigram）。从这个团体走出来两位世界公认的具有国际性影响力的高科技派大师：理查德·罗杰斯和诺尔曼·福斯特（Norman Foster，1935– ），两位都曾荣获过普利兹克建筑奖。前者设计的蓬皮杜中心、伦敦的劳埃德保险公司大楼（Lloyd Building，London），后者设计的香港汇丰银行大楼、香港赤鱲角新机场都是高科技派的代表作。

另一位建筑师皮亚诺，出生在意大利热那亚的一个建筑工人家庭，在米兰理工大学学习建筑。他从初出道起，就非常注重新材料、新技术的运用。他为1970年日本大阪世博会设计的意大利工业馆，就采用钢和增强聚酯材料使整栋建筑轻盈而新颖，既有艺术感又具工业感。正是因为这栋建筑，他受到罗杰斯的高度赞赏，两人合作开设了建筑事务所，并一同投标赢得了蓬皮杜中心这一设计项目。皮亚诺于1998年获得普利兹克奖，也是一位享誉世界的高科技派建筑大师。

顾名思义，高科技派（HIgh-Tech）建筑风格是在建筑形式上突出当代科学技术的特色，凸显科学技术的象征性内容，以夸张的形式来突显高科技是社会发展的动力。这个风格在建筑设计和工业产品设计方面都有令人瞩目的表现。设计上的“高科技”这一术语，始见于琼·克朗（Joan Kron，1928–）和苏珊·斯莱辛（Susan Slesin，1944–）1978年的著作《高科技》中。这个术语在设计上特指两个不同层次的内容：一是技术性的风格，强调工业技术（technology）的特征；二是高品位（high style）。

蓬皮杜中心向全世界宣示了建筑上的“高科技”已然成形。该建筑使用了标准件金属接头、金属管结构系统，金属管构架之间的距离是13米，形成内部48米完全没有支撑的自由空间，从而创造出巨大的室内空间供艺术展览和表演使用。电梯外悬完全用巨大的玻璃管包裹。整个建筑基本是金属架，而且暴露了所有管道，涂上鲜艳的色彩。

这个庞大的公共建筑也曾在法国公众中引起很大的争议（法国人有什么不争议的吗？），但最终成了巴黎的新标志性建筑之一，也是高科技风格终成气候的里程碑。

1969 年戴高乐总统去世之后，蓬皮杜接任法国总统职务。这座现代文化艺术中心，是他大手笔的公共建筑项目之一。说起来还真是巴黎的幸运：从 20 世纪 30 年代开始，这里成了贫民窟；第二次世界大战以后，拆了贫民区，地就空了出来，一直空到 20 世纪 60 年代，只是市中心的停车场。这里离卢浮宫咫尺之遥，又不要居民搬迁，更无须征地手续，用来建造文化中心，真是再理想不过了。

蓬皮杜中心建成的时候由工业创造中心、公共参考图书馆、国家现代艺术博物馆、音乐和声学协调研究所四大部分组成，供人参观、学习，并从事研究。与此同时，还专门为儿童设置了两个空间：一个是藏有 2 万册儿童书画的儿童图书馆，里面的书桌、书架等一切设施都是特别为儿童设计的；另一个是儿童工作室，4 至 12 岁的孩子都可以到这里学习绘画、舞蹈、表演和做手工等。工作室有专门负责组织和辅导孩子们的工作人员，培养和提高孩子们的兴趣和智力，帮助孩子们塑造想象力和创造力。

工业创造中心通过各种展览会和资料，向观众介绍有关市政建设、生活环境及各种工业产品的发明和创造情况，同时还向观众提供各种日常消费品的资料与咨询服务。

公共参考图书馆拥有当代书籍 30 万卷、期刊 2400 种、幻灯片 20 万张、微缩胶卷 1.5 万个、唱片 1 万张及各种电影、录像、地图、磁带等。馆内设施一律向公众开放，可随意翻阅开架图书，也可以通过录像机随意选看介绍各国文学、艺术、科技、民俗等情况的电影和录像。音乐爱好者可以戴上耳机自由欣赏自己挑选的唱片。馆内到处都设有放大阅读机和复印机，读者可随时查阅和复制资料。还附设语言学习室，共有 40 个小房间放置着 40 种语言的教材、资料，人们在此可以听录音、看教材，选学各种语言。

位于建筑顶层的国家现代艺术博物馆，也与一般的艺术博物馆不同，更突出“现代”二字。专门介绍 20 世纪以来的西方的造型艺术，包括立体派、抽象派、超现实主义、构成主义、概念艺术及流行艺术等各种流派的 2000 幅作品。馆内藏品的陈列方式也是现代的：一条主要线路按时间顺序排列着各个艺术流派的代表作，周围分设许多小展室分别介绍某流派某艺术家的作品，使观众既可以了解现代西方艺术的概貌，又可以对某一感兴趣的流派或艺术家进行深入研究。馆内还设有可以升降移动的板架，挂有那些未展出的作品，一按动电钮，这些自动板架便可将未展出的藏品展示出来，仅供研究人员使用。

蓬皮杜中心不仅内部的设计、装修、设备等新颖独特，具有现代化水平，它的外部结构也同样独到别致，颇具现代化风韵。这座博物馆一反传统建筑的规范，将所有柱子、楼梯及以前从不为人所见的管道等一律请到室外，以便腾出空间，方便内部使用。整座大厦看上去犹如一座被五颜六色的管道和钢筋缠绕起来的庞大的厂房。在那一条条巨型透明的圆筒管道中，自动电梯忙碌地迎来送往参观者。当初这座备受非难的“庞大怪物”，今朝早已为巴黎人接受并喜爱。

罗杰斯和皮亚诺方案的胜出，还有一个重要的原因。他们把整个场地留出一半空间，建造了中心前面宽敞的广场，巴黎的公众除了可以前来参观展览之外，还有一个可以恣意活动的户外空间。巴黎这类比较自由化的大广场数量少，而且都在郊外新区，在拥挤的市中心能有这样一个宽敞的空地，且没有汽车往来，顿时让巴黎人找到感觉了。很多人喜欢来这里，三五成群，席地而坐，弹琴唱歌，休闲聊天。天气好的时候，广场上的人比里面的人还要多。

两位建筑师 1977 年完成这个项目之后就分开了，各自回到自己的国家从事设计。罗杰斯一直走高科技派的风格，皮亚诺则在现代主义和高科技派之间探索，他们的作品都相当丰富，而且都赢得了世界的尊重。

这样看来，蓬皮杜中心算是十全十美了吗？其实不然。首先就是展览区域太小，展出的现代艺术作品太少，对于一个使命是展示现当代艺术作品的博物馆来说，这是一个致命的问题。蓬皮杜中心收藏的现当代艺术作品超过10万件，涉及整个现代艺术、当代艺术，又是巴黎唯一的大型现当代艺术博物馆，本应尽全力让所有这些现当代艺术作品与观众见面，遗憾的是，事实上并非如此，让我每一次来都有严重的失落感。

蓬皮杜中心共有6层，其中顶层是露天的，部分地方安排了咖啡座，部分地方陈列了少量的现代雕塑，原来计划的工业创造中心现在没有了。庞大建筑的底层摆放着少数几个当代艺术装置，安排了书店、礼品店、咖啡厅，一端有一个面积很小的独立的临时展，这一层基本不计入展览空间。第二层、第三层为图书馆所占领，现在是网络时代，到图书馆看书的人越来越少，不得已就在阅览室的桌子上装了许多电脑，成了周边居民、无业游民上网的地方。第四层，加上第五层的一半才是现代艺术的展览部分，第五层的另一半似乎成了与展览相关的书籍和礼品的专卖店，以及工作人员的办公室。从立体主义、超现实主义、表现主义、达达主义、风格派、构成主义、抽象表现主义、波普艺术、大色域绘画、欧普艺术、概念艺术、行为艺术排下去，每一个艺术流派的作品充其量就只能有十几、二十几件。每个阶段的展线都严重不足，无法展出足够的作品来完整地表现一个艺术运动或流派。想通过在这里观赏作品，达到看清楚现当代艺术运动发展全过程的目的，可说是绝无可能。

就拿最受关注的立体主义来说，这个运动从 1907 年开始，到 1926 年前后，有一大批艺术家参与，毕加索、布拉克、玛津格（Jean Metzinger，1883—1956）、格雷兹（Albert Gleizes，1881—1953）、罗伯特·德劳内（Robert Delaunay，1885—1941）和夫人索尼亚·德劳内（Sonia Delaunay，1885—1979）、福科尼耶（Henri Le Fauconnier，1881—1946）、胡安·格里斯（Juan Gris，1887—1927）、列热（Fernand Léger，1881—1955），这些人又和其他运动纠缠在一起，本来是需要很大的空间来展开的，但是因为场地有限，每个人寥寥几件作品，若非熟知艺术史，感觉就是支离破碎，完全看不出这是一场席卷艺术界的大运动。在这里看展览的感觉就是：每样都有，每样都没有展开，是让人走马观花，不是给人学习用的。下楼时，看到那些游民东倒西歪地在两层巨大、空旷的图书馆里打瞌睡，真不知道说什么才好。

在市中心最好的地段建设宏大的公共图书馆，的确是施惠于民，不仅巴黎如此，在欧洲其他城市也都一样。不过现在面临两个问题：第一是资讯网络化，图书馆的功能几乎要消失了；第二是欧洲城市满大街的非法移民，市中心的图书馆成了他们打发时光的最佳场地，而这些人的占驻，使得普通市民望而却步，巨大的公共图书馆竟成了难民活动中心！怎么办？欧洲现在“政治正确”大潮滚滚，恐怕这种情况会就此拖下去，没人敢出面来力挽狂澜、改变现状。

听说 2025 年 9 月开始，蓬皮杜中心要关门很长一段时间，进行全面整改，我希望几年之后（官网显示，预计 2030 年与观众重新见面）再来这里，起码能够看到更多的艺术作品。

瓦拉东画展思绪
Réflexions sur l'exposition Valadon

•

蓬皮杜中心最精彩的是第五层的轮换个展，因为无论楼下给现代艺术的空间多么不足，个展的空间一直是保持不变的。多少年来，蓬皮杜的个展都受到全球艺术界的高度重视。

2025 年春天的个展对我非常有吸引力，那是女画家苏珊·瓦拉东的作品展。她的个展中展出了很多其他画家以她为题材的作品，作为个展来说，展览策划和展出效果，可以说非常完美。我个人认为，从知名度来讲，瓦拉东属于第二梯队；从关系来讲，瓦拉东和第一梯队的多位大师都有超越工作层面的关系，而且她又极为好学，跟着第一梯队的大师耳濡目染，她的作品中就具有其他人少有的气质。

在艺术史中，瓦拉东有特别的位置。其一，1894 年，她是第一位加入法国国家美术协会的女画家；其二，她是在印象派代表人物的绘画中，出现频率最高的女模特之一，曾先后担任过贝尔特·莫里索特、雷诺阿、图卢兹－罗特列克等多位画家的模特；其三，她和几位印象派大师都有亲密关系，她的儿子郁特里罗后来也成为重要的画家。有这样背景的现代艺术家，并不多见。

瓦拉东出生于穷苦家庭，小小年纪就在磨坊工作，做过葬礼花圈、卖过菜、当过服务员。15 岁进了马戏团当杂技演员。图卢兹－罗特列克、印象派女画家贝尔特·莫里索特经常来马戏团，1886 年，莫里索特的作品《走钢丝者》

(*Tightrope Walkers*) 画的就是瓦拉东身穿表演服在马戏团表演的情景。但好景不长，瓦拉东在表演中出了事故，背部受伤，终结了她的马戏生涯。

瓦拉东是个美丽的姑娘，又因为喜欢美术，愿意给艺术家做模特，很快便在蒙马特高地成了艺术家追逐的对象。除了给多位画家做模特之外，据说她和图卢兹－罗特列克有两年的情人关系。她的名字原来叫作“玛利亚”，是图卢兹－罗特列克给她改成“苏珊”的。1888 年分手的时候，瓦拉东痛苦得想自杀。她的模特生涯长达 10 年，阅人无数、阅画无数，人们比较熟悉的雷诺阿 1883 年创作的三幅以舞会为题材的作品——《布吉瓦尔的舞会》(*Dance at Bougival*)、《城市舞会》(*Dance in the City*) 和《乡村舞会》(*Dance in the Country*)，图卢兹－罗特列克 1887 至 1889 年创作的《消磨时光》(*The Hangover*) 等名作中，都有她的身影。

瓦拉东通过做模特、当情人，来学习绘画，她非常专注、雄心勃勃、叛逆而坚定、自信而热情。19 世纪 90 年代初，她结识了印象派大佬埃德加·德加，德加看到她那些线条大胆、色彩奔放的画作非常震撼，不但买了好几幅，鼓励她画下去，并和她建立了亲密关系，直到德加 1917 年去世为止。

瓦拉东的绘画中，女性裸体占很大的比例，这些女性并不像男性画家作品中那样的完美，而是具有很真实的感觉。艺术史学者海瑟·道金斯（Heather Dawkins）就说，瓦拉东自己做过模特的经历，为她的裸体女性形象增添了深度，这些女性形象往往不像男性后印象派画家所描绘的那么理想化。

瓦拉东的私人生活的确颇具八卦价值。她未婚生子，不知道孩子父亲是谁，抱着儿子问德加、雷诺阿、图卢兹－罗特列克，居然无人承认，德加还说我的儿子不会这么丑。这一下瓦拉东急了，最后找到一个意大利艺术家郁特里罗，他愿意帮忙，这样儿子就姓郁特里罗了。看到这段故事，身边的几个法国观众都笑出了声。

毕加索博物馆
Musée Picasso

在巴黎，有多个地方可以看毕加索的画。一个是在巴士底歌剧院附近的毕加索博物馆，是法国政府 1985 年成立的，专门收藏他的作品，速写特别多，还经常举办毕加索专题展览；另一个是蓬皮杜中心顶层的现代艺术博物馆；此外，在离埃菲尔铁塔不远的丰特努瓦广场上（Place de Fontenoy），矗立着联合国教科文组织大楼，里面有他的壁画。

毕加索博物馆其实跟毕加索并没有什么关系，有人以为这是他的故居，其实压根不是的。毕加索在巴黎居住好几年，最早是住在蒙马特高地上一个叫“洗衣房”的廉价公寓里，在蹦蹦兔酒吧里和一群年轻的前卫艺术家厮混。后来出名了，画卖得好，钱多了，就搬到高级一点的地方去了，并未在这里住过。这栋豪宅建于 17 世纪，主人是国家监仓包税人皮埃尔 · 奥贝尔 · 德 · 封特奈（Pierre Aubert de Fontenay，1584—1668），曾经用作巴黎专业艺术学院校舍。1985 年，法国政府在此创建毕加索博物馆，收藏了他的许多作品，计有 203 幅油画、1500 幅素描、1600 幅版画，还有 158 件雕刻作品和 88 件陶瓷器。这里还有毕加索的亲笔原稿、含有他的插图的书籍。除此之外，毕加索平生所收藏的立体主义大师乔治 · 布拉克、稚拙派画家亨利 · 卢梭（Henri Rousseau，1844—1910）、西班牙超现实主义大师胡安 · 米罗（Joan Miró，1893—1983）以及雷诺阿等一众印象派画家的作品，也在这里展出。博物馆的视听室内播放着关于毕加索生平事迹的影片，供观众了解画家丰富的人生。博物馆的小书店里可以买到毕加索名画的复制品、画册及相关物品。

2005 年，我去这个博物馆的时候，记得正在举办毕加索色情画的展览，是由收藏毕加索作品最多的三个博物馆——巴黎毕加索博物馆、蒙特利尔美术博物馆、巴塞罗那毕加索博物馆联合举办的，相当轰动。此公好女色，且从不隐讳，在众多现代艺术家中，他是非常突出的。博物馆收藏的他的色情画，数量也多得惊人。说到毕加索的艺术生涯，就得说说毕加索一生中的女人。他有过两位妻子，这是指明媒正娶在教堂里宣过誓的。有 4 位众所周知的同居情妇，其他的就难以数清了。他 1973 年逝世以后，从分散在各地的博物馆和私人藏品里，发现了许多鲜为人知的作品，让人们看到了毕加索最隐秘的一面，那就是毕加索爱女人，爱女人的身体，爱女人身体上的特点。他那一双炯炯有光的黑眼睛，愣愣地盯着女人的特点，在他的画笔下纤毫毕露。

那次展览还出版了一本《毕加索色情画展览会纪念刊》，序言中第一句话就是："从某种意义来说，毕加索的全部作品都是带色情的。"此话不假，他的创作始终伴有性的冲动或者兴趣。他 8 岁时画的素描，就早熟地表现出对女性的兴趣，直到他临死前几天的作品，还对女性的身体表现了零碎悲哀的看法。他浩如烟海的作品有一部分画主要是素描与速写，在他生前一直秘不示人，直到 2001 年才公之于众，令世人大吃一惊。三个博物馆相继举办他的色情画展，原计划是办成内部性质的，结果观众趋之若鹜，欲罢不能，最终成为 2001 至 2002 年国际画坛的一件盛事。看他的那些作品，就觉得痛快、淋漓尽致，没有一点虚伪的卫道士的影子。

艺术史学者让 · 莱玛里（Jean Leymarie，1919—2006）在《正常与偏常》（1988）一书中说："20 年前，有人要我做一次关于艺术与性的讲座，我去看毕加索，问他该怎么讲，他回答，还不是老一套。"另一位法国著名的艺术批评家让 · 克莱尔（Jean Clair，1940— ）说过："毕加索每次换女人，也是换个标准，换个视角，因为他要全部占有女人直至她的视觉。这时他自己也换了个人。"

我读过的中文媒体上报道这个展览和研究毕加索色情画的最好文章，是马振骋写的《一生专注于女人的身体——毕加索的色情画》，原载于 2002 年 6 月的《万象》杂志，修改后收入《镜子中的洛可可》（上海社会科学院出版社，2004）。过去谈色情绘画，老是追着奥地利那个神童艾贡 · 席勒（Egon Schiele，1890—1918）不放，其实他未满 30 岁就早夭了，毕加索可是活到老，色到老啊！

美术学院和大卫
L'École des Beaux-Arts et David

2025 年初这趟旅行，主要是抱着一种学习的心态，要给自己充充电。因为距离上一次去欧洲，已经隔了十年，这期间的变化很大啊。我每次来巴黎，日程安排的重头戏就是看各种博物馆，当然，还会去看看巴黎美术学院。

巴黎美术学院，地处巴黎第 6 区的波拿巴大街 14 号，是个很核心的地方。它位于塞纳河左岸，几乎就在卢浮宫的正对面。塞纳河在巴黎城内从东往西流，照理说，应该是分成南岸和北岸的，但巴黎人的习惯是：站在西岱岛的尖端处，望着向前奔流的河水，把左边叫作左岸，右边叫作右岸。左岸和右岸之间，由多道桥梁连接起来，其中有巴黎最富丽堂皇的亚历山大三世桥，还有巴黎最古老的新桥，把最老的桥叫作新桥，巴黎人也算别出心裁了。著名的卢浮宫和香榭丽舍大道地处右岸，而巴黎美术学院和颇负盛名的奥赛博物馆就在左岸了，圣日耳曼大道则是左岸最出名的大道。

让我们说回美术学院吧。它的全名叫作“巴黎国立高等美术学院”（École Nationale Superieure des Beaux-Arts，简称“ENSBA”），人们通常将它简称为“巴黎美术学院”（École Beaux-Arts de Paris），其中，“École”是学校的意思，相当于英语中的“School”，而“Beaux-Arts”是法国人创造的一个词，后来英国人将它变成了英文中的“Fine Arts”，传到日本后，日本人译成“美术”，民国初年，这个词被引进到了中国。虽然说，学习美术的机构在意大利开设得更早，但那是类似师父带徒弟的工坊，相当于英文中的"Studio"，中文的"工作室"。而常规开设人体素描、静物、风景、历史题材等绘画课程，真正把美术教育办成有正规的课程表、颁发学位的美术大学，还是法国人创立的。可以说，法国这所已经有350多年历史的巴黎美术学院，是全世界美术学院的源头。所以，虽然它的强项是绘画，设计方面不及我在美国任教的艺术中心设计学院（ArtCenter College of Design，简称"ACCD"），但作为研究美术和设计史论的人，干了一辈子的美术设计教育，每次到巴黎，我都会到这所"老祖宗"学院去看看的。

当然，法国的美术学院不只这一家，而且都是公立的，都叫"École des Beaux-Arts"。你到马赛、里昂、土伦、尼斯，都有一所"École des Beaux-Arts"。但是，巴黎这一所特别出名，完全配得上名字中的"Superieure"（高等），因为许许多多在全世界都声名赫赫的艺术家和建筑师有些是这里培养出来的，称得上"大师的摇篮"了。例如，新古典主义画派的奠基人物和杰出代表雅克-路易·大卫、新古典主义画派最后一位代表人物安格尔、著名的浪漫主义画家德拉克洛瓦、印象派领军人物雷诺阿和莫奈、印象派著名画家德加、后印象派画家"点彩派"的创始人修拉、以风景画闻名的印象派画家西斯莱、野兽派的创始人亨利·马蒂斯（Henri Émile

Benoît Matisse，1869—1954）等著名画家都曾是该校的学生。普利兹克奖获得者波赞巴克、时装大师纪梵希（Hubert James Marcel Taffin de Givenchy，1927—2018）和华伦天奴（Valentino Clemente Ludovico Garavani，1932— ）也都在这里留下过求学的身影。著名的中国画家林风眠（1900—1991）、徐悲鸿（1895—1953）、颜文梁（1893—1988）、潘玉良（1895—1977）、严培明（1960— ）等亦都曾到此留学。还可以数出更多，真正是群星璀璨啊。

巴黎美术学院是由红衣主教马扎林（Jules Mazarin）倡导建立的。这位红衣主教曾先后担任法国国王路易十三和路易十四的首席大臣，非常有权势，他是怎么生出要办所美术学院的念头来的呢？这得从巴黎城市的变化说起了。

直到16世纪下半叶，巴黎还是一座典型的中世纪城市，街道狭窄，木质的房屋破旧而稠密，道路曲折，环境肮脏，鼠疫多次横行。进入17世纪后，时任法国国王路易十三首席大臣的红衣主教黎塞留（Armand-Jean du Plessis de Richelieu，1585—1642，第一代黎塞留公爵）决心将巴黎打造成欧洲最美丽的城市。他修建了五座新桥、一座索邦大学的新教堂，以及一座属于自己的宫殿——红衣主教宫（这座宫殿在黎塞留去世后，更名为“皇家宫殿”），巴黎的面貌开始有了改变。在这个过程中，一个严重的问题暴露出来：当时不论是建筑师、室内设计师、壁画家、雕塑家，以及从事各种装饰的设计师和能工巧匠，很大一部分都是从意大利请来的，在这些方面，法国本土人才严重不足。于是，接替黎塞留的红衣主教马扎林就与路易十四商量，要办一所学校来培养自己的人才。在左岸选定地址之后，就给学校起名字，最早叫作“皇家绘画和雕塑学院”（Académie Royale de Peinture et de Sculpture），这里的“Académie”相当于英语中的“Academy”，强调古典传承，主要想培养画家、雕刻家（与雕塑相比，雕刻更强调装饰性）以及建筑师。路易十四在兴建凡尔赛宫的时候，曾从该校的毕业生里面挑选尖子来装饰那里的皇家公寓。

法国大革命期间，这所皇家学院曾一度被废除，不过几年后，到了 1797 年，又被恢复了。

1863 年，拿破仑三世将校名中的“Académie”改成了“École”，更强调其专业性和精英意味，并授予学校独立于政府的自主权利。说起来，这位拿破仑三世的确对巴黎整座城市的面貌，产生过重大的影响。就是在他的任内，委托奥斯曼男爵主持 1852 至 1870 年的巴黎城市规划，巴黎才有了辐射状的街道网络，才有了协和广场、巴士底广场、凯旋门广场这样的大广场，才有了香榭丽舍大道等漂亮的林荫大道，更兴建了 4 万多栋美观实用的新建筑，令巴黎成为享誉世界的“闪光之城”（La Ville-Lumière）。

从 1897 年开始，该校开始招收女性入学。

在19世纪，学校进行过两次扩建：第一次扩建时，就将建筑专业分了出来，变成了皇家建筑学院，专攻建筑；后来又分了一次，分出个皇家音乐学院来。

学校创始之初，主要分成两个部分，即绘画和雕塑学院及建筑学院。课程都侧重于学习古希腊、古罗马的绘画艺术、雕塑艺术和建筑艺术。所有学生都必须经过绘画技能检测才能进一步学习素描，有了扎实的素描基础才能进一步学习色彩等绘画技能，经过命题画的训练之后，要挑选一个古典神话故事或者圣经故事来创作一幅作品。自1663年起，受当时路易十四政府的委托，学校在罗马办了一所罗马学院，每年举办一次为期三个月的罗马大奖赛（Grand Prix de Rome），胜出者可以获得全额奖学金，前往罗马学院，住在曼奇尼宫（Palazzo Mancini）里面，在意大利留学三至五年。这个奖项最初只颁发给画家和雕塑家，1720年范围扩大到建筑师，1808年扩大到音乐领域。直到1968年才正式终止。

罗马大奖赛面对的不仅是巴黎美术学院的毕业生，很多已经从事专业美术创作的艺术家也会参加，赢得这个大奖成了一个成功的标志。超现实主义画家基里科（Giorgio de Chirico，1888—1978），以及我们前面提到过的德拉克洛瓦、莫奈、雷诺阿、修拉这些人，都曾赢得过此奖而远赴意大利留学。不过，有时也会出现遗珠。著名的法国画家大卫就因连续三年未能获奖，令他失望得甚至考虑过自杀，直到第四年才成功。印象派的重要画家爱德华·马奈和埃德加·德加也都尝试过，但都没能成功，可见，获得该奖有多不容易！

巴黎美术学院对世界各国的美术学院有着深远的影响。俄国的圣彼得堡列宾美术学院就是叶卡捷琳娜女沙皇看见巴黎美术学院成绩斐然，照此模式建立，培养出许多杰出的俄罗斯大画家。新中国成立初期，则按照列宾美术学院的模式，重新组建了中央美术学院，还曾将浙江美术学院改成了中央美术学院的华东分院（后又改回浙江美术学院，现在叫中国美术学院）。国内几乎所有主要的美术院校，如四川美术学院、广州美术学院等，也都直接或间接地模仿了巴黎美术学院的模式，这可说是新中国美术教育的一个基本格局吧。

这里岔开一下，讲讲大画家雅克－路易·大卫。大卫是艺术史上最复杂且最具影响力的画家之一，尤其是在新古典主义运动中占据重要地位。他是法国美术学院画派的代表性人物，也被认为是他那个时代最优秀的画家。大卫于 1748 年出生在巴黎，家里本来比较富裕，可在他 9 岁左右，父亲跟别人决斗，被打死了。那时候的欧洲，决斗的风气很盛啊，往往为了一件不大的事情，为了一个女人，甚至只是为了一句话，动不动就会宣布决斗，有时候是用剑，有时候则是直接动枪了。父亲去世后，母亲养不活小大卫，就将他交给了一位做建筑师的叔叔。叔叔挺有钱的，将大卫送去读书，一直读到大学。大卫算不上是个好学生，小时候脸上长过一个肿瘤，有一边的脸颊是歪的。人长得不好看，说话还有些障碍，所以在巴黎大学求学的时候，他总是躲在教室后面，在笔记本上画画，当时他的梦想是要做个设计师。

他的叔叔见到这个情况，就给他找了个老师，弗朗索瓦·布歇（François Boucher，1703—1770）。这位布歇老师是以洛可可风格绘画著称的，不过当时洛可可风格已经有些退潮了，老师本人也比较老了，所以，大卫最后选择去上皇家艺术学院，他早期的绘画则留下比较浓重的洛可可风格的痕迹。当学生的时候，他的成绩是不错的，所以就想冲刺罗马大奖赛，以得到出国留学的机会。1771 年，他画了一幅《密涅瓦与马尔斯之战》（*La Bataille de Minerve contre Mars*），虽然现在此画已被卢浮宫博物馆收藏，可是当年他却没能凭此画获奖。第二年，他又画了一幅《狄阿娜和阿波罗杀死尼俄伯的子女》，这幅画很有洛可可风格的味道，与学校的风格不合，所以，奖项也没有颁发给他。而这幅画，现在是美国达拉斯博物馆的馆藏。两次失败，并未让大卫放弃，他第三年再度参赛，画了一幅《塞内卡之死》，画得不错，现在收藏在巴黎的小皇宫里，但当年却输给了另一位画家皮埃尔·佩隆（Pierre Peyron，1744–1814）。佩隆画的是同一个题材，但风格更接近新古典主义。连续三年的失败，令大卫懊丧到几乎想要自杀。幸亏最后他还是振作了起来，锲而不舍，继续参赛。在1774年画出了《埃拉西斯特拉图斯发现安条克的病因》，相较于前面的作品，这幅画细节比较精炼，色调比较凝重，更接近新古典主义风格。大卫终于凭借这幅画作，荣获大奖，实现了去罗马留学的愿望。这幅画，现藏于他的母校。

在意大利留学的经历令大卫发生了本质性的变化。他不但亲眼看到了卡拉瓦乔（Michelangelo Merisi da Caravaggio，1571–1610）、卡拉奇（Annibale Carracci，1560–1609）等许多意大利艺术大师们的作品，还结识了活跃在罗马的新古典主义画派的重要先驱人物安东·拉斐尔·门斯（Anton Raphael Mengs，1728–1779）。经门斯的指导，他阅读了德国艺术史家、考古学家约翰·J.约阿希姆·温克尔曼（Johann Joachim Winckelmann，1717–1768）的许多重要著作，温克尔曼被认为是现代艺术史的重要奠基人，他的书让大卫更加深入理解了古典主义的精髓。从此，大卫彻底转向了古典主义，成为新古典主义画派的领军人物。他倡导回归古希腊、古罗马的艺术风格，摒弃洛可可的浮华与矫饰，使绘画呈现出更为严谨、理性和道德化的特征。

大卫的作品具有严谨的构图，画面均衡，受古罗马浮雕的影响，构造出稳定的几何布局；清晰的线条，强调造型的准确性，受古典雕塑的启发，线条比色彩更重要；戏剧性的叙事，塑造具有情感冲击力的历史或神话主题；道德主题，强调道德感与洛可可的轻佻不同，他的画作充满英雄主义、责任感和道德意义。

大卫的《荷拉斯兄弟的誓言》(*Le Serment des Horaces*, 1784)是新古典主义画派的代表作，展现了忠诚于牺牲精神，大卫也因此画一举成名，入选为皇家艺术学院的院士，此画现藏于巴黎卢浮宫博物馆；《苏格拉底之死》(1787)刻画哲人苏格拉底面对死亡的坚定，表现理性至上的精神，现藏于纽约大都会艺术博物馆；《马拉之死》(1793)是为法国大革命烈士马拉塑造的神圣形象，成为革命宣传的典范，现藏于布鲁塞尔比利时皇家美术博物馆；《拿破仑的加冕典礼》(*Le Sacre de Napoléon*，1807)为拿破仑称帝正名，强调帝国的荣耀与秩序，现藏于巴黎卢浮宫博物馆。

大卫不仅是位出色的画家，还是一名激进的政治活动家。他的职业生涯与18世纪末至19世纪初法国的政治动荡密切交织，他的政治立场随着时代变化，从效忠君主到支持法国大革命，再到为拿破仑服务。

1789年，法国大革命发生的时候，他非常积极地投入了革命，成为雅各宾派领袖罗伯斯庇尔的亲密盟友，担任过国民公会的代表，成为公共教育委员会和艺术委员会的委员。他投票赞成处决国王路易十六，并参与杀害路易十七和一些政敌。他的艺术成为革命宣传的重要工具，他塑造了许多革命英雄的形象，并组织公共庆典来传播革命理念。在此期间，他还完成了他的著名作品《马拉之死》。虽然大卫在这场大革命里，为法国博物馆的发展，以及对卢浮宫的保护和建设都做出过不小的贡献，但连续三年参加罗马大奖赛铩羽而归，让他和学校结下了梁子，他甚至仇恨这所学校，利用手中的权力对学校百般刁难。

1794 年热月政变之后，罗伯斯庇尔倒台并被处决，大卫也锒铛入狱，后经他的学生们营救，才终于出狱。拿破仑崛起后，大卫迅速调整立场，成为拿破仑的御用画家，为其打造帝王形象。著名的歌颂拿破仑的画作《跨越阿尔卑斯山圣贝尔纳隘道的拿破仑》(*Bonaparte franchissant le Grand-Saint-Bernard*，1801，现收藏于马尔梅松城堡)、《拿破仑的加冕典礼》(现收藏于卢浮宫博物馆)等作品，都是大卫在这个时期创作的。此时，他发展出个人风格，依然写实，但颜色温和。因为是在法兰西第一帝国时期，所以被称为“帝国风格”。后来，拿破仑下台，波旁王朝复辟，大卫不敢留在法国，自我流放去了比利时的布鲁塞尔，在那里创作油画，教授学生，直至去世。欧洲 19 世纪的不少著名画家，都曾跟他学习过。

总结起来，大卫的创作可以分为三个阶段：第一个阶段为法国的皇室服务，第二个阶段为法国大革命服务，第三个阶段为拿破仑的帝国服务。每个阶段都有佳作。到巴黎参观博物馆、看画展，大卫的画是很值得好好看看的。他奠定了新古典主义的基础，影响了后来的安格尔等画家，并引领了 19 世纪学院派艺术的发展方向；他证明了艺术可以成为政治工具，通过视觉形象去影响公众意识；将历史画推向巅峰，使其既具有视觉冲击力，又富含深刻的道德和思想内涵。

尽管大卫的政治立场多变，但他的艺术价值仍然不可否认，他在艺术上的影响力超越了政治。今天，他的作品不仅是新古典主义的代表作，也成为研究法国革命和帝国时期的重要历史文献。

当我们评价一位艺术家时，我们既要考虑其政治立场对创作的影响，也要依照两个关键维度，独立地审视其艺术价值。

一是政治背景与创作意图。艺术家的政治立场往往决定了他们的主题、委托来源和受众。大卫并非单纯地适应权力，更是在主动塑造政治宣传视觉。他从革命派到成为帝国御用画家，既是个人野心的体现，也是顺应时代潮流的选择。他的作品不仅是单纯的历史记录，更是某种意识形态的传播工具。

二是艺术创新与影响力。大卫在艺术上的重要性超越了政治，贡献极为深远。他摒弃了前一代洛可可风格的浮华与柔媚，复兴了古典艺术的庄重与道德力量。他的作品强调清晰的构图、戏剧性的张力和道德的严肃性，极大地影响了浪漫主义画家如德拉克洛瓦，以及后来学院派艺术的发展。他的学生，如安格尔和安托万-让·格罗（Antoine-Jean Gros，1771—1835），继承并发展了他的新古典主义风格，使其影响力延续至19世纪。

大卫的作品不仅捕捉了时代的意识形态斗争，同时也因其艺术性而跨越时空，影响深远。因此，在评价艺术家时，我们既要考虑历史背景，也要关注作品的长远价值。

法国漫画
Bandes Dessinées en France

记得2005年来巴黎是春天，春天的巴黎天气是很难预测的，虽然我每天晚上都看天气预报，但是仍然无法确定第二天是否下雨，只好天天带把伞出门。有一天忘记带伞了，结果一场大雨，把我堵在巴士底广场附近的一家漫画书店里。我是很喜欢漫画的，并且喜欢欧美漫画多于日本漫画。法国是漫画大国，那家书店大概可以算是巴黎最讲究法国品位的漫画书店了，不但有漫画书、漫画杂志，还有名家签名的漫画海报卖。外面瓢泼大雨，室内温暖如春，一只花猫在漫画书架中慢吞吞地走来走去，甚至跑来身边在我腿上蹭蹭，回想起来，都还是很开心！不过那场雨让我破费不少，雨停了，我是拿着一袋子在书店买的法国漫画离开的。

2025年这次来欧洲，在巴黎停留的时间短，就没有着意去逛漫画书店，只是沿着西岱岛两边的河岸走走。人行道上尽是书报摊，特别是左岸。绝大多数都是旧书摊，卖各种书籍、杂志、图片，如果有时间，说不定可以淘到宝贝的。

曾经获得1921年诺贝尔文学奖的法国作家阿纳托尔·法朗士（Anatole France，1844—1924）曾经这样描述过巴黎和河边的书报摊：

> 在给景物披上无限温情的淡灰色的清晨，我喜欢从窗

口眺望塞纳河和它的两岸。

我见过那不勒斯海湾明净的蓝天，但我们巴黎的天空更加活跃、更加亲切。它像人们的眼睛，懂得微笑、愤慨、悲伤和欢乐。此刻的阳光照耀着城内为生计忙碌的居民和牲畜。

旧书商把他们的书箱安放在岸边的护墙上。这些善良的精神商人长年累月生活在露天里，任风儿吹拂他们的长衫。经过风雨、霜雪、烟雾和烈日的磨炼，他们变得好像大教堂的古老雕像。他们都是我的朋友。每当我从他们的书箱前走过，都能发现一两本我需要的书，一两本我在别处找不到的书。

一阵风刮起了街心的尘土、有叶翼的梧桐子和从马嘴里漏下的干草末。别人对这飞扬的尘土可能毫无感触，可是它使我忆起了我在童年时代凝视过的同样的情景，使我这个老巴黎人的灵魂为之激动。我面前是何等宏伟的图景：状如顶针的凯旋门、光荣的塞纳河和河上的桥梁、杜伊勒里宫的椴树、好像雕镂珍品的文艺复兴时代的卢浮宫、最远处的夏约岗；右边新桥方向是令人肃然起敬的古老的巴黎，有它的塔楼和高耸的尖屋顶。这一切就是我的生命，就是我自己。要是没有这些以我的思想的无数细微变化反映在我身上，激励我、赐我活力的东西，我也就不存在了。因此，我以无限的深情热爱巴黎。

我觉得生活在一座思想如此活跃，并且教会我思想和敦促我不断思想的城市里，人们是无法休息的。在这些不断撩拨我的好奇心，使它疲惫但又永远不能使它满足的书堆里，怎么能够不亢奋、激动呢？（选自《诺贝尔文学奖获奖作家散文精品》，百花洲文艺出版社，1995）

书报摊的好处就是，他们不像大型书店那样应有尽有，但每个书报摊都有自己的特色收藏。我喜欢法国漫画，法国漫画是欧洲漫画的一个大门类，和意大利漫画并驾齐驱，因此要找专门的书摊，才能有所收获的。

英语中，管漫画书叫“Comics and Graphic Novels”，法文则全然不同，叫“Bandes Dessinées”。从我自己角度来看，法国漫画无论是内容还是绘画风格，都和美国漫画大相径庭。

法国著名的漫画有好多，比如《阿斯泰利克斯》（*Astérix*，又名《高卢英雄历险记》），故事创作者是勒内·戈西尼（René Goscinny，1926—1977），漫画绘制者是阿尔伯特·乌德佐（Albert Uderzo，1927—2020）。故事的主角是高卢人阿斯特里克斯，他的村庄里有一位智者，能为村民提供超人的力量，但村庄也因此被罗马军团攻击和占领。

阿斯特里克斯和他的同伴们智勇双全，英勇奋战，终于从罗马统治者手中将他的村庄解救出来。这套漫画于 1959 年首次出版，经久不衰。故事诙谐有趣、讽刺幽默、角色可爱，使得这套漫画饮誉全球。

此外，法国漫画家雅克·塔蒂（Jacques Tardi，1946– ）创作的《阿黛尔·布兰科–塞克的非凡冒险》（*Les Aventures extraordinaires d'Adèle Blanc-Sec*）是一部西方人常说的“煤气灯幻想”系列漫画，即历史小说和幻想小说的混合体，于 1976 年首次出版，主角阿黛尔·布兰科–塞克是一位颇有名气的女记者和旅行作家。故事围绕着 20 世纪初一些真真假假的历史案件展开，充满魔法和超自然元素。这个故事也被改编成电影，并在协和广场、卢浮宫等巴黎著名景点取景拍摄，很受欢迎。上映一周后，在法国的票房排名第一。

法国艺术家墨比斯［Mœbius，原名让·吉罗（Jean Giraud，1938–2012）］与比利时作家让–米歇尔·沙利耶（Jean-Michel Charlier，1924–1989）合作，创作出一套巨大的西部漫画系列《蓝莓》（*Blueberry*）。虽然书中的冒险故事发生在美国的大西部，但却是以法国人的口味去讲述的西部故事。绰号“蓝莓”的主人公迈克·史蒂夫·多诺万是一个西部牛仔，然而并不是典型的西部英雄。他的行侠仗义都出于一时冲动，没有崇高的使命感，也没有宏大的计划，只是单纯地觉得自己应该去做，便就去做了。这和美式的西部牛仔英雄骑马挎枪走天下、孤身奋战坏警官、手刃匪徒、救回佳人的故事套路大相径庭，却非常打动读者。

比利时也属法文区，因此法国漫画经常和比利时漫画放在一起。其中最著名的是比利时画家埃尔热［Hergé，这是他的笔名，原名乔治·勒米(Georges Remi)，1907–1983］的那套《丁丁历险记》(*Les Aventures de Tintin*)，以年轻的比利时记者、环球旅行家丁丁和他的猎狐犬米卢为主角，描述了一系列探险故事。这套漫画从 1929 年首次出版开始，经久不衰，还拍成过电影，是 20 世纪最著名、最受欢迎的欧洲漫画之一。

《蓝精灵》(*Les Schtroumpfs*，英文 *The Smurfs*)，是比利时漫画家皮约（Peyo，原名 Pierre Culliford，1928–1992）1958 年推出的漫画系列。最初只是一部漫画，故事围绕着一群住在森林中蘑菇形房屋里的蓝色小人展开，后来衍生到广告、电影、电视剧、冰上表演、视频游戏、主题公园和玩具。截至 2008 年，该系列已创造了 40 亿美元的收入，也是全球广受欢迎的漫画系列。

在卢浮宫前面不远，就有一个书摊专门卖这类经典法国漫画书，我经常去“淘宝”，成了习惯。其实带回美国，多半也只是放在书架上，不过那种寻寻觅觅的感觉委实过瘾。对我而言，这个书摊简直是一个法国经典漫画的宝库。

除了上述的那些漫画书，还有比利时作家兼画家让·罗巴（Jean Roba，1930—2006）画的《布尔和比尔》（*Boule et Bill*），法国作家戈西尼和画家让·塔巴里（Jean Tabary，1930—2011）合作创作的《伊兹诺古德》（*Iznogoud*），丹麦艺术家夫妇卡拉·汉森（Carla Hansen，1906—2001）和威廉·汉森（Vilhelm Hansen，1900—1992）创作的《皮兹》（*Petzi*）、比利时艺术家莫里斯［笔名 Morris，原名莫里斯·德·贝弗利（Maurice De Bevere，1921—2001）］创作的《幸运星卢克》（*Lucky Luke*）、比利时画家菲利普·弗兰克（Philippe Francq，1961—）和作家让·范·哈姆（Jean Van Hame，1939—）创作的《拉戈绞车》（*Largo Winch*）等，凡是我能想得出名字来的，一应俱全，几乎都可以在这个书摊上找到。那个老板是个行家，我问过他几本几乎绝版的漫画，他都能够一一告诉我价格，什么时候什么地方可以找到。这种书摊，这样的老板，你到哪里找?

在法国众多的漫画家中，我最喜欢的，以及我接触到的美国艺术界的人最喜欢的可能要数墨比斯了，最早让我入迷的是他那一套巨大的《蓝莓》，除了前面讲过的种种优点外，墨比斯极富想象力，绘画手法高度超现实，有些时候近乎抽象。他的技法让我佩服得五体投地。在美国，凡去跳蚤市场，我都会找他的书，到了巴黎，更会流连塞纳河边的书摊，寻找怀旧版本。

曾有人评论说，在 20 世纪 60 年代，《蓝莓》可比肩《复仇者联盟》或《闪电侠》在美国的地位，是法国漫画中最重要的作品了。本以为墨比斯这一辈子都会循这条路走下去，集中创作《蓝莓》这类的故事，没有想到他后来另辟蹊径，又创作了一系列科幻小说和奇幻漫画，例如《阿扎克》(*Arzach*) 和《杰里·科尼利厄斯的密闭车库》(*Airtight Garage of Jerry Cornelius*) 等，令全世界的读者耳目一新。他还与前卫电影制片人亚历桑德罗·佐杜洛斯基 (Alejandro Jodorowsky，1929–) 合作，改编了《沙丘》(*Dune*) 和漫画《印加》(*The Incal*)。之后，墨比斯还为多部科幻和奇幻电影，例如《异形》(*Alien*)、《第五元素》(*The Fifth Element*) 和《深渊》(*The Abyss*) 等创作了故事脚本，做了概念设计。2004 年，法国导演扬·库宁 (Jan Kounen，1964–) 将《蓝莓》 搬上银幕。

法国漫画的确与美国、日本漫画都不同，如果说美国是超级英雄的出产地，日本是动漫电影之乡，那么法国在漫画方面则自始至终耕耘着一份带有日常生活气息或是荒诞意味的幽默，自传性强、幽默独到。漫画已经成为法国独特的文化产业之一，就连法国外交部的官网上都登载有介绍法国漫画的文章，可见漫画对于法国的意义之重大了。在河边书报摊上，你差不多可以读齐法国漫画历史。这里的每个书报摊都有自己的收藏特点，货架上陈列着很多老杂志，当然也很可能是复制品。

然而，法式幽默不仅仅体现在《蓝莓》或《丁丁历险记》中，更多地展示于名为《领航员》（*Pilote*，1959—1986）的杂志上，读者主要是青少年，后来有了更为广泛的读者群体。前面提到过的漫画《阿斯泰利克斯》就是首先在这一刊物上连载的。漫画作者、天才且多产的剧作家戈西尼也是这一杂志的创办人之一，他受到美国漫画家哈维·库兹曼（Harvey Kurtzman，1924—1993）的成人漫画《丛林之书》（*Jungle Book*，1959）的启发，从法语地区的风俗习惯和语言中汲取灵感，使得《阿斯泰利克斯》成为法国人自嘲与通篇充满文字游戏的典范。可以与之相提并论的是《高山牧场的天才》（*Le Génie des Alpages*），作者是弗缪（F'Murr，原名 Richard Peyzaret，1946—2018），也率先发表在《领航员》上。《高山牧场的天才》描述了一群激奋的羊的故事，它们与牧羊犬探讨哲学，与人类开玩笑！马塞尔·戈特利布（Marcel Gottlieb，1934—2016）是法国漫画由面向青少年转向成人化的关键人物之一。他于 1970 年在《领航员》上推出了《怪诞百科》（*Rubrique-à-Brac*），在短短三页的插科打诨中浓缩了法式幽默的精髓，涉及的都是法国的风俗习惯，他模仿民间舞蹈与仙女童话故事的风格，以漫画的笔触揶揄我们对美国的幻想，针砭了电视节目中的陈词滥调与幼稚的讨论题。高特利伯还与其他几位法国漫画家合作，创办了两本至今仍在不断发行的漫画杂志。一本是与其他两位法国漫画家克莱尔·布蕾特谢（Claire Bretécher，1940—2020）及尼基塔·曼德里卡（Nikita Mandryka，1940—2020）合作的《热带草原回音》（*L'Écho des Savanes*），另一本名为《寒流》（*Fluide Glacial*）。

《热带草原回音》是法国－比利时漫画杂志，创立于1972年，集中介绍法国和其他国家的成人漫画作品。这本杂志曾经在2006年底暂时停刊。但是在2008年重新出版，是我很喜欢看的杂志之一。早期刊登作品的几位艺术家后来都成为法国漫画界的泰斗，比如阿列克西斯（Alexis，原名Dominique Vallet，1946—1977）、索尔（Jean Solé，1948— ）、墨比斯等。20世纪70年代是其内容朝成人转化的阶段，表现的是成年人的困惑和压力，涌现了第二代漫画家，包括亚历桑德罗·佐杜洛斯基、热拉尔·洛济耶（Gérard Lauzier，1932—2008）、雅克·罗博（Jacques Lob，1932—1990）、弗朗西斯·马赛（Francis Massé，1948— ）、乔杰斯·皮夏德（Georges Pichard，1920—2003）、雅克·塔蒂（Jacques Tardi，1946— ）、马丁·韦龙（Martin Veyron，1950—）等。后来出版了美国版《回音》（*L'Écho special U.S.A.*），继续繁荣。老一辈退出画坛之后，又涌现了第三代新人，如米歇尔·沙利耶、让－克劳德·福雷（Jean-Claude Forest，1930—1998）等。

法国漫画从儿童读物转向成人是从 20 世纪七八十年代开始的，画家运用幽默又富现实感的系列漫画来表现 30 岁左右的青年遭受的精神压力，法国人把这些系列界定为“成人漫画”。正如克莱尔 · 布蕾特谢针对 1968 年“五月风暴”那一代人创作的讽刺漫画《失落的人》中所描绘的那些热情、和善，却又神经质的反英雄人物令人喷饭。韦龙创作了情色专集《自恋》(销售量超过 50 万册)，他的《寄居蟹贝尔纳》(*Bernard L'ermite*) 则描述了一个无所事事的城市人。韦龙的作品非常精彩，创造了一种复杂搞笑，但不媚俗的风格。

幽默是一种很难表现到位的东西，漫画形成氛围需要相当长的时间。法国漫画出版史上最重要的出版社有达高（Dargaud）出版社、杜普（Dupuis）出版社和卡斯特曼（Casterman）出版社，都耗费了很多年打造高水平的法式幽默漫画，达高的总编菲利普 · 奥斯特曼曾经说：“一套漫画的成功是要靠时间的。”

21 世纪以来，法国漫画走入了高度成熟的阶段，《领航小鱼》(*Le Petit Poisson Pilote*) 在 2000 年 4 月 1 日面世后，很快销售量就超过 75 万册。这些最能代表法国新一轮潮流的漫画，作者是 20 来个年轻人，读者正是当今的青年。这一批推崇用漫画来进行自我写照或者推崇自我幻想的创作家们，耕耘着一种鞭辟入里的幽默，一种看破红尘的醒悟。

《拉比的猫》(*Le Chat du Rabbin*，英文 *The Rabbi's Cat*，又名《犹太法学博士的猫》)是乔安·斯法尔（Joann Sfar，1971– ）的代表作，融合了宗教哲思、文化冲突与法式幽默，被誉为“新浪潮图像小说的诗意革命”。

在书报摊上淘这些漫画书，的确开心。不过，现在游客多了，加上复印、数码打印方便，这里的淘旧感觉已经有点出现了质的变化。虽然赝品价格低廉不少，但我还是愿意多花点钱淘真货，不知道这还能够维持多久。2025 年春天来逛旧书摊，那一天塞纳河边特别的冷，大部分的书摊都关“箱”了，有点失落。

其实，于我而言，淘书尚在其次，首要的是在河边顺着书摊走的感觉特别好，休闲、自在，有点真正松弛下来的感觉，这种感觉现在在国内的城市里倒是越来越少能体验到了。

左岸氛围
L'âme de la Rive Gauche

讲起巴黎的历史沉淀，小资作家们动不动就亮出巴黎的左岸来。其实，巴黎 20 个区，区区都有历史，照我看，整个城市就是一个大历史盲盒，随便走走，都可能冒出一些让人惊喜不已的故事来。在左岸，若只会沿着塞纳河边晃荡，根本没有什么浪漫的咖啡馆可以坐，那里车水马龙，少数一些沿河旧书摊、画廊生意也凋零得很。必须往小街小巷里钻，那里才有古董店、画廊、小酒馆、咖啡馆、卖新鲜蔬果的小店、花店、面包店、肉铺、药房，那才是有历史的巴黎。前几年，国内好多房地产楼盘滥用“左岸”命名，现在这股风好像过去了。当时网上有个作家，大概与我有同感，说出这样的话来：“全国上下‘忽如一夜春风来’，四下里崛起高耸的‘左岸楼盘’。先是‘统一’公司精推的‘左岸咖啡馆’与‘芙朵奶茶’等经典作品，接着是国内各地雨后春笋般纷纷上马的地产项目。深圳的‘风临左岸’、长沙的‘左岸春天’、杭州的‘左岸花园’，这些公司们群起揭竿，都打出了‘法式尊邸，人文世家，浪漫风情’的美丽招牌。而中关村的‘左岸公社’写字楼与上海四川北路商业街的‘左岸改造计划’更将这股左岸风潮推至顶峰。”这位作者说得明明白白：“但是此咖啡不是彼咖啡，此左岸也不是那左岸。”

除了重庆这样少数几个东南西北都搞不清楚的城市之外，中国人大多喜欢以东西南北作为方位，例如城南、城北、东城、西城。美国佬则喜欢用上中下来划分，上城、中城、下城，这么叫着，搞到“下城”（downtown）都成了英语中“市中心”的代名词了。只有在巴黎，法国人才会站在塞纳河中的西岱岛，面向下游，把城市分成左右两岸。左岸有法兰西学院、巴黎美术学院，早年豪宅少，王公贵族一般不住在这里，却住了好些文化人，有点像纽约的苏豪（SoHo）区。少数画家也住过这里，但还是嫌贵，就跑到北边的蒙马特高地了。

文化人多了，路边的小咖啡馆就忙了。文化人是自由职业者，不上班，充其量在附近的大学教书，家里没有人气，因此没事儿的都挤在便宜的咖啡馆里，聊天、辩论、调情、讲“段子”。海明威浪迹巴黎，手头的钱也不多，挤在这里倒来了灵感。萨特（Jean-Paul Charles Aymard Sartre，1905—1980）在大学教书，天天到双叟咖啡馆（Deux Magot）找个位置坐下，写自己的哲学手稿。此人面目难看，两个眼珠子朝两个不同方向看，他的存在主义却使好多女大学生为之疯狂。萨特说：“文学先于上帝而存在。”那文学家就是上帝的祖宗了。“存在先于本质”“人是自我的一种创造”，自然很合精英们的心意——谁说我们精英的思想是大社会造就的，精英不需要社会帮忙，自己造就自己！回想一下20世纪60年代那个狂得不得了的时代，这种哲学会有多少拥趸啊？女性主义先驱西蒙娜·德·波伏瓦

（Simone Lucie Ernestine Marie Bertrand de Beauvoir，1908—1986）与萨特的爱情缠绵扭曲，美国人奥尔格伦（Nelson Algren，1909—1981）还来插上一脚，无论是八卦新闻还是严肃文学，这都是极好的题材。

我第一次去巴黎，住在左岸那间里诺克斯·蒙帕纳斯酒店，一派左岸到不能再左岸的气氛。从旅馆后门出来，走路 10 分钟，就到了双叟咖啡馆，那是路边一家比较大的咖啡馆，不远处还有另一家同样出名的花神咖啡馆（Café de Flore）。我通常都去得早，因为这些时尚得不得了的咖啡馆，中午开始就有点水泄不通，人头攒动，很坏情绪，因此选择早上喝咖啡。

双叟离我最近，我去得多些。服务生指给我看一张桌子，说那是当年萨特每天来埋首写作的地方。因为萨特，这里经常聚集很多激进的大学生、知识分子，慷慨激昂。萨特在这里读自己的剧本给大家听，路人也有驻足倾听的。萨特和诺贝尔文学奖得主加缪（Albert Camus，1913—1960）曾多次在这里为存在主义是否就是人文主义的问题公开激辩。

我坐在那里，不过是个匆匆过客，看阳光慢慢爬上咖啡馆的遮阳棚，看人来人往，朦朦胧胧地好像回到那个摇曳而激动人心的 20 世纪 60 年代去了。仿佛看见萨特和波伏瓦在争辩什么，看见海明威在写什么。若是没有任何计划，悠闲地坐在那里，抿一杯咖啡，读读玛格丽特·杜拉斯（Marguerite Duras，原名 Marguerite G. M. Donnadieu，1914–1996）的《情人》（*L'Amant*），或者弗朗索瓦 · 萨冈（Françoise Sagan，1935–2004）的《战时之恋》（*De guerre lasse*），是何等开心的时刻啊！

依我看，在巴黎花钱最少但最高级的享受就是到左岸那些咖啡馆去坐坐了。一杯咖啡加两个牛角包也才几欧元，带上一本小说，就足够打发一天啦。浸在那里的嘤嘤人声中，不经意地听着 20 世纪 20 年代从奥尔良传到巴黎的蓝调音乐，读着自己喜欢的书，随手写下即时涌起的感觉（注意，是用笔写，而不是用笔记本电脑，这样才有情调），抑或对着打动自己的景物画上两笔速写。这种情调，这种气氛，除了左岸，你还能在哪里找得到呢？在那种气氛之中，思想可以是现代的，但是周边的氛围却是历史的，浓郁得好像稠稠的沥青一样，无法脱开。

这里有好多书店，小书店、旧书店、站在路上看的书店……不一而足。书摆在人行道上，我喜欢在那里转转，有时也能挑上几本自己喜欢的书，都是那些使左岸出名的人在左岸这些咖啡馆写的书。书已经被人翻阅得旧旧的了，我却喜欢这种旧书的感觉，因为有岁月的痕迹，拿在手里就像捧着一段历史似的。波伏瓦曾在被她称作“我们存在主义者的咖啡馆”的那间花神咖啡馆的二楼，望着圣日耳曼大道的林荫，花一个下午的时间，给她的情人奥尔格伦写下一封缱绻的情书。波伏瓦的这本诗集，在花神旁边一家旧书店就有卖的。再上二楼，在那里揣测她当时的骚动，很有点偷窥的暗喜。

其实，现在国内的左岸风，是针对那批刚刚脱离小资进入中产的职业人群。明明知道右岸是贵胄的地方，跻身不入，退而求其次，左岸有文化，又有另类历史，还有浪漫。其实，心里若真明白巴黎左右岸的区别，哪有安心左岸的那份修养啊！

左岸现在是被一批连住在左岸的经济基础都没有的小资炒热的，好像只要跻身左岸，就可以捧一杯咖啡写出千古绝唱的诗歌来，好像坐在左岸的咖啡馆里就能够坐成个萨特来，好像住在左岸就能够住出一段刻骨铭心的爱情来，并且是那种夺人妻、偷人夫的不伦之爱，才叫浪漫。我在左岸住过，也去那些咖啡馆坐过，没有诗歌，也没有哲学，更没有出现惊艳的婚外情故事，我看到的是一种知识分子的生活形态，而这种形态，经过商业炒作，已经逐渐变成知识分子越来越难享受得到的了。

不过，到了 2025 年，小资们都进入中年后期了，左岸情节越行越远。现在的年轻人估计连萨特、波伏瓦是谁都不知道，左岸的号召力怕也基本消失殆尽了吧。

有些人将左岸统称为“拉丁区”，其实西岱岛的左边岸上起码是两个不同的区：一个叫“拉丁区”（Quartier

Latin），另一个叫“圣热尔曼－德－普希”（Saint-Germain-des-Pres），简单翻译为“圣热尔曼”。后者的经典建筑比较多，比如法兰西学院、法国高等美术学院这样的机构。而前者则更加小资一些，咖啡馆、酒吧、小电影院、旧书店比较多。那里曲折的街巷里有许多书店、餐厅、前卫剧院与艺术电影院，由塞纳河岸延伸至卢森堡公园。这两个区差别不大，连在一起的。如果从拉丁区的圣日耳曼大道、圣米歇尔大道（Blvd St-Michel）往欧德翁（Odeon）方向走去，经过电影院和一些咖啡厅，再往下就是20世纪50年代时知识分子聚集的圣热尔曼了。这个区其实最适合那些喜欢乱转悠的小资们，钻入任何一条横街窄巷都有惊喜等着你。

拉丁区是个美食区，小店多，并且价格不太贵，非常符合大学生和知识分子的口味。这里比较特别的是希腊风味的烧烤、阿拉伯风味的羊肉串烧。这里也有许多古建，小说《达·芬奇密码》中提到的那个圣叙尔皮斯教堂（Église Saint-Sulpice）就在圣热尔曼区。前些年，这本小说大热，好多人手里就拿着这本书，按图索骥来参观，现在只怕记得这本书的人都不太多了，不过那家教堂倒还是值得进去看看的。

圣叙尔皮斯教堂门口有小广场，周边全是名品店，有人说那是巴黎最迷人的广场了。旁边有个市政咖啡馆（Café

de la Mairie)，基本全是露天座，好多人就坐在那里发呆，叫一杯咖啡喝上半天，看广场上踱来踱去的鸽子，看来来往往衣着光鲜的帅哥靓女。温馨的阳光洒在刚出嫩叶的法国梧桐树上，真是非常非常的巴黎。那里还有一家很好的英文书店，叫作“旧金山书店”(San-Francisco Book Co.)，在王子街6号，和里沃利街上的史密斯书店属于同类，精彩得很。时髦店铺多的是，这里有波玛舍百货公司(Bon Marche)，据说戴高乐夫人就经常在这里买衣服，后来改为时髦风格，消费群体就变了。教堂后面的圣日耳曼市场全是时尚专门店，挤满了时尚青年。

圣叙尔皮斯教堂前后建了几百年，直到1778年才完成。时间拉得太长，两边的塔楼都不对称了，因为历经几代人，后来者完全不知道以前的人想做什么。教堂里有法国浪漫主义大师德拉克洛瓦花了10年时间创作的壁画，是他人生的最后一批作品，非常宝贵。不过教堂内实在是非常幽暗，走进去要等好一会儿才能够适应微弱的光线，看清室内布置，那幅画就实在看不太清楚了。

《达·芬奇密码》书中是这样描写这座教堂的：

据说，在巴黎，圣叙尔皮斯教堂的历史最为奇异。它是在一座古庙的废墟上建立起来的，而那座古庙原先是为埃及女神爱西丝修建的。

一根光滑而又细长的铜条嵌在灰色的花岗岩地面中闪闪发光——这条金色的线斜穿教堂地面。线上标有刻度，就像一把尺……这是指时针，是异教的一种天文仪器，与日晷相似。全世界的旅游者、科学家、历史学家和异教徒都来到圣叙尔皮斯教堂参观这条著名的金属线——玫瑰线。

……每天，太阳光通过南墙上的洞眼照射进来，光束会顺铜线上的刻度一点一点地移动，这样就可以计量时间了。（选自《达·芬奇密码》，人民文学出版社，2017）

几个世纪以来，玫瑰的象征意义一直与地图或为灵魂指引方向有关。例如，每张地图上都会有“罗盘玫瑰”，指明东、南、西、北；地球仪上的经线（即子午线）也叫作玫瑰线。最初，为了纪念圣叙尔皮斯教堂里那根铜线的制作者，特意将零度经线规定为穿过巴黎，且正好穿过这座教堂的。不过，1884 年以后，零度经线改为由英国的格林尼治天文台出发了。

我走进这座教堂完全不是因为那本畅销书，也不在乎什么玫瑰线，只是想看看它而已。这是法国作家加缪和美国作家海明威在巴黎时常来的教堂，这种追逐前人足迹的感觉，还是很有趣的，我喜欢。只是自从《达·芬奇密码》问世以来，原本很宁静的教堂一度成了旅游热点。成群的游客在这里出出进进，还有人对照着小说找藏宝的地方呢！

外省
La province

法国外省
Les provinces Françaises

巴黎的位置在法国北部，自成一省，叫作法兰西岛（Île-de-France）。除了巴黎，其他地区都叫作“省”，或者“外省”，不过现在法国人叫这些“省”为“地区”了。各地区都有一个重要的城市，类似我们的省会。大东部省会是斯特拉斯堡、新阿基坦省会是波尔多（Bordeaux）、奥佛捏－罗恩－阿尔卑斯省会是里昂、勃艮第省会是第戎（Dijon）、布列塔尼省会是雷恩、中央－卢瓦尔省会是奥尔良（Orléans）、奥克西塔尼省会是图卢兹、上法兰西省会是里尔（Lille）、诺曼底省会是鲁昂（Rouen）、卢瓦尔河省会是南特、普罗旺斯－阿尔卑斯－蓝色海岸省会是马赛，另外还有科西嘉岛、法国海外殖民地圭亚那、留尼旺、马约特。其中的大东部省是香槟－阿登、洛林、阿尔萨斯三个省合并形成的，历史上这片地区总是在法国和德国之间来来回回争个不停，我估计三省合并是为了让这里的居民彻底死心塌地认同法国吧。

虽然我前后来法国多次，但外省却去得不多，2025 年 1—2 月这次去法国，就花了比较多时间去看法国外省了。德国哲学家沃尔特·本雅明的“世界文化之都”的说法对我影响很大，估计也是法国多年来推动“世界文化之都”的大外宣的结果，以至于绝大部分人认为巴黎之外的法国并没有什么文化。其实，我在欧洲出出进进，深知这种单一中心的文化观非常靠不住，而历史也告诉我们法国文化之丰富，不是一个巴黎可以承担的。

巴黎当然是法国的心脏和最耀眼的宝石，但法国还有许多其他城市，如斯特拉斯堡或波尔多，同巴黎一样充满活力。许多外省的市镇，艺术收藏也很丰富，我拜访过的差不多所有古城，都有颇具水平的博物馆、美术馆。一路看下来，对于法国的艺术面貌就认识得比较全面了。

“外省”，是法国一个很奇怪的叫法。在法国人的普遍概念中，法国分为两个部分：巴黎和外省。巴黎人把巴黎以外的所有地方都叫“外省”，而法国人好像也都默认了这个概念，巴黎外的法国人一般自称是外省人。这么多年来，我在斯特拉斯堡、格拉斯、戛纳、尼斯、贝桑松、阿维尼翁、阿尔勒、马赛、土伦走了一路，和当地人说话的时候，发现他们大都自认是外省人，他们也没有不舒服的感觉。世界上的大国中，这种情况不太多见，日本起码是东京和大阪鼎立；俄罗斯也是莫斯科和圣彼得堡对垒；美国东西各有中心，纽约和洛杉矶；意大利有罗马和米兰；德国是柏林和法兰克福；中国起码是北、上、广、深，各有优劣。而法国就只有巴黎绝顶优秀，其他都是土里土气的外省。

在法语中，“省”（province）这一词既指地理现实，又指抽象概念。“省”是指现在称为“地区”（région）的那些地方，这是行政单位的古老叫法，但“省”也用来指巴黎之外的整个法国，这是地理现实。不过，在通用法文中，

“省”作为抽象概念，往往带有负面或贬义的含义，有点像中文里的“乡下”，缺乏文化、教养，不懂社会礼仪，与精致文雅的巴黎恰恰相反。

在法国著名作家巴尔扎克（Honoré de Balzac，1799—1850）和左拉的小说中，凡是“外省人”，一到巴黎就常会陷入不幸。法国文学中经常将愤世嫉俗的巴黎人与天真愚蠢的外省人对立起来，外省人总是想去巴黎，脱掉自己身上的土气，而最后总是身陷囹圄。

巴尔扎克的《人间喜剧》（*La Comédie Humaine*）系列中的《幻灭》（*Lost Illusions*，1837）描写诗人吕西安·德·鲁本普雷（Lucien de Rubempré）从法国西南部来到巴黎，完全被巴黎镇服；《高老头》（*Le Père Goriot*）中的欧仁·德·拉斯蒂涅（Eugène de Rastignac）从法国南方来到巴黎，既被上流社会深深地吸引，又感到处处难以适从，都是“外省人”的典型。

在左拉的小说中，巴黎是一只准备吞噬主人公的胃，左拉二十部长篇小说系列《卢贡-马卡尔家族》（*Les Rougon-Macquart*）中的第三部就叫《巴黎之胃》（*Le Ventre de Paris*，1873）。按照左拉的说法，巴黎的“胃”在哈勒市场（Les Halles）和周围地区，这个市场是法国外省每天给巴黎输送大批农产品、食品的中心交易所，也是外省人和巴黎人唯一的交接点。这个市场在20世纪70年代被拆了，一部分拿来做了蓬皮杜艺术中心，一部分改为地下购物中心韦斯特菲尔德论坛购物中心（Westfield Forum des Halles）。该购物中心大部分建在地下，顶部有一个25000平方米的起伏天篷。据说这里每年接待约5000万名游客，成了法国最繁忙的购物中心，从这里可以直接通到巴黎最繁忙的车站和地铁枢纽沙特莱－莱阿尔（Châtelet-Les Halles）站。2025年2月，我去蓬皮杜中心的路上还在这个地下购物中心的入口拍了张照片，棚顶上积存着灰尘，巨大的透明玻璃天蓬已经发黄了。

法国人在某些方面和中国人很相似，关起门来可以整天抱怨自己的上司，但是对外则从来不说自己人坏话的。传统上，法国人不会在外国人面前批评自己的国家，如果外国人对法国人说到法国的问题，会被认为是不礼貌的行为，人家会立即黑脸走人。法国人认为，埋怨是他们的权利，自己人说说，言辞可以非常尖刻，但是决不容外人插嘴，他们会认为这不是你的问题，无须你来参与。其实，法国人对法国政府一向高调批评、悲观失望。这几年，我有时候会读读他们的报刊或评论，看到他们骂法国前总理艾罗（Jean-Marc Ayrault）和他手下的预算部部长卡于扎克（Jérôme André Cahuzac）简直到了爆粗口的地步；骂前外贸国务秘书特维努（Thomas Thévenoud）、前任总统萨科齐（Nicolas Sarkozy）、现任总统马克龙（Emmanuel Jean-

Michel Frédéric Macron，1977— ）也是竭尽挖苦之能事。但是，如果你对着他们批评这些人，他们就认为你心存恶意、诋毁法国，那时候法国人就变成一致对外的爱国主义者了。要和法国人交朋友，最好切入的话题是骂特朗普，我这一次在法国中南部，只要和他们谈到特朗普，大家一起谩骂一通，开开心心，居然就容易打交道了。

法国人的幽默简直是无敌的——对外省的调侃、对巴黎的自嘲，甚至自己都能笑出来。阿尔萨斯因为曾经被德国占领，这里的人早就习惯了“效率至上”的思维方式，他们对法国其他地方的“懒散”态度非常不屑。说到这点，他们对巴黎人也常常讽刺：“那儿没什么特别的，除了雾霾再也没有其他了。”在他们心中，巴黎所谓的地理优势只是个借口，住得舒服，心态就能变得很拽。

法国确实是一个文化“大熔炉”，每个地方都有自己独特的历史、风俗和文化，而巴黎，不过是其中的璀璨一颗。想了解法国的真正面貌，绝不能只停留在巴黎的光辉中。

“散装”外省何能缔造“法国文化”？
Comment le «vrac» en province peut-il faire de la «culture française»?

法国的文化多半是由巴黎创造的，但外省的文化底蕴和贡献同样不可小觑。最近，我在阅读奥兰多·费吉斯（Orlando Figes，1959–）的《创造欧洲人：现代性的诞生与欧洲文化的形塑》（*The Europeans: Three Lives and the Making of a Cosmopolitan Culture*，以下简称《创造欧洲人》），给了我很多启发：在法国，外省的文化作用与巴黎并无二致；甚至可以说，它们共同构成了法国文化的独特多样性。

正如费吉斯所说，歌剧成了欧洲文化的重要标签。而巴黎，毫无疑问，是歌剧演出的中心，它不仅承载了音乐与戏剧的辉煌，也孕育了音乐会经理、音乐出版社和乐器商等新兴行业。与此同时，欧洲的其他地方，特别是法国外省，也并非仅被巴黎文化所包围和影响，反而，正是这些地方，赋予了法国文化多样的生命力。

《创造欧洲人》一书描绘了 19 世纪欧洲文化如何走向跨越国界、语言与政治壁垒的“共同体”——一种新兴的泛欧洲文化圈。这一文化的成型，并非出自帝国的扩张或战争的征服，而是得益于科技的飞跃（尤其是铁路与印刷技术）、识字率的提升，以及一批受过良好教育、四处游历的中产阶级艺术与文学消费者的崛起。本书既是一部生动的私人叙事，也是一部深刻剖析文化机制的学术研究，探讨欧洲如何在 19 世纪中叶悄然完成了一次精神与审美上的“全球化试验”。

故事围绕三位命运交织的人物展开。波琳娜·维亚尔多（Pauline Viardot），法国著名女高音歌唱家，以非凡的才情征服了整个欧洲。她不仅精通多国语言，也在各地歌剧院中游刃有余，是天生的“世界公民”。路易·维亚尔多（Louis Viardot），波琳娜的丈夫，一位作家、评论家兼剧院总监。他既是波琳娜职业生涯的坚强后盾，也是一位在出版界与知识界举足轻重的自由主义者。伊凡·屠格涅夫（Ivan Turgenev），俄国文学巨匠，毕生钟情于波琳娜，并在她与她丈夫身边居住多年。屠格涅夫是最早“欧洲化”的俄国作家之一，他将俄国题材与西欧的文学形式融为一体，成为文化跨界的典范。

这三人之间复杂的情感、思想与艺术合作关系，恰如一面镜子，映照出19世纪欧洲文化认同的多重面貌与交织轨迹。

这本书的核心主题与思想是很明确的，主要体现在以下几个方面。

一是世界主义文化的崛起。19世纪，随着文化商品的流通速度空前提升，超越国界的欧洲文化精英阶层逐渐形成，他们阅读相同的书籍，欣赏相同的音乐，出席同样的戏剧演出与艺术展览。法语成为这一文化阶层的“共同语”，巴黎则稳坐欧洲文化的“心脏”。然而，这种文化并不受国界限制，借助铁路、邮政系统、出版网络与国际博览会，迅速蔓延至欧洲各地。

二是技术与基础设施的变革。铁路与蒸汽轮船的出现大幅提升了艺术家与消费者的行动力，演出、展览与印刷物得以跨国流通。印刷机的扩张与出版标准化，使得书籍、乐谱与杂志的读者群体空前扩大。出版业的发展与大众识字水平的提升，催生出全新的文化消费市场——中产阶级读者，他们对廉价小说与音乐作品有着源源不断的需求。

三是艺术的商业化转型。文化逐渐演变为一种“产业”，作家与艺术家愈加依赖版税、门票与公众赞誉来维系生计。图书出版业从精英订阅制度转向面向大众的规模生产。评论家、经纪人与策划人等新兴角色开始影响艺术家的命运、受众的品位与舆论的风向，路易·维亚尔多便是此类“文化中介人”的代表。

四是民族主义与国际主义之间的张力。尽管世界主义文化在19世纪中叶如日中天，但随之而来的民族主义浪潮，也不可避免地对其提出挑战。屠格涅夫等人便身处两难之境，在西欧深受欢迎，在本国却常遭质疑。他们既是各自民族的代表，又是欧洲化的先锋。文化，既可联结众人，也可制造隔阂，关于民族正统、文化等级与审美“原汁原味”的争论，愈至世纪末愈显激烈。

五是私人生活作为文化传播的向量。维亚尔多夫妇与屠格涅夫的私人生活便是19世纪欧洲复杂文化认同的缩影。

他们的情感纠葛、政治信仰与艺术协作穿越国境，形成一张跨国文化网络。他们的沙龙、旅途与通信，甚至比学院、剧院或博物馆更有效地塑造了欧洲共享的文化价值观。

费吉斯将19世纪视作欧洲最接近“文化统一体”的时代，进行了一次艺术、科技与人际关系共同推动的跨国协作的壮丽实验。那是一个即将告别浪漫主义，却尚未完全进入国家主义漩涡的历史间隙，一个短暂而辉煌的“精神黄金时代”。《创造欧洲人》既是对这一脆弱的世界主义传统的颂歌，也是对“文化如何超越国家构建认同”的深刻反思。读罢令人动容，也催人深思。

法国，尤其是外省，不仅仅是巴黎的陪衬。正如费吉斯所揭示的那样，19世纪的欧洲文学和艺术，尽管以巴黎为中心，却并未忽视外省的声音。屠格涅夫推介福楼拜和左拉到俄罗斯，波琳娜更是间接促成了《卡门》的诞生。与此同时，法国的外省艺术、建筑，以它独特的方式在欧洲文化的地图上刻下了不可替代的印记。每一个法国小镇，每一处偏远的乡村，都是这座文化大厦中不可或缺的一部分。

对于我们这些追寻法国文化的旅人而言，去往法国外省，绝不是进入所谓的“二流”地区，而是进入了欧洲文化的另一个维度。正如费吉斯在《创造欧洲人》中所言：“19世纪初，制作一本书仍然是一种手艺。”那时的文化，尚未完全被工业化统治，每一页书、每一段旋律，都带着作者与演奏者的灵魂。外省的艺术与文化，不仅仅是地方性的表达，更是跨越时空的欧洲文化的一部分，宛如这幅伟大画卷中的不可或缺的一笔。

书页与轨道奏响外省文化序曲

Les Pages et les Rails tissent le prélude culturel des provinces

19 世纪是铁路轰鸣与印刷机飞转的时代，也是巴黎文化辐射力前所未有扩张的年代。但令人惊喜的是，这种辐射不是单向的文化输出，而是一场在全国范围内悄然发生的文化再平衡运动。随着图书出版革命与铁路网络的发展，曾被视为“文化边陲”的法国外省，悄悄登上了欧洲文化舞台的前沿。

最初，出版业深陷泥沼。市场狭小、盗版猖獗、资本紧缺，出版商只能以低印量、高售价的策略勉强维生。一本书的命运，全凭是否畅销而定。然而到了 19 世纪 30 年代，英、法、德三国的出版商几乎同时意识到，唯有大规模印刷，降低单价，打入大众市场，才能开启新的文化黄金期。小说首当其冲，从高昂的三卷本精装转为单卷布面或平装形式，一时间，火车站书亭与市集摊位上随处可见便于携带、价钱亲民的通俗读物。

正是在火车车厢里，人们发现了小说的新用途——缓解旅途无聊、填补孤独时光。短篇小说、轶事集、旅行指南迅速成为畅销品，铁路车站则摇身一变成为最活跃的图书分销网络。乡镇小贩摊位上，曾经的教会读物与年鉴逐渐被统一装帧、标价清晰的“文库”系列取代。这是品牌与销售策略的革新，更是大众阅读习惯的重构。

19 世纪 50 年代初至 70 年代末，法国的书店数量几乎翻倍，突破了 5000 家，多数沿铁路干线布局。图书成为全球性商品，不仅走进法国家庭，也漂洋过海销往魁北克、非洲与中东法语区。在德语区，莱比锡与柏林的出版商亦凭借铁路的高效运输而声名远播。

铁路不只是运输线，也是观念的通道。外省不再是“文化沙漠”的代名词，而成为巴黎之外的另一种文化视野，外省更贴近土地与风俗，更包容多元声音。《创造欧洲人》中的屠格涅夫正是这种新现实的代表人物，他常年在车厢上写作、旅居、阅读。他和波琳娜·维亚尔多等人频繁往返于巴黎与外省城市，正如他们的思想那样，游走在边界与中心之间。

“外省”这一词，在巴黎人眼中常带有一种含蓄的优越感，仿佛象征着文明的缺席。但正是在这“文化之余”的地带，新的读者阶层、新的文化趣味、新的社会认同正在悄然生长。火车驶过之处，旧有的中心与边缘的格局逐渐松动，一种更广义的“法国文化”正在形成。而这场纸张、铁路与想象力交织的变革，也在无形中拉近了法国与整个欧洲之间的文化距离。

出版业的这次革命显然是各种合力的结果。识字率的提高，必然催生了大众对廉价书籍的需求，仅仅在法国，成人读者数量就在二十年间几乎倍增；工业的发展和城市化进程也让更多人可以将闲钱花在书上，对于年收入 200 英镑的英国中产家庭来说，每年花一两英镑购书不会造成生活上的压力，在法国情况也差不多；燃气照明的普及也让家庭的夜晚生活变得丰富，阅读成为重要的娱乐方式；机械化生产使得纸张成本在几十年间降了一半，蒸汽动力的印刷机使得大规模印刷成为可能，更加耐用的模具使得重印变得简单，出版社可以及时响应市场需求，不必担心重新排版的成本；铁路是诸多合力中最后一个来到的，也让革命顺势发生。

“文库”是当时出版商想出的新型营销手法，“一系列小版式的廉价图书，有统一颜色的布料或纸质封面，标准价格，封面上有同样熟悉的品牌标记，使它们很容易被识别和收藏，作为一种商品来装点有文化的家宅”。1849 年，有出版商推出了“铁路文库”，迅速成为潮流。

值得一提的是出版商热尔韦·夏庞蒂埃（Gervais Charpentier），他开创了许多一直被后世沿用的营销手法，比如他雇用代理商向书商预售书籍；使用批发商作为中间人；以额外折扣向商店批量出售，条件是书店把他的书放在橱窗或书架的显眼位置。他也是第一个通过在巴黎火车站附近的仓库中布置大量库存来完善现代邮购或电报订购图书销售系统的出版商，奥兰多·费吉斯称之为“19 世纪的亚马逊”。

这一系列营销都需要铁路支持，使得出版商能够打入小城镇和农村地区，在此之前，那里的读者只能接触到书贩子运来的宗教书籍、廉价小册子和年鉴。“19 世纪初，上门兜售书籍在整个欧洲的乡下都是一项蓬勃发展的生意。仅法国就有 3000 名有执照的书贩，每人平均每天骑马和坐马车行进 30 千米，每年在农村和城镇总共销售约 900 万法郎的书籍和年鉴。”铁路的到来使得这些区域的读者享受更便宜的大众图书，将上门兜售的书贩子挤出市场。

火车旅客这个庞大的阅读群体，成了出版革命的“附赠品”。火车比马车更平稳，也让人更容易读书，想要缓解长途旅行的无聊。短篇小说的流行，很大程度也与铁路的发展有关，当然，还有各种小说、逸事和笑话组成的杂烩书，以及旅行指南等。这也使得火车站成为图书的理想分销点。

铁路让旅行成为一种潮流和常态，屠格涅夫就是铁路旅行的热衷者，他还在火车上写作。“到了 19 世纪 60 年代，已经可以通过铁路前往几乎所有的欧洲大城市和许多小城镇。铁路被视为经济增长、政治稳定和国家团结的关键。”

旅游业也随之兴旺，尤其是英国资产阶级的兴盛和富有，加上英国人因为远离欧洲大陆，有旅行的需要，使得“英式壮游”成为时代模板。1873 年的《爱丁堡评论》写道：“在秋天，整个欧洲似乎都处于一种永恒的流动状态。每一个地方都受到了冲击，无论多么难以到达。在巴伐利亚偏远的柯尼希湖，以前可能一个月里只有十几个外乡人能找对路，现在游客多到能坐满四艘船。里吉岛山顶的草都秃了，散落着碎瓶子和《每日电讯报》的碎片。”

在那个时代，旅行的最大吸引力是“文化”。游客们观赏伟大的艺术品，参观历史名胜和建筑，参观博物馆和美术馆都是计划中重要的行程，“文化”成为人们可以在购物清单上勾选的商品。比如在英国的早期旅行中，奔宁山区的“勃朗特之乡”、华兹华斯居住过的湖区、莎士比亚在斯特拉特福的出生地，都是热门选择。当然，正是因为铁路的诞生，才能让游客前往这些地方。

有故事的精品酒店
Boutique Hôtel avec une Histoire

离开巴黎，首先开车到了德法边境上的法国城市斯特拉斯堡，入住了一家名为“波塔尔斯堡”（Château de Pourtalès）的精品酒店。这酒店历史悠久，沉淀深厚，故事多多。我想，如果精品酒店的设计师都采用这个套路来设计，是能创造出一系列优秀作品来的。这趟来欧洲旅行，除了看建筑、博物馆之外，我认为选择不同的旅馆住宿，也是一个非常重要的内容。

说到挑酒店，我也有一个转变的过程，早年只要又便宜又干净就行，比如去香港我就老是住在尖沙咀半岛酒店隔壁的 YMCA，那是基督教青年会的酒店，干净又实惠，况且底层的餐厅还不错。我那时已经过了和青年人一起住大通铺的年龄，在青旅的酒店中，只要是单间的都可以接受。后来开始给各家大型房地产公司做设计顾问，自然就是住五星级酒店为主了。其实无论青旅还是大酒店，好处都是标准化，如果是同一品牌的酒店，连里面的日常用品都是一样的，没有期待，也没有惊喜，但是住得习惯。

记得那个时候巴黎和法国外省的酒店业基本两极分化，要么是豪华的宫殿级酒店，要么是非常一般的小旅馆。但最近二十多年来，冒出了“精品酒店”，并且蓬勃发展，性价比较高。点对点公寓租赁的发展也促使小型精品酒店需要创造更加温馨和独特的体验来吸引客人。精品酒店价格比较合适，品质也有独特之处，有些人甚至在其中再分出

“设计酒店”这个更小的类别来。我在威尼斯住过一个，的确设计上有些与众不同之处，但是价格却不便宜了。

精品酒店规模不大，通常拥有不到100个房间，提供比标准酒店更具个性化的服务。由于往往位于有历史文化的地段，因而被认为更加“时尚”、更有“品位”。不但有强烈的时尚美感，且有其他酒店难以雷同的特点。它们还可能有主题，例如关注自然、环境、美食、历史、社区和文化等，服务也比较周到。

早在20世纪70年代末，精品酒店就出现在伦敦、纽约和旧金山等城市。至于精品酒店概念是谁提出来的，则一直存在着争议。阿努斯卡·亨佩尔（Anouska Hempel，1941–）设计的伦敦南肯辛顿的布莱克酒店（Blakes Hotel）于1978年开业，位于旧金山联合广场（Union Square）的金普顿酒店（Kimpton Hotel）于1981年由比尔·金普顿（Bill Kimptom，1935– ）创立，它们被认为是精品酒店第一代的代表。

而“精品酒店”这个词，则是由美国企业家史蒂夫·鲁贝尔（Steve Rubell，1943–1989）创造的，纽约麦迪逊大道上原来有家行政酒店（Executive Hotel），鲁贝尔将它买了下来，决心从设计、经营上彻底改造，打造成精品酒店，并且明确地说精品酒店就是独此一家，不搞连锁，他认为连锁酒店等于百货商店。他请酒店管理专家伊恩·施拉格（Ian Schrager，1946–）和室内设计师安德蕾·帕特曼（Andrée Putman，1925–2013）联手，将这家酒店改造成被誉为“第一家精品酒店”的摩根酒店（Morgans Hotel），自 1981 年营运至今。近年来，公众对个性化服务越来越感兴趣，精品酒店越来越受欢迎。许多连锁酒店也开始着手创建附属的规模较小的精品酒店，或收购以前独立的精品酒店。精品酒店通常以主题、时尚、令人向往的特别方式布置，并具有独特的概念。这些概念通常反映了酒店所在社区的文化。

2025 年年初去法国，在斯特拉斯堡城郊居然订到一个非常精彩的精品酒店，波塔尔斯堡酒店。这家酒店地处城北波塔勒（Pourtalès）公园的树林中，周边环绕着森林、草场、水塘，非常幽静。这座城堡建于 1750 年，古色古香，更是欧洲历史的见证者。据酒店介绍，这里曾经有不少名人来住过，比如德国作家阿尔伯特·史怀哲（Albert Schweitzer，1875–1965）、匈牙利钢琴家李斯特、法国国王拿破仑三世（Napoleon III，1808–1873）、法国欧仁妮皇后（Eugénie de Montijo，1826–1920）等，酒店故事多到讲都讲不完，让我很是惊奇。悠久的历史，让美国那些装备不错的精品酒店也只能甘拜下风。

之所以故事多，是因为这家酒店够老，也够水平。波塔尔斯堡酒店位于斯特拉斯堡郊外的罗伯绍区

（Robertsau），酒店名字带“堡”，其实原本就是一栋大豪宅。最早的主人是一个军事建造承包商，约瑟夫·盖罗（Joseph Guérault），他在森林里建了一座小庄园，供自己休息。1802年，斯特拉斯堡一位工业家布希耶男爵从盖罗手上买下了这个庄园，扩建成一座优雅的城堡式豪宅，布希耶的后人普塔莱斯伯爵与夫人从1870至1914年间就住在这里。普塔莱斯伯爵的夫人梅莱妮伯爵夫人是法国著名的沙龙主人、欧仁妮皇后的侍女。有她出手，来这里的名人自然就川流不息了。各种沙龙、晚会开个不停，接待的重要客人包括欧洲的贵族、艺术界的知名人士，数不胜数。酒店的介绍手册上列出了客人名单，有常在这里出出进进的法国皇帝拿破仑三世及其妻子欧仁妮皇后，还有巴伐利亚国王路德维希一世（Ludwig I Karl August）、第一任巴登大公卡尔·弗里德里希（Karl Friedrich）和梅特涅公主（Princess Pauline de Metternich）等，长长一串，相当惊人。其中特别重要的是欧仁妮皇后，她是法兰西第二帝国皇帝拿破仑三世的妻子、法国最后一位皇后、首任第一夫人。欧仁妮皇后在艺术、时尚领域颇有建树，她致力于恢复路易十六时代的宫廷风格，且引领着当时的潮流，据说她从未将一件衣服穿过两次。同时她在政府事务中也保持着较强的影响力，并经常于拿破仑三世不在首都期间主持内阁会议，拿破仑三世也很乐于咨询她在国事方面的建议。

梅莱妮伯爵夫人是一位精致的女性，深谙时尚。她被奥地利大使理查德·冯·梅特涅介绍给法国宫廷，并被任命为欧仁妮皇后的侍女，成为皇后的闺蜜。波塔尔斯堡的沙龙被认为是法兰西第二帝国时期最著名的沙龙之一，这位伯爵夫人也成为巴黎上流社会和宫廷生活的领军人物。她常邀请拿破仑三世和欧仁妮皇后到波塔尔斯堡参加奢华的沙龙，欧仁妮皇后非常喜欢，经常来这里住宿。因为皇室成员常来，自然也邀请音乐家、文学家来助兴，还有李斯特这样的名家来这里演奏钢琴，沙龙就尤显尊贵了。这座庄园大宅于是成为巴黎以外最显赫的沙龙，一些皇室贵胄的婚礼也在这里举行，就连那不勒斯王国国王的孙女安妮·穆拉特公主的婚事，也是在这里操办的。

1870 年普法战争期间，拿破仑三世亲赴前线御驾亲征，欧仁妮皇后留在巴黎摄政。后来法军惨败，皇帝拿破仑三世被俘，共和派领导民众推翻了第二帝国，欧仁妮皇后及随从流亡海外。最终她与拿破仑三世在英国重聚，就再没有来过这座城堡了。这个豪宅在普法战争中遭受损坏，梅莱妮伯爵夫人在 1914 年去世，这座豪宅由她最小的女儿继承，后来就受冷落了。

第一次世界大战期间，波塔尔斯堡被德国人占领，1918 年德国战败后，这里就空置、零落了好些年，最终在 1939 年彻底关闭。第二次世界大战开打，德国人又把豪宅没收了，供高级军官休养，1945 年德国再次战败，这里再次长期空置。直到 1972 年，濒临倒塌的豪宅被美国人沃尔特·莱伯雷希特（Walter Leibrecht，1927–2007）买下，他在西德创办了席勒国际大学（Schiller International University），将这里作为学校的学生宿舍长达 26 年。直到 2009 年，这个地方才被财团收购，改造为波塔尔斯堡酒店。

这个酒店的故事超多，并且迄今还没有被充分利用。欧盟不少机构常在这里举办集会，已经不愁客源；相比之下，李斯特、拿破仑三世和欧仁妮皇后已显得太过遥远。现在，市场需求远远超过酒店 48 间客房的承载量，已无需历史故事来宣传。

这样的地方是很罕见的，许多精品酒店都是拿一点点属于残羹剩饭的故事不断炒作，来扩大知名度，而波塔尔斯堡酒店则底蕴满满，毫不费力。酒店客房分布在历史建筑“古堡”（le Château）、附楼“木屋”（le Chalet）和“园林居”（le Parc）中。从城堡客房的仿古镶木地板、历史悠久的室内设计和装饰品，到周围古木参天的自然环境，整个酒店沉浸在不同的氛围中，享受着独特的环境。酒店所在公园占地 15 万平方米，树林中有小径、池塘、小桥。第二天早上我们在森林里散步，一阵微风吹起，树林瑟瑟作响，成群的天鹅在林间的池塘里悠然游弋，那种感觉，是在其他地方很难找到的。

这个庄园豪宅在建筑上有很特别的地方，就是兼有法国和德国两种风格，不是融合，而是并肩而立。梅莱妮伯爵夫人建造的法国宫殿气派、考究；而旁边德国人建造的部分就是典型的木格墙面的德国民居，平实，简朴。将这两种风格并排放到其他地方或会感觉刺眼，但是在斯特拉斯堡地区则自然得很。

木结构建筑的德国民居，在德国一些地方比较常见，特别是戈斯拉尔（Goslar）和奎德林堡（Quedlinburg）很多。这种建造方法在中世纪和文艺复兴时期很是常用，木框架在德文中叫作“Fachwerkbauweise”，英语称之为“柱梁”（timber framing），是一种传统的建造方法。先把作为主要材料的大树切割成方形，再用大木钉固定接头，立面纵横交错，承重木材的结构框架暴露在建筑物的外部，被称为“半木结构”（half-timbered），木材之间的交错不仅是承重需求，也起到装饰的效果。德国现存的半木结构建筑估计还有 250 栋之多，但是在法国则较少见到。斯特拉斯堡因为经常在德国人手中，这类建筑也就特别多，波塔尔斯堡的主楼一半是半木结构，是非常真实的德国建筑。

法国外省建筑
Architecture des provinces françaises

•

在美国买住宅，谈到风格，总是地中海风格、法国外省风格、英国的维多利亚和摄政王风格，或者 20 世纪 50 年代的现代主义、简约主义风格，来来去去，就这么几种。按我在市场上的观察来看，喜欢英式的人比较多，第二就是法国外省风格。这次去法国南部，目的之一就是去看看外省建筑。

开车出了巴黎，到处都是独栋的法国建筑，美国人一律叫作“法国外省建筑”，这类建筑居然在美国建筑、室内设计中成了一个特别的类型，好多美国人喜欢。在美国推动法国外省风格的第一个建筑师当属弗兰克 · J. 福斯特（Frank J. Forster，1886—1948），他被同行公认为法国外省建筑大师。虽然说法国外省建筑形成于 18、19 世纪，但是真正大范围流行是在 20 世纪 30 年代，据说法国近三分之一的房屋都具有法国外省风格。现代主义流行过一阵子，20 世纪 60 年代重新流行，所以我们在法国外省看到的这些古风盎然的住宅还不仅是古迹这么简单，而是具有商业意义的。

所谓法国外省建筑，其实也有差异，美国人喜欢的主要是南方的类型。北部的外省建筑主要是我们在斯特拉斯堡看到的那种半木结构、德国式的建筑，基本可称为“雷恩半木结构房屋”（Rennes half-timbered houses），主要分布在法国北部大区，尤其是诺曼底、香槟和阿尔萨斯。这些地区木材丰富，建筑方法简单，主要采用木框架。木梁之间的嵌板里填充着当地的各种材料。甚至有些人使用玉米芯、石灰、稻草、沙子、动物粪便、湿黏土混合而成的物质填充，还有人使用小石头或砖块来填充。这种房屋很容易建造，但通常不对称。您看到的一些偏离重心的角度是由于几个世纪以来结构移动造成的。但您还会看到为了增加坚固度而添加的奇怪木块，因为建筑工人无法获得精确长度的木材。它们看起来既奇怪又可爱。

在所有法国建筑中，德国风体现得是最明显的，您可以在法国北部各地找到例子。有些城镇中全是这类半木结构房屋，比如布列塔尼的雷恩和迪南、勃艮第的第戎和博纳、诺曼底的鲁昂、香槟的特鲁瓦、卢瓦尔河谷的图尔，以及阿尔萨斯的利克维、科尔马、斯特拉斯堡、圣伊波利特和凯塞贝格。

法国外省建筑的第二类是农舍长屋（Longère），主要分布在布列塔尼和诺曼底，但也在利穆赞和法国西部部分地区建造。这个名字为这种风格提供了线索，“longère”翻译为“长屋”，是长方形的单层房屋，其背面朝向盛行风。这些建筑采用当地的石材和布列塔尼的花岗岩建造而成，屋顶为石板瓦，有时为茅草瓦。如今，许多酒店的一楼房间都是由旧阁楼改建而成，有些酒店还保留着通往阁楼的外部楼梯，它们最初大多是作为小农舍而建造的。

农舍长屋与法国其他地区的农舍的区别在于其附属建筑。农舍长屋排列成长长的一排，房子前面没有真正的农家院或庭院。许多长廊已被改建成住宅和度假屋，因此它成为法国建筑中难以辨认的风格之一。

农舍长屋比较简陋，不是美国人热衷的。真正被美国人叫作“法国外省建筑”的是法国南部乡村的豪宅，这些传统的石头建筑遍布法国南部的乡村，尤其是普罗旺斯。这类建筑还按大小被分为两类：第一类是“马斯”（mas），第二类是“巴斯蒂特”（bastide）。马斯比较小一点，巴斯蒂特则是比较大的庄园住宅，并且比马斯要晚很多才发展起来。

马斯建造得都很优雅，住宅周边有足够的土地供业主自给自足，果园里果树成荫，蔬菜在菜园里整齐地生长，有的土地还生产谷物。在桑树繁茂的朗格多克－鲁西荣（Languedoc-Roussillon）区，许多业主在自己的丝绸农场里养蚕。动物饲养在一楼，通过高大的门让动物进出。家庭的主要房间、卧室和厨房都在楼上。这既是为了安全，也是为了温暖。

巴斯蒂特是较新的新城改造建筑，讲究整体感，所谓新，也都是在 13、14 世纪了，法国曾经在 13、14 世纪动手建设具有防御功能的新城镇。这些建筑由主人按照网格模式规划和建造，通常有一个中央空间，周围环绕着拱廊

（有盖），实际上是相互连接的街道。后来，巴斯蒂特变成了被土地环绕的、独立的大型石砌庄园。巴斯蒂特更加豪华，通常坐落在山丘或高地上，主人是其管辖范围内管理一切事物的主人。法国外省建筑中的巴斯蒂特是比较受游客欢迎的。

巴斯蒂特庄园是可爱的乡村别墅。大型方形建筑的墙壁通常覆盖着石灰灰泥，并涂上赭石色或粉红色，顶部是缓缓倾斜的红瓦屋顶。两层楼的窗户，有百叶窗遮光；房子的前面有一个阳台或石质走廊。许多房子都有一条菩提树大道通向房屋。庄园通常位于法国西南部的阿基坦（Aquitaine）和南比利牛斯（Midi-Pyrénées）区。

如果说有要推荐一个值得去看看的外省建筑，我想位于拉特雷耶（La Treille）村的新巴斯蒂特（Bastide Neuve）城堡庄园是不错的选择。1904 年，法国电影导演马塞尔·帕尼奥尔（Marcel Pagnol，1895—1974）租下了这座位于马赛郊区的村庄作为避暑别墅，他在这个村庄写作和拍摄电影。现在这里是法国外省建筑爱好者的朝圣之地。我去看过几次，从来都没有机会住进去，得提前预约才行。

除了上面提到的几种类型之外，还有一种很特别的外省住宅，叫作“诺曼底豪宅”或者“主人豪宅”（Maison de maître），这类住宅通常位于城镇或村庄中。它通常是一座具有对称外观的豪宅或庄园，看起来很优雅，彰显主人的地位，是当地的乡绅或谦逊的地主的住所。里面的房间天花板很高，比例很好，每层通常有四个房间。可以有两层或三层，通常还有阁楼房间。即使位于市中心，豪宅通常也配有大花园或小公园。主人豪宅在法国各地都有，成为最常见的法国外省建筑风格之一。

法国西部的外省建筑叫作“夏朗德房屋”（Charentaise），由石头建造而成，规模庞大，遍布夏朗德省以及法国西部大西洋沿岸的普瓦图－夏朗德（Poitou-Charentes）大区。它们通常呈矩形，具有统一的特征，布局类似于城堡式住宅。穿过中央门厅进入走廊，大小相同的房间向两侧散开。这些建筑不如主人豪宅那么宏伟，主要建于19世纪，在城镇和乡村随处可见。许多建筑都有两层或三层楼高，前面有庭院，后面有花园，周围环绕着附属建筑。夏朗德房屋住宅在美国很受欢迎，很多美国人建造的法式公寓，就是参照夏朗德房屋建的，形式上属于法国外省风格，而造价又低于主人豪宅。

除了宏大的主人豪宅之外，法国南部的外省住宅，其实原来都是农舍，有大有小，形式类似，但是建筑材料不同，靠近北方的农场住宅多是用砖建造的，南方更多用石头建造。

凡是法国外省建筑，几乎都有带百叶窗的窄高窗户、石板屋顶、铜排水沟和对称放置的烟囱。房屋通常是矩形，外部通常用砖或灰泥建造，外部组件对称放置。门的设计是矩形的，带有拱形开口。从朴素的农舍到富裕的贵族乡村庄园，法国乡土风格的房屋注重对称和平衡，显得庄严。

按照不同地理位置，法国山居住宅又有不同的设计。法国山区度假胜地的优雅小木屋是很引人瞩目的，小木屋最初是牧民的小屋，春天来临，迁移放牧开始了，牧民们把牲畜赶到郁郁葱葱的高山牧场，他们需要一个地方过夜，这些小屋就为牧民们提供了夏季居住的地方，牧民们在这里制作黄油和奶酪。阿尔卑斯山小屋非常实用，带有大悬垂屋檐的人字形屋顶可以抵御恶劣天气。这类由陡峭的屋顶和灰泥、石头或砖制成的外墙组成的建筑也是典型的法国外省建筑。

现在法国人通常使用“庄园”（Manoir）一词代替“城堡”（Château）来描述建筑物。但城堡是法国建筑的一种真实风格，起源于中世纪，是一种防御性房屋。在 14、15 世纪的百年战争期间，法国普通人的生活是危险的。如果富裕的话，那就必须做坚固的城堡豪宅，这些豪宅有封闭的墙壁、吊桥和底层大厅。上厅或上堂是豪华的房间，是主人和他的家人接待访客的地方。通常向屋内院落开放，家庭成员的私人房间位于大厅外。最吸引人的是装饰了精美烟囱的壁炉。如果主人特别富裕，墙上可能会挂满挂毯。

真正的古老庄园已经不多了，大多数庄园位于诺曼底和布列塔尼。诺曼底的克雷沃克尔庄园（Manoir de Crevecoeur）是典型代表，有封闭的庭院，前面有墙入口。法国部分地区仍在继续建造庄园，但变得更加宏伟和精致。实际上它们是坚固的城堡。在布列塔尼，菲尼斯泰尔省雄伟的16世纪凯尔让城堡（Chateau de Kerjean）就是一个绝佳的典范，主楼外有坚固的防御墙。

另外一种法国外省建筑类型叫作“府邸”或“庄园”（Domaine），占地面积大，有内部豪宅别墅、广阔庭院和其他附属建筑。比较典型的是罗曼尼－康蒂庄园（Domaine de la Romanée-Conti），这个地方其实是一个比较大的酒庄，中世纪的时候，许多酒庄都有自己的葡萄园。在勃艮第，所有主要葡萄园都称自己为酒庄，例如罗曼尼－康帝酒庄。而在波尔多，拥有葡萄园的类似房产被称为“城堡”。

法国外省建筑中最顶级的是真正的城堡。这些宏伟、浮夸的建筑没有单一的经典风格。它们可以是正方形、长方形，围绕庭院而建的或大或小的建筑。它们可以位于乡村深处，藏在一个小村庄里，就像我上次去过的在奥弗涅（Auvergne）的小村庄一样，或者矗立在卢瓦尔河这样的大河旁。建筑的主人可以根据自己的意愿，选择多或少的带有圆锥体、城墙和护城河的漂亮塔楼，或者结构更简单。

城堡在德国、法国是非常多的，其决定性特征是城堡主的威望。城堡是为重要人物准备的，他们是法国偏远地区的小地主、贵族、君主的亲戚和朋友，当然还有国王、王后和情妇。另一个重要特征是它们建造的时期。在 13、14 世纪，它们是为了防御而建造的。它们是城堡，或者我们称之为城堡。实际上，它们与那些古老的宅邸是相同的建筑。它们有城垛、防御墙、箭孔，并且完全封闭。从建筑风格上来说，它们千变万化，完全没有一个标准，从红砖实心豪宅到最优雅、最华丽的建筑都有。舍农索城堡（Château de Chenonceau）就是这样一个典型的代表。

虽然法国外省建筑的一些元素在过去几个世纪发生了变化，但大多数房屋保留了许多传统特征，如砖或石外墙、陡峭的倾斜屋顶和高高的拱形窗户。法国外省建筑经受住了时间的考验，不但在法国，也在美国各地流行。

要总结法国外省建筑的特点，我想有如下几条。

一是对称性。法国外省建筑是高度对称的。前入口正好位于房屋前部的中心，结构的每一侧都放置了相同数量的高大矩形窗户和简单的百叶窗。某些房屋旁边建一个圆形塔楼，对称性就被破坏了。

二是陡坡屋顶。几乎所有法国外省建筑都有陡峭的四坡屋顶，这意味着屋顶的所有四个侧面都向下倾斜到地面。老虎窗是屋顶的小型延伸部分，为顶层增加了额外的采光和通风。许多屋顶由石板或铜制成，增添了房屋的简约美感。

三是至少两层。法国乡土风格建筑通常非常宏伟，这些房屋至少有两层也就不足为奇了。上层一般会有高大的拱形窗户。许多房屋的窗户延伸到屋顶线的屋檐之外，使建筑看起来更高、更富丽堂皇。

四是简约而优雅的内饰。尽管法国乡村住宅的外部采用笔直、对称的线条，但内部设计通常采用曲线，使用亚麻、木材、锻铁和石材等有纹理的材料，显得更加柔和。室内设计为了反映周围的景观，奶油色、白色、棕色、绿色、蓝色和灰色是标准选择。传统的法国外省的室内装饰与当今许多家庭中流行的现代农舍和法国乡村装饰风格相似。

第一次世界大战后，美国士兵将法国外省建筑风格带到了美国。他们在欧洲看到的乡村庄园和大型城堡住宅启发他们在美国建造类似风格的住宅。尽管在美国，法国外省建筑风格没有像英国传统体系建筑风格那样普遍，但在 20 世纪 20 至 60 年代，法国外省建筑风格成为美国最流行的住宅风格之一。

斯特拉斯堡手记
Strasbourg à la main

我最早接触到斯特拉斯堡，是在 1979 年的《连环画报》月刊上，看到画家白敬周根据法国小说《最后一课》改编的连环画。故事发生在普法战争后期，法国战败，阿尔萨斯和洛林地区被划归德国。学校里被要求停止用法语，改而教授德语。那天，小弗郎士上学迟到了，当他走进教室的时候，老师韩麦尔先生正在说“今天是最后一堂法语课了”，这位平时不太用功的小学生顿时萌生悔意：自己以前没有好好学习，以后没有机会了。韩麦尔先生告诉学生：“法语是世界上最明白、最精确、最美的语言”，“亡了国当了奴隶的人民，只要牢牢记住他们的语言，就好像拿着一把打开监狱大门的钥匙”。于是，大家都十分珍惜地上好这最后一课。下课钟声响了，韩麦尔先生在黑板上用力地写出一行工工整整的法文“法兰西万岁！”。这个故事就发生在斯特拉斯堡旁边的乡村。那时候我想：将来有没有可能去阿尔萨斯，看看斯特拉斯堡这座城市呢？这是我对斯特拉斯堡留下的第一个印象：法德战争抢夺的地方。

第二次留意到斯特拉斯堡，则是因为我自己喜欢画钢笔画，对那些做铜版画的画家非常崇尚，其中最喜欢的是法国的古斯塔夫·多雷，他就是斯特拉斯堡人。

2025 年初去欧洲，从德国驱车法国，到了德法边界上的斯特拉斯堡。长期以来，这里是德法两国争抢的地方，几易其手，德法文化的浓度都不小。以至于我进入了斯特拉斯堡，但感觉好像还在德国，只是看到道路上的指示牌文字突然变成了法文，才意识到已经出了德国进入法国了。

斯特拉斯堡位于法国东部，与德国接壤，人口大约28万。虽然城市不算很大，但被称为“欧盟的第二首都”，这里除了是欧洲议会的所在地之外，还有许多欧盟的重要机构（如欧洲人权法院等）设在这里，所以是欧洲重要的政治中心之一。同时，城区里保有许多精美的中世纪以来的古老建筑，斯特拉斯堡老城大岛和斯特拉斯堡大教堂被联合国教科文组织列为世界文化遗产。

伊尔河（Ill river）从斯特拉斯堡老城区的东北方流入，分成东西两条支流，将老城区团团围住，形成一个大岛，名为“格兰德岛”（Grande Île），但人们仍常常称之为“大岛”。东边的支流在小法兰西（The Petite France）地区内又分成四道溪流，织成一片水网。然后四流合一，再与西边的支流汇合。走进这个大岛，好像进入了时光隧道，回到了中世纪和文艺复兴时代。作为阿尔萨斯的主要城市，斯特拉斯堡在建筑、艺术方面的历史沉淀极为深厚，大岛有许多纪念碑、教堂、博物馆，当然还有很多小商店、啤酒厂和面包店。

很多年前，我学欧洲史的时候，对斯特拉斯堡就有印象，因为该城是中世纪黑死病、梅毒最严重的地区，以致当时的欧洲人对斯特拉斯堡都谈虎色变。斯特拉斯堡市内有一个非常著名的半岛型的古城区，以几道互通的廊桥连接，也就是小法兰西。该地曾长期设有一间临终关怀医院，收治一些患有不治之症的病人。当时最严重的疾病是梅毒，而梅毒是由法国佣兵传入的，所以便将这所医院叫作“小法兰西”了，而这个地区也因此得名。走进小法兰西，这里的建筑、小巷和人行桥大多建于16、17世纪。许多建筑物的倾斜屋顶有开放式阁楼，原来是在屋顶上晒干皮革用的。区内的主路磨坊街（Rue des Moulins）靠河边，曾经布满了以流水为动力的磨坊和皮革厂。制革厂以此为基地，因此气味难闻。附近的居民大多贫苦，以做苦力、渔民为主，还有些妓女也住在这里，所以小法兰西过去并不受当地人待见。

如今的小法兰西不但与梅毒脱尽干系，还成为热门的观光区。这里许多半木结构的房舍都有400多年的历史了，几百年的老建筑密密麻麻，在伊尔河几条分叉夹成的半岛中形成横街窄巷，各种小店散布其中，是游客探秘寻幽的胜地。再加上一座斯特拉斯堡廊桥（Ponts Couverts de Strasbourg）横跨四条溪流，被头尾四座塔楼分成三截，这样桥多、河密、塔楼坚固、交相呼应的格局，大大提升了军事防御能力。这里的古建筑、古街巷保存完好，随着水面上的涟漪荡漾，老桥、古塔的倒影也摇曳生姿，亦是小法兰西如此吸引人们去深度探索的原因。

中世纪的欧洲极为落后，各地人口数量不多，还不断流徙，百姓生活困苦，所谓的文化只属于王宫、修道院。贵族尚武，10 至 11 世纪之交是基督教史上所谓的“世界末日”，人们相信基督上十字架后的千年末日已经来临，这时的西欧正处于荒年，越来越多的人去耶路撒冷朝圣。在这样的宗教狂热背景下，欧洲发起了对中东地区的十字军东征，从 1096 年起，到 1291 年止，前后共九次之多。十字军远征，急需费用，因此教皇就向老百姓出售赎罪券。天主教信徒们相信：花钱为自己购买赎罪券，可以抵消将来在炼狱会受到的苦刑，甚至还可以为已经死去的亲人代购赎罪券，令他们早日脱离苦海。文艺复兴时期的德国神父约翰·特策尔（Johann Tetzel，1465—1519）说的“银币叮当落进箱底，灵魂雀跃跳出炼狱”，讲的就是这个道理。赎罪券在那个时代成为教廷重要的经济来源。除了支持十字军东征，还用来修建罗马的圣保罗大教堂，老百姓的收入几乎被盘剥得精光。

在这种宗教狂热下，各地开始兴建巨大的教堂，斯特拉斯堡大教堂就是这个时期开始兴建的。这座大教堂始建于十字军东征前的 1015 年，很快就停工了，到 1190 年才又开始建造，到 1439 年才完工。也就是说，大教堂的建设过程经历了从第三次到第九次的七次东征，建成时已经进入文艺复兴时期了。

斯特拉斯堡的历史很悠久，早在公元前 1 世纪晚期，罗马帝国便在如今的斯特拉斯堡建起了军事哨所。斯特拉斯堡是莱茵河流域的主要港口，走水路去巴黎和里昂都非常便捷，是法国与中欧地区进行粮食贸易的枢纽，很早就已经是一个重要的航运与贸易口岸了。自 4 世纪起，该市就成为主教的驻地。5 世纪末，日耳曼人重建此城，并因城市位于横跨莱茵河的交通要道上，而取名为“Strateburgum”（由“Strate”与“Burgum”组合而成），意即“道路上的城市”。现在的斯特拉斯堡是法国大东部大区、阿尔萨斯、下莱茵省的首府，位于法国国土的东端，与德国的巴登－符腾堡州的凯尔镇隔莱茵河相望。全市人口约 27 万，是法国东北部人口最多的城市。斯特拉斯堡是法国乃至西欧公路、铁路和内河航运的重要中心，目前是多国组织莱茵河航运中央委员会的驻地。

今天，斯特拉斯堡属于法国，但是在历史上，德法两国都对此地提出过主权要求，甚至不惜兵戎相见，争来夺去，几易其手。1871 年普法战争，斯特拉斯堡被并入德国。第一次世界大战中德国战败，斯特拉斯堡又被法国索回。第二次世界大战中，此城于 1940 年再次被德国吞并，著名的大犹太会堂也被纳粹烧毁。1945 年，法国军队再次攻入斯特拉斯堡，红白蓝三色国旗又重新飘扬在这座城市的上空。漫步在城内，一座雕像让我深感震撼，那是一位悲伤的母亲，搂着两个阵亡的儿子，一个朝西，一个向东，一个为法国献身，一个为德国捐躯。历史的扭曲纠结，留下了多少世代爱恨情仇，铸下了多少人间悲剧。这座纪念第一次世界大战阵亡将士的雕像，建于1936年，却未能制止战争。几年以后，第二次世界大战的战火又一次吞噬了这座美丽的城市。历史的教训一次又一次，难道还不足以令人类警醒？现在，德法都是欧盟成员，已成睦邻友邦。伊尔河上有一座铁桥，正中划有一道笔直的白线，这就是两国之间的国界，不过，人们可以自由过往，全无阻碍。世界上如同斯特拉斯堡这样被两个不同的民族或国家反复争夺的城市不多，法国人写的书里都说斯特拉斯堡的人讲法文有很重的德文口音，估计就是历史造成的结果。据说，如今的斯特拉斯堡居民中，同一个家庭的成员分执不同国别的护照的情况，并不鲜见。

虽然斯特拉斯堡在法国控制下，但是这里的路德会大学依然用德文教学，这所学校可不是无名之辈，曾培养出文学家歌德、哲学家赫尔德（Johann Gottfried Herder，1744–1803）这样的大家。发明欧洲活字印刷的古腾堡（Johannes Gutenberg，1397–1468），宗教改革领袖加尔文（Jean Calvin，1509–1564），音乐家莫扎特（Wolfgang A · Mozart，1756–1791），生物学家巴斯德（Louis Pasteur，1822–1895）都曾在斯特拉斯堡生活。

还有一个鲜为人知的故事也发生在斯特拉斯堡，1792年法国革命期间，一位法国军官鲁日·德·李尔（Claude Joseph Rouget de Lisle）在斯特拉斯堡市长家中进晚餐时，谱写了《莱茵军团战歌》（*Chant de guerre de l'Armée du Rhin*），后来在法国大革命中，因来自马赛的志愿军高唱此歌向巴黎进发，故得名《马赛曲》，最终成了法国国歌。不过法国大革命给斯特拉斯堡带来了灾难，斯特拉斯堡自由市的地位被废除了，教堂、修道院中的几百座雕塑被捣毁了，许多教堂的尖顶都被推倒了。

我们去斯特拉斯堡那天，是个阴天，还不时下着雨。走到小法兰西，刚好遇到好多小学生放学在桥上蹦蹦跳跳地回家，热闹得很，本来想多看看，但是欧洲的冬天，实在太冷了，有些朋友走到廊桥已经冻得不想走了，刚好看见桥边有一家餐厅，里面非常温暖，几位年轻服务员也非常客气，我们就干脆在那里把晚饭吃了。

斯特拉斯堡大教堂
Cathédrale Notre-Dame de Strasbourg

建筑史中，经常会提到各种教堂建筑，基本是在中世纪建造的，比如巴黎圣母院、米兰大教堂、科隆大教堂和斯特拉斯堡大教堂。前面的几座大教堂我曾几次拜访，但斯特拉斯堡大教堂是 2025 年第一次来。与黄色的巴黎圣母院、白色的米兰大教堂、发黑的科隆大教堂不同，这座用来自孚日山脉（Vosges Mountains）的红棕色砂岩建成的大教堂，呈现出独特的粉红色，灯光下，既雄伟又婉约，非常震撼。

斯特拉斯堡大教堂全名“斯特拉斯堡圣母大教堂”（Cathédrale Notre-Dame de Strasbourg），是一座天主教大教堂。它原来是罗马时期的老教堂，却是中世纪后期哥特式建筑的最好典范之一。这个教堂和我们看到的绝大部分中世纪大教堂不同，只有一个尖塔，并且特别高。

之所以会在这里建造这样一座恢宏的大教堂，是海因里希一世·冯·哈森堡主教（Bishop Heinrich I von Hasenburg）的决定。当年，这位主教看到瑞士巴塞尔大教堂（Basler Münster）后很受激励，决心在斯特拉斯堡这个交通枢纽建造一栋更高大、更雄伟的主座教堂。这座大教堂是在历史悠久的遗址上建起来的，该地最初有一座罗马圣殿，后来修建了一座供奉圣母玛利亚的神庙。7 世纪，原址上曾有一座加洛林王朝的大教堂。新建的大教堂在先前罗马式建筑的基础上，既保留了一些罗马式特征，也融入了不少中世纪流行的哥特式元素。

这些哥特式元素，一方面表现在建筑结构上。1200 年后，教堂北耳堂、南耳堂的罗马式拱顶被改造成哥特式尖拱顶，将建筑重量的推力向外引导，减少了建筑内部对巨大承重柱子的需求，建筑也更加坚固了。同时南耳堂的拱顶被抬高，创造出更薄的墙壁和更多的高窗户空间。1240 至 1274 年间，再将中殿也改造成哥特式风格。由于安装了肋拱顶，中殿的高度也提高了。从地板到拱顶的总高度为 32 米，并分成三层，上墙部分布满了彩色玻璃窗。

另一方面，哥特式元素也表现在装饰手法上。当时法国流行的哥特式教堂都用雕塑装饰柱子，斯特拉斯堡教堂的设计自然受此影响很大，特别是天使之柱，以及南耳堂双门上方的鼓室，室内室外的柱身或壁龛都布满了雕塑，主要是受巴黎圣但尼大教堂（Basilica of Saint-Denis）的影响。对这座教堂的赞美之词不胜枚举，维克多·雨果描述它是“伟大而精致的奇迹”，歌德则将之评为“庄严高耸、广袤的上帝之树”。它的恢宏与美丽无与伦比，传说中，在阿尔萨斯平原上几乎任意一点，都可以望到它的粉红色的身影。

历史上，很多建筑都是家族世代继承设计的，比如清代主持皇宫建设的雷氏，代代相传，居然设计了整个故宫建筑群。斯特拉斯堡大教堂则是德国斯坦巴赫家族的事业，这个家族祖孙三代执掌了大教堂的设计和建造工程。第一代是埃尔温·冯·斯坦巴赫（Erwin von Steinbach，1244—1318），他建造了南北耳堂、中殿，儿子约翰内斯·冯·斯坦巴赫（Johannes von Steinbach）负责设计教堂的西立面，他把西侧立面设计得比中殿更高、更宽，由于使用了扶壁和双层墙，为外墙装饰留有宽敞的空间，并使内墙也具有承重能力得以开启大窗户，使得大教堂内部更加明亮。他还规划在主立面两侧各做一个 122 米的尖塔。之后，第三代的盖尔拉赫·冯·斯坦巴赫（Gerlach von Steinbach）接手，在 1339 至 1371 年期间，添加了玫瑰窗的设计，并在其上方安装了十二使徒雕像。

不过，1372 年之后，教堂的建设就不再由斯坦巴赫家族掌控了，这项工作先后由三位建筑师来承接，康拉德（Maître Conrad）、迈克尔·冯·弗莱堡（Michael von Freiburg）和克劳斯·冯·洛尔（Claus von Lohre）。这三人在西面建造了一座瘦瘦高高的塔楼，取代了原本设想的两个尖塔。塔楼是八边形的，要通过八道旋转楼梯才能到顶部，让人有点头晕眼花。这座尖塔高 142 米，自它完工后，直到 1874 年，一直是世界上最高的建筑物，迄今是世界上第六高的教堂，也是现存最高的完全建于中世纪的建筑。据说从孚日山脉或莱茵河对岸的黑森林，都能遥遥望见这个尖顶。

斯特拉斯堡大教堂的建造时间拉得相当长，早在1015年就动工了，之后停工几十年，到1190年重新启动，最终完工已经是1439年了。1870年，普法战争之后，德国人曾经提出建造与尖塔对称的第二个塔楼，斯特拉斯堡居民认为那是被德国占领的象征，对此嗤之以鼻。从那时候起，再没有人讨论建第二塔楼的事情了，斯特拉斯堡大教堂就以单一塔楼而闻名于世。

很难想象这么恢宏的一座大教堂，居然被暴民破坏过。法国大革命爆发，横扫斯特拉斯堡，最激进的忿激派（Enragés）用铁锤捣毁了教堂立面的200多个天使和皇帝的雕塑，七口大钟也被拆除、熔化，制成革命军用的大炮，教堂内部的黄金和其他贵重物品全被革命军拆走。1784年，他们还计划要捣毁尖塔，幸而被市民们保护下来。大革命之后，法国政府费了很大气力、很长时间才逐步将它修复。到了第二次世界大战，希特勒要把这个教堂改成无名战士纪念碑，德国人用74个大箱子把教堂的彩色玻璃运回德国，藏在海尔布隆（Heilbronn）附近的盐矿中。战后才被美国军方发现，归还给大教堂。战争期间教堂遭到轰炸，损坏严重，整体的修复直到2006年才最终完成。

我第一次参观斯特拉斯堡大教堂，深感震撼，原因是主立面的景观非常奇特，世界上没有任何其他一座教堂是这样设计的。在这个立面上，密布着一层细细长长的镂空圆柱，这些柱子纯粹是装饰，并不承重，看上去像是竖琴的弦。连同花边装饰的尖顶山墙，加上顶部的尖塔，营造出一种绝无仅有的网状的垂直感。暗粉红色的石材更增强了立面的视觉效果，这样的装饰带来的视觉观感，让这座教堂看起来像是被笼罩在一张朦胧的幕布之下。

大教堂有三个入口（portal），左边的门户献给基督的婴儿期，中央的门户献给救赎，右边的门户献给最后的审判。每个门户都被由细长的柱子、尖顶和尖拱门组成的网络包裹着，并装点着众多的雕塑，这些雕塑大部分可追溯到13世纪末，主题和风格与兰斯大教堂1250至1260年间创作的雕塑相似，但斯特拉斯堡的雕塑表现出更强的现实主义。

中央大门上方的拱形鼓室布满了密密麻麻的雕塑，与早期那些大教堂姿态僵硬、表情木讷的雕塑不同，斯特拉斯堡大教堂的雕像明显地表现出情感，这是受文艺复兴的影响。先知严厉，端庄持重；圣母安详，雍容华贵。还有几个表现愚蠢的雕像，非常具有讽刺性，是以往很少见的。门户中的雕像都矗立在柱头上，柱头装饰着十二生肖。

斯特拉斯堡的彩色玻璃年代久远，其中最古老的是1180年装上去的，我看见北面窗户上有一扇以“所罗门审判”为题材的人像彩色玻璃窗，注明其制作、安装的时间是1180年。讲坛是室内一个拾级而上的高台，呈六边形，六个面都有细腻的深粉红色岩石通雕，生动精彩，每一件都完全可以作为艺术品单独欣赏。

作为一个主座教堂，斯特拉斯堡教堂当然少不了大型的管风琴，最早是在 1260 年安装的，后来多次重建。现在这座巨大的管风琴位于中殿北侧墙壁的高处，其上方有尖塔、下方有华丽多彩的雕塑装饰，还有很多机械驱动的人物，当管风琴响起的时候，小人会随乐声舞动。

位于南耳堂的几座巨大的天文钟是斯特拉斯堡大教堂的特色之一。第一座天文钟最早，于 1352 年安装在大教堂内。它被称为“三王钟”（Dreikönigsuhr），据说，中午十二点时，钟声敲响，三个打扮成国王的机械人物会跪拜在婴儿耶稣面前。这座钟一直用到 1500 年，现在仍挂在墙上。1547 至 1571 年，又建了一座天文钟，制作非常精细，用了两百多年，后被教堂附近的斯特拉斯堡装饰艺术博物馆收藏。现在仍在运行的天文钟是 1842 年建造的。

斯特拉斯堡教堂后殿是一个半圆形的拱顶，虽然建筑是中世纪到文艺复兴时期修建的，但后殿中很多装饰品是 19 世纪补充上去的。

几十年前，我第一次来欧洲看各种教堂，感觉非常凌乱。因为这类大教堂都经历了数百年的建设，其中的艺术作品跨越了好几个不同的时代，风格自然就变得复杂了，从中世纪、文艺复兴、巴洛克，到 19 世纪的新古典主义，结果是看了个热闹，不得要领。现在就好多了，因为有了比较扎实的艺术史、建筑史知识，看这些作品就有纹有路，脉络清晰，加上可以在网络上找资料，只要时间足够，是可以看得很好的。

历数斯特拉斯堡建筑
Calendrier des Bâtiments de Strasbourg

大概是职业习惯吧，我到任何一个城市都会花时间看建筑，而斯特拉斯堡的确有很多值得看的建筑。主座大教堂自然是当之无愧的第一座。

离开主座大教堂，来到双塔的圣托马斯教堂（Église Saint-Thomas），它的昵称为“新教大教堂”，是斯特拉斯堡主要的路德教堂，1521年建成。在这座罗马式与哥特式结合的巨大的教堂内，有18世纪德国制琴大师戈特弗里德·西尔伯曼（Gottfried Sibermann，1683—1753）制作的管风琴，令其更具传奇色彩的是，1778年莫扎特曾在此演奏！这个教堂拥有五个中殿，内部长约65米、宽约30米、高22米。左侧外过道有一间画廊，后殿的左侧和右侧设有小教堂。这里有一些中世纪晚期的壁画，但色彩剥落得比较严重。因为时间仓促，我仅是快速地浏览了一圈。

除了上述两座较大的教堂之外，斯特拉斯堡还有几座被列为历史古迹的老教堂，历经多次战乱仍然幸存至今。介绍其中比较著名的几座。

哥特式的新圣彼得新教教堂（Église Saint-Pierre-le-Jeune Protestant）是一座完成于19世纪末的大型的新罗马式圆顶教堂。其中最古老的部分是建于7世纪的地下小教堂，现在用作墓穴。后来在11世纪和14世纪，相继建造了四道拱形长廊，并建起了哥特式的主楼和华丽的肋拱。这里保存着不少壁画、纪念碑和屏风，都是珍贵的宗教文物。

路德会新教圣威廉教堂（Paroisse Protestante Saint-Guillaume）的外表干净利落，非常简洁，以内部丰富的哥特式和巴洛克风格的装饰闻名，其建造年代可以追溯到17世纪。加之它位于风景如画的伊尔河畔，更令它显得脱俗不凡。

圣尼古拉教堂（Église Saint-Nicolas）是一座哥特式的新教教堂，于1387年兴建在一座12世纪的老教堂原址。这里保存了一些15世纪的壁画，著名的法国宗教改革家加尔文曾在此布道，荣获过诺贝尔和平奖的神学家阿尔贝特·史怀哲曾长期在此担任牧师，为这座外观比较简朴的教堂平添了一圈光环。

除了教堂之外，斯特拉斯堡还有非常丰富的建筑遗产，各个时代、各种风格的在这里都可以见到，细细看去，像是在复习西方建筑史。

众多的中世纪建筑中，斯特拉斯堡的旧海关大楼相当有意思，历史也最丰富。由于该市位于德法边界，即便不靠海，也设有海关。这座建于1358年的建筑立于伊尔河边，体型庞大，曾经是该市商业活动的中枢，也是商品进出口的必经通道。海关大楼最初只有一个简陋的大厅，有垛口形状的彩绘山墙。后来经过扩建，有了摊位和两台带有旋转塔的起重机，可以吊起酒桶等比较笨重的货物。那时候，这里进行盐、酒、鱼、烟草、肉类的贸易，各种货物通过河运抵达这里，再经过海关办理清关手续。直到19世纪初，港口向莱茵河和盆地南部以及东部转移，旧海关的大部分场所就变成了售卖雪茄、珠宝、手表、钟表和银器的商店。19世纪末，这里先后办起了装饰艺术博物馆和城市历史博物馆，甚至还办过幼儿园。20世纪30年代，这里开设过一家带电影院的歌舞表演厅。第二次世界大战期间，这栋大楼遭到战火损毁，空置了一段时间，经长期翻修，至2004年才又重新开放，用来销售本地食物和土特产。

来到斯特拉斯堡，肯定会到古腾堡广场（Le Place Gutenberg）上转转。单是听到这个名字，就会让我想起古腾堡和欧洲的活字印刷来。广场位于老城区的中心地段，建于1100年左右，中央矗立着约翰内斯·古腾堡的雕像，他手里拿着一张羊皮纸，上面写着“那里有光”。古腾堡出生于神圣罗马帝国的美因茨，长期住在斯特拉斯堡。他正是在这里发明了活字印刷，印刷出第一本《圣经》。1045年，毕昇（990—1051）发明了胶泥活字印刷术，取代了雕版印刷术。与毕昇同时代的沈括在《梦溪笔谈》中记载了这项发明，所以国人对于古腾堡的活字印刷的影响并不很重视。不过，虽然中国活字印刷术传播到了朝鲜半岛、日本，但是对欧洲并无影响。四百年后，古腾堡的印刷术成为推动欧洲文明发展的主要动力。

古腾堡最初在斯特拉斯堡开了一家公司，从事金工、制镜等技术型工作。他还开办过印刷厂，用雕版技术印刷过纸牌。大约在1440年，他萌生了活字印刷的想法。他的金工经验，让他得以冶炼出一种锌、铅、铝合金，熔点较低，铸造快捷，适合用来制作金属活字字模。他又发明了一种用油脂作为溶剂的墨水，作为印刷的油墨。此外，他还发明了一款新型的木制印刷机。将这些技术和发明综合起来，就能够批量地印刷书籍了。他出版的《古腾堡圣经》有很高的美学价值，更是引领了一场媒介革命，在之后的文艺复兴、宗教改革、启蒙运动中都发挥了极其重要的作用。他成为斯特拉斯堡的骄傲，所以在这里随处都可以看见以"古腾堡"命名或与之相关的事物。

古腾堡广场旁边有栋名为"新楼"（Neue Bau）的老建筑，是该城最具代表性的文艺复兴建筑，始建于1582年。当时它是斯特拉斯堡的地方政府大楼，长期以来，也一直是老城区的地标性建筑。它是一个三段式建筑，每一段外立面上用壁柱装饰，由下向上分别采用三种不同的古典柱式：科林斯柱、爱奥尼柱和托斯卡纳柱。屋顶很大，整齐排列的三层尖顶气窗分外引人注目。法国大革命时期，它被洗劫一空，后来被商会租用，现在是斯特拉斯堡和下莱茵省商会的所在地。

法国是巴洛克建筑最集中的地区，斯特拉斯堡当然也不会缺席，比较突出的是市内的省长官邸（Hôtel du

Préfet)。整栋建筑呈玫瑰色，正立面是对称的弧形，门楣和窗拱上都精工雕刻着人像或花卉，花园的栏杆上装饰着洛可可图案的雕塑和花瓶。顶层的窗户之间，站立着小天使的塑像。室内的装潢更是金碧辉煌，极尽奢华。这座建筑现在开放给游人参观，当年却潜藏着贪腐故事。1731至1736年间，皇家执政官弗朗茨·约瑟夫·冯·克林格林（Franz Joseph von Klinglin）在斯特拉斯堡征用公共土地，由市政府出资、出劳力为他建造这座建筑，完工之后他又把它卖给市政府，大赚一笔。1752年，皇室对账目进行全面审计，克林格林被捕入狱，审讯还没有开始，他就死在监狱里了。

另一座巴洛克风格豪宅是双桥府邸（Hôtel des Deux-Ponts），位于老城区的布罗伊广场（Place Broglie）上，是皇家放债人加约兄弟（François-Marie Gayot、Félix-Anne Gayot）的私人豪宅，建于1754至1755年。这栋府邸中庭宽敞，还有精致的法式花园，入口大门相当宏伟，主楼前后两个立面都很气派。建筑主体采用暗红色的砂岩，屋顶是灰黑色的，衬着白色的窗棂，略显肃穆；而室内大厅的柱子采用的是金黄色的云纹大理石，颇有皇家风范。后来，两兄弟将它出售给巴伐利亚王室，日后成为巴伐利亚王国国君的路德维希一世就在这里出生。这栋富丽堂皇的宅邸目前是斯特拉斯堡军事总督的官邸，所以并不对外开放。

欧洲进入新古典主义时代，建筑风格回归古典，而建筑结构和材料则逐步现代化。斯特拉斯堡新古典主义风格建筑的代表是布罗伊广场上的斯特拉斯堡歌剧院（Opéra national du Rhin à Strasbourg）。歌剧院开始设计于 1804 年，其建筑师让－尼古拉·维约（Jean-Nicolas Villot，1782—1857）走的是非常稳健的新古典主义路线。经历了拿破仑帝国的兴衰，歌剧院的建造计划也做了多次修改，终于在 1821 年开业。我打着伞，拾级而上，细细看这栋歌剧院，中规中矩的古典形式，立面模仿古希腊神殿的形式，六条大立柱矗立在门前的高台上，顶着六尊缪斯女神的砂岩雕像。这类新古典主义建筑在欧洲各地比比皆是。

斯特拉斯堡在普法战争中转由德国人控制，在德皇威廉一世统治时期，德国区内的林荫大道整齐划一，两旁的建筑尺度宏大，并建起了一批质量上乘的折中主义建筑。

折中主义风格就是将各个不同时代的特点融合在一起，主要有 5 个世纪以来欧洲的各种建筑风格，以及新埃及、新希腊、新巴比伦风格。城中最有代表性的折中主义建筑当数蓬道尼埃国际高中（Lycée International des Pontonniers）的校舍。1871 年普法战争之后，德国人将斯特拉斯堡定为阿尔萨斯－洛林地区的首府。作为推广德国文化的措施之一，德国人决定建立这所学校。校舍由建筑师约翰·卡尔·奥托（Johann Karl Ott，1846—1917）设计，他从 15、16 世纪的日耳曼建筑中汲取灵感，该建筑整体呈现出折中主义的特点。

学校的老区由三栋独立建筑组成，小的两栋分别为校长和副校长的住所，最大的主楼呈“L”形，离伊尔河最近，带有多重直角塔楼。主楼室内每层楼都有不同的镶板，瓷砖上刻着老鹰、狮子或鱼。走廊装饰华丽，每扇门上都有一个徽章，表明该房间的用途（例如用乐器表明音乐教室）。一楼有教员休息室，特色是凸窗，同在一楼的图书馆则采用了新哥特风格装饰。主楼里有两道楼梯，两道楼梯在过去各有所属：一道由石头雕刻而成，专供教师使用；另一道由金属制成，则让学生通行。

走到这所学校的门口，迎面就看见飘扬的欧盟旗帜，看来这真是一所名副其实的国际学校，接受来自欧洲各国的学生。当然，教学语言是法文。学校从 1902 年开始建造，原名为“高等女子学校”（Höhere Töchterschule），1918 年更名为“女子高中”（Lecee de jeunes filles），1973 年开始招收男学生，1975 年改用现有名称，招收国际学生。

还有一栋德国人建造的学校，名为“林恩高等艺术学院”（Haute école des arts du Rhin），建于 1892 年。法国文化部界定这所学校的建筑风格为“历史纪念碑类型”，但事实上，它很有新艺术风格的味道。赭、黄、黑三段式的正立面上，纵向铺陈着几大幅人像瓷砖壁画，窗户下方横向安排了藤蔓式的花纹，相当醒目。走进室内，可以看到用铸铁雕花装饰的楼梯扶手，用方格形彩色玻璃镶嵌的落地大窗，就连侧门的半圆拱顶都有蓝色瓷片的镶顶装饰，入口两旁还有小天使的雕塑冲着你微笑，真有点目不暇接，令人目眩。新艺术运动时间不长，代表性的建筑物主要分布在荷兰、比利时，法德边境的斯特拉斯堡居然有一座这么精彩、这么庞大的建筑，还真是让人感到意外。

讲到新艺术运动的建筑，在斯特拉斯堡必去的就是节日宫（Palais des Fêtes）。这是一座音乐厅，由德国人在1901至1903年间建立，直到1975年都是斯特拉斯堡爱乐交响乐团的驻地。不少著名的音乐家都在这里挥动过指挥棒，其中最显赫的就是马勒（Gustav Mahler，1860—1911）、施特劳斯（Richard Strauss，1864—1949）、威廉·富特文格勒（Wilhelm Furtwängler，1886—1954）、卡拉扬（Herbert von Karajan，1908—1989）、布列兹（Pierre Boulez，1925—2016）和马泽尔（Lorin Maazel，1930—2014）。

节日宫原名“歌手之家”（Sängerhaus），建筑师是约瑟夫·穆勒（Joseph Mülle）和理查德·库德（Richard Kuder，1852—1912），他们在建筑外部选用新艺术风格，但室内还是采用奢华的新巴洛克风格。这栋建筑的立面形式比较特别，因为设计和建造该建筑时处于新艺术运动发展期，所以并不很纯粹。转角有尖塔楼，塔楼两侧三角形屋顶有典型的新艺术风格的雕塑，但内部转为新巴洛克风格，与建筑外部不是很协调。这栋建筑还是斯特拉斯堡最早使用钢筋混凝土的建筑之一。

作为一个规模不大的城市，斯特拉斯堡博物馆的数量和质量可是让人眼前一亮。美术博物馆收藏戈雅、鲁本斯（Sir Peter Paul Rubens，1577—1640）、凡·代克（Antoon van Dyck，1599—1641）、格列柯（El Greco，1541—1614）等人的名画；圣母院博物馆（Musée de l'Œuvre Notre-Dame）收藏中世纪和文艺复兴时期的原稿、彩色玻璃；装饰艺术博物馆收藏18世纪的家具和瓷器；动物学博物馆以鸟类的收藏种类众多闻名；还有莱茵河航运博物馆、巴斯德博物馆、古埃及博物馆等，更不必说那座由一群水泥盒子和一个巨大的玻璃盒子构成的现当代艺术博物馆（Musée d'Art Moderne et Contemporain de Strasbourg），它是法国同类博物馆中规模最大的一个，在阳光下闪闪发光，令任何人都无法错过它。

我首先去的是斯特拉斯堡圣母院博物馆，就在小法兰西区内，展出中世纪到1681年间上莱茵地区的教堂雕塑、花窗玻璃、建筑组件和装饰艺术品，包括祭坛、雕像、器皿、挂毯等，都是由阿尔萨斯历史古迹保护协会收藏的。这里展出的绘画全部是宗教题材的，主要集中展示阿尔萨斯地区大师的作品，如威廉二世私人收藏的汉斯·巴尔东

（Hans Baldung，1484—1545）的杰作《安布罗修斯 · 沃尔玛尔 · 凯勒肖像》(*Ambrosius Volmar Keller*)。这里保存了许多斯特拉斯堡大教堂的雕塑，是近距离观赏这些中世纪作品的最佳场所。康拉德 · 维茨（Konrad Witz，1400—1445）的作品《圣凯瑟琳和玛丽抹大拉》(*St. Catherine and Mary Magdalene*）具有非常强烈的文艺复兴透视特点，是德国文艺复兴受意大利影响的例证。最可贵的是，这里还收藏了许多教堂里的彩绘木雕塑像、三联画，以及少量的巴洛克时期的家具。斯特拉斯堡是德国法国交界的地方，这些作品的风格兼有两国的文化特点，在其他地方很少见到。圣母院博物馆是一栋半哥特式、半文艺复兴式的建筑，附属于大教堂基金会。建筑分成左右两个部分，左翼建于 1347 年，右翼建于 1579 年，建筑本身就是古迹，周围还有一些早期巴洛克风格的木结构房屋。看完大教堂来看这个博物馆，从宏观到微观，非常有意思。

斯特拉斯堡现当代艺术博物馆创建于 1973 年，目前的这座展馆，是在 1998 年完成的，建筑师是法国的阿德里安 · 范希尔佰(Adrien Fainsiber，1932—2023)。展馆中央是一座巨大的玻璃建筑，从这里可以通向博物馆的各个活动区域以及永久和临时的展厅。展馆还为来访者提供了一扇居高临下观赏老城区的巨大窗口。这座博物馆虽然名为现当代艺术博物馆，但藏品的范围宽泛得多，是法国国内唯一的涵盖1870至今作品的大型博物馆。其内容丰富，包括现当代藏品（绘画、雕塑、装置和设计等）6000多件、历史画作15000件，以及摄影作品4000多件。在这里，你几乎可以找到所有叫得出名字的法国艺术家的作品。

考古博物馆（Musée Archéologique）则展示了从史前时期到墨洛温王朝该地区的考古发现。它位于罗汉宫（Palais Rohan）的地下室。该馆的首批藏品来自德国历史学家舍普夫林（Johann Daniel Schöpflin，1694—1771）向斯特拉斯堡市的捐赠。阿尔萨斯历史古迹保护协会成立于1855年，自1889年将市政府所属的藏品放在罗汉宫巨大的地下室公开展示。第二次世界大战后，在斯特拉斯堡及其周边地区进行的城市改造过程中，工地上不断发现古迹，藏品规模得到很大扩展。

这里的博物馆还有很多，斯特拉斯堡博物馆图书馆（Bibliothèque des Musées de Strasbourg）既是栋图书馆，也是个博物馆。该馆成立于1877年，藏书超过14万册，其中不少都是珍贵的文物，尤其还有19世纪的装饰艺术和插画，记录先锋派历史、本地文化史的珍贵资料等，都是该馆的收藏重点。它对本地区的艺术家和作品尤其重视，收藏了出生在斯特拉斯堡的著名画家古斯塔夫·多雷几乎所有的出版作品。

此外，还有专门收藏古代版画和图纸的博物馆，比如历史博物馆（Musée Historique）、阿尔萨斯博物馆（Musée Alsacien）、装饰艺术博物馆（Musée des Arts Décoratifs）、美术博物馆（Musée des Beaux-Arts），还有托米·安格尔博物馆－国际插画中心（Musée Tomi Ungerer-Centre international de l'Illustration），丰富多彩，不住上几天，根本看不过来。

斯特拉斯堡在战后历经拓展，欧洲区（Quartier Européen）是新区之一，那里有理查德·罗杰斯设计的欧洲人权法院（European Court of Human Rights），就体量而言颇为壮观，但是两个圆形谷仓似的结构并不是人人都能接受的。

斯特拉斯堡的建筑中，桥梁亦是一个亮点，其中最引人入胜的是拥有四座塔楼的中世纪的廊桥，原本每座桥都建有木屋顶，以保护战时驻扎在桥上的防御者，现在这些屋顶已被拆除，但廊桥这个名字则一直流传了下来，近旁就是17世纪修建的沃邦拦河坝（Barrage Vauban）。其他出名的桥梁还有19世纪华丽的铸造厂尔石桥（Pont de la Fonderie）和奥弗涅铁桥（Pont d'Auvergne）。

从奥贝特大楼想起阿尔普夫妇
Penser aux Arps du bâtiment Aubette

•

斯特拉斯堡最大的市中心广场是克勒贝尔广场（Place Kléber），那里有一座宏伟的历史建筑奥贝特大楼（L'Aubette，也有称它为“黎明宫”的），建于1772年。这栋大楼以其巨大的体量和纯粹的新古典主义风格成为克勒贝尔广场的视觉焦点。大多数的人会留意到建筑本身的壮美，但遍布其中的时尚精品店很少人知道。在这栋建筑物里面还藏着一颗闪烁着艺术光芒的“珍珠”，那是一个极具现代艺术风格的室内空间，在艺术史上占有一席之地，设计者之一就是大名鼎鼎的现代艺术家让·阿尔普（Jean Arp，1886—1966），他正是斯特拉斯堡人。

奥贝特大楼是由雅克－弗朗索瓦·布隆戴尔（Jacques-François Blondel，1705—1774）设计的，最初名为“奥贝特修道院”（因为这里原本是一座修道院，坍塌后在其残迹上建起新大楼），后来长期用作军事。实际上这也是其名称的由来，在法语中，“aubette”的意思是“岗哨”。到了19世纪，这栋建筑的用途变得多元化，加进了一些娱乐、教育的元素。不过，直到真正的梦想家出现之前，它与艺术并无缘分。1870年的一场大火，损毁了这栋建筑，只有正立面还算完好。

20世纪20年代，一对兄弟来到斯特拉斯堡，哥哥保罗·霍恩（Paul Horn）是一位建筑师，弟弟安德烈·霍恩（Andre Horn）是一位化学家。他们在城里开设了一家房地产开发公司，开展了一些城市发展项目。兄弟俩租下了这栋巨大建筑的左翼，签了九十九年的租约，计划建造一个休闲综合体。因为斯特拉斯堡有规定，不得对被宣布为历史古迹的立面进行任何改造。富有远见的霍恩兄弟就请来了同为前卫艺术家的让·阿尔普和他的妻子索菲·陶伯-阿尔普（Sophie Taeuber-Arp，1889—1943）对室内进行翻新设计，这对夫妇又邀请荷兰设计师特奥·凡·杜斯堡（Theo van Doesburg，1883—1931）参与。杜斯堡负责设计两个咖啡馆和两个舞厅，索菲负责设计入口过道、茶室和两个酒吧，让·阿尔普负责设计地下室、通道和台球室。三位艺术家共同设计了楼梯间。

三人秉承着“要将人置于图画之中，而不是只站在图画面前”的概念，通力合作，终于在1928年，把这里改造成了一个生动的娱乐场所。设计手法之大胆，色彩和建筑的结合之精妙，使得它在艺术史、设计史上被称为“抽象艺术的西斯廷教堂”。

杜斯堡是荷兰风格派的领军人物，阿尔普夫妇都是思想极为前卫的现代艺术家。为了满足咖啡馆、电影院、小剧院、舞厅、小卖部的多元娱乐需求，杜斯伯格首先出谋划策，用纯原色的交叉构图装饰了电影院舞厅的天花板和墙壁。阿尔普夫妇则用他们的达达主义审美意识形态挑战建筑惯例。三位艺术家的设计将观众带入一个全新的抽象世界，这个项目后来成为风格派特征最具说服力的设计实例。

从事设计史研究的人谈到现代设计时，都一定会谈及现代设计的先锋，俄国的构成主义、荷兰的风格派、德国的包豪斯，但遗憾的是，这些风格的代表人物留下的完整的室内设计却不多，奥贝特咖啡馆几乎是硕果仅存的典范。早在 20 世纪 80 年代着手撰写《世界工业设计史》初稿的时候，我曾看到过这个咖啡馆的黑白照片，但当时并没有留心这个项目在哪里，这次来到斯特拉斯堡，居然可以在这里喝咖啡，有点穿越时间的感觉。室内设计让这间并不很大的房间给人一种广阔无垠的错觉，像是一个宝盒、一个圣物箱，让我们总是可以用新的眼光来看待它。

三位艺术家借鉴当时所谓新造型主义（Neoplasticism）的概念，翻新了奥贝特的四层楼。不过，他们当时做的室内墙壁在 1938 年被重新涂漆，有部分被拆除。幸亏 20 世纪 60 年代斯特拉斯堡博物馆总馆长维克多 · 拜尔（Victor Beyer）觉得这是一个重要的现代艺术项目，对此进行了抢救，因此现在还能够看到复原的作品。该建筑的第一部分于 1994 年开放，其他房间于 2006 年开放。我去看的是三个独立的场所，电影舞蹈厅（Ciné-bal）、门厅酒吧、多功能厅（Salle des fête）和楼梯间。白色、黑色、灰色、蓝色、黄色和红色组成的方形、长方形、三角形的结构在墙体上纵横排列或倾斜放置，迄今仍让我们这些做设计的人叹为观止。这个项目体现了杜斯堡在 1924 年提出的元素主义理论（Elementarism）。他主张元素高于形式，并根据色彩（绘画）、空间形式（雕塑）和材料（建筑）来定义艺术品。他认为“对于新建筑而言，色彩至关重要”，甚至强调“色彩使建筑更加完整，色彩是建筑的本质元素，其价值与石材、铁、玻璃不相上下”。与蒙德里安相反，杜斯堡并没有回避对角线。电影舞蹈厅 230 平方米的空间就是他对对角线运用的直接体现，让朝南的窗引入自然光线。

这三个空间用倾斜平面的网格构成，给人感觉好像墙壁在旋转。精心设计的照明系统，结合精心设计的控制面板，灯光明暗加强了旋转的感觉。此外，多功能厅拥有独特的垂直和水平线条配置，覆盖墙面和天花板，配以灯具。整个空间浑然一体，甚至让人分不清哪里是顶，哪里是底。尽管有明确限制的配色方案、规则的构图、严格且没有任何附加的装饰细节，进入其中便耳目一新，神清气爽。我去的时候看到了在此举办的各种活动的节目单，这里免费入场，节目深受大家喜爱。

既然我们在谈论斯特拉斯堡，那就多说几句斯特拉斯堡人让·阿尔普吧。他原名叫汉斯·彼得·威廉·阿尔普（Hans Peter Wilhelm Arp），是著名的达达主义和抽象派艺术家。他出生于普法战争至第一次世界大战期间的斯特拉斯堡，当时该城市及周边地区处于德国的控制之下，父亲是德国人。第一次世界大战结束后，阿尔萨斯大区回归法国，法国法律要求阿尔普采用法国名字，因此改名为让·阿尔普。

阿尔普就读于斯特拉斯堡艺术与工艺学院[今莱茵高等艺术学院（La Haute École des Arts du Rhin）]，1904年他前往巴黎，并在那里首次发表诗歌。1905至1907年，他在德国魏玛艺术学院学习（该校在1919年改为魏玛包豪斯大学），1908年回到巴黎，入读朱利安学院（Académie Julian）。阿尔普是1911年瑞士洛桑现代艺术联盟（Der Moderne Bund）的创始人和重要成员，1911至1913年间他参加了联盟的展览。

1912年他前往慕尼黑拜访了颇具影响力的俄罗斯画家和艺术理论家瓦西里·康定斯基（Vasiliy Kandinskiy，1866—1944）。康定斯基很看好他，给他鼓励，阿尔普通过康定斯基与慕尼黑的蓝骑士（Blauer Reiter）艺术团体保持着密切的联系，并与该团体一起展出作品。1914年，他在科隆遇到了马克斯·恩斯特（Max Ernst，1891—1976）。1912年末，他与亨利·马蒂斯（Henri Matisse，1869—1954）、罗伯特·德劳内（Robert Delaunay，1885—1941）和康定斯基一起参加了在苏黎世举行的大型展览。1913年在柏林，他认识了经销商、杂志编辑，当时欧洲前卫艺术界中最有权势的人物之一赫尔瓦特·瓦尔登（Herwarth

Walden，1878—1941)，瓦尔登很欣赏他，请他做自己的风暴画廊（Der Sturm）的签约艺术家，并且参与《风暴》（*Der Sturm*）杂志的编辑工作，1913 年他参加了第一届德国秋季沙龙。

1915 年，阿尔普移居战争时期中立的瑞士。在那里第一次见到了女艺术家索菲，二人坠入爱河，1922 年结婚。索菲先后在著名的德布希茨美术与应用艺术学院（Debschitz School for Fine and Applied Art）和汉堡工艺美术学院（Kunstgewerbeschule in Hamburg）学习，之后成为独立艺术家。

1916 年，胡戈·巴尔（Hugo Ball，1886—1927）在苏黎世开设了伏尔泰酒馆（Cabaret Voltaire)，该酒馆后来成为苏黎世达达主义活动的中心，阿尔普是达达运动的发起人之一，他和马塞尔·扬科（Marcel Janco，1895—1984)、特里斯坦·查拉（Tristan Tzara，1896—1963）等人成为苏黎世达达主义的主要人物。该运动于 1916 年 2 月 5 日在苏黎世的伏尔泰酒馆开启。阿尔普发表和出版了诗歌、文字拼贴画、插图书籍和达达主义期刊。他和索菲创作了他们的第一批合作作品，包括几何拼贴画和后来的木雕。索菲同时在苏黎世艺术学院担任纺织品设计老师。

索菲和阿尔普一起成为艺术家协会新生活（Das Neue Leben）的成员。她还创作了一系列肖像式木雕，取名《达达头像》。阿尔普则聚焦木刻和抽象浮雕，逐渐发展出一种纯粹有机的绘画语言。

达达主义的影响力从苏黎世扩张开来，相继在巴黎、德国和纽约兴起。1920 年，阿尔普与马克斯 · 恩斯特、社会活动家阿尔弗雷德 · 格伦瓦尔德（Alfred Grünwald，1884–1951）一起组建了科隆达达。1922 年，阿尔普参加了在魏玛包豪斯大学举行的国际构成主义者和达达主义者大会。

索菲和让 · 阿尔普结婚后，他们在巴黎蒙马特高地的弗塞恩别墅（Villa des Fusains）租了一间工作室，与恩斯特、胡安 · 米罗（Joan Miro，1893–1983）为邻。与超现实主义者的接触推动他们参加了在巴黎皮埃尔画廊举行的首次展览。

1926 年，阿尔普夫妇搬到巴黎郊区默东（Meudon），1931 年与超现实主义运动决裂，从事抽象艺术，与巴黎抽象群体的期刊《过渡》（*Transition*）合作推广抽象艺术。20 世纪 30 年代开始，他的创作范围从绘画扩展到拼贴、组合、浅浮雕、青铜和石雕。

让 · 阿尔普和索菲之后移居斯特拉斯堡，并成为法国公民。在霍恩兄弟请他们设计奥贝特大楼左翼项目之后，不断地接项目。夫妇俩都成为“圆方”（Cercle et Carré）、“抽象创作”（Abstraction-Création）等艺术家团体的成员。阿尔普同时是作家，他一生都在写散文、诗歌，他在斯特拉斯堡时期创作、出版了不少诗歌，包括《白色黑色》（*Weißt du Schwarzt du*），里面的拼贴插图是马克斯·恩斯特创作的。他们还越来越走向艺术创作的偶然性、短暂性，创作了“撕纸”。

第二次世界大战中，德国占领了巴黎，阿尔普夫妇逃到瑞士的维里尔（Veyrier），结识了美国收藏家佩吉·古根海姆（Peggy Guggenheim，1898—1979），后又去法国南部小城格拉斯（Grasse），住在疯狂城堡（Château Folie），在山中躲避战火。夫妇俩定期会见朋友，与阿尔贝托·马格内利（Alberto Magnelli，1888—1971）和索尼娅·德劳内（Sonja Delaunay，1885—1979）合作创作。他们的这一批作品于1950年在巴黎出版，被收录在《格拉斯作品集》（*Album Grasse*）。阿尔普的诗集《没有名字的诗》的插图则由夫人索菲创作。

阿尔普夫妇一直设法移民美国，但没有成功，于是1942年从格拉斯去了瑞士苏黎世。1943年1月，索菲因为取暖煤炉的管道泄漏，一氧化碳中毒去世。

妻子的离世极大地打击了阿尔普，他生活在痛苦中，长期没有创作，陷入了深刻的创作危机。直到1947年，阿尔普才再次开始创作雕塑。从1945年起，他与雨果·韦伯（Hugo Weber，1918—1971）合作编写了一本关于索菲作品的专著。他作品多年的收藏者和赞助人玛格丽特·哈根巴赫

（Marguerite Hagenbach，1902—1994）成为他的第二任妻子。

1949 年，阿尔普访问纽约，在布赫霍尔茨画廊（Galerie Buchholz）举办个展，恰逢艺术风气转折，抽象表现主义抬头，他的抽象作品获得国际普遍认可。1950 年，他受邀为哈佛大学研究生中心创作浮雕，为位于巴黎的联合国教科文组织大楼创作壁画。

纽约夏莱特画廊（Galerie Chalette）的亚瑟·莱瓦（Arthur Lejwa，1900—1982）夫妇在欧洲认识了阿尔普，并和他签约，从 20 世纪 50 年代末开始成为阿尔普在纽约的画廊代表，在美国把他推到一线现代艺术家的位置上。

1966 年 6 月 7 日，让·阿尔普因心脏病在巴塞尔去世。他的作品已被世界各地重要博物馆收藏。他对抽象艺术、超现实主义和达达主义有巨大的影响。索菲的设计也具有重要的地位。

走出斯特拉斯堡的奥贝特大楼，就想起这么多事情来了。

对我影响最大的艺术家多雷
L'Artiste qui m'a le plus Influencé, Doré

这一次来斯特拉斯堡，很想看看铜版画家多雷的家，他是对我影响最大的艺术家之一。

小时候曾经见过一些政治宣传的小册子，上面刊载着多雷画的伦敦贫民窟，那些场景给我们这一代人留下深刻的印象。19 世纪末，艺术家的焦点开始从贫困的法国农村转移到城市的贫困上，对贫民窟的描绘成为表现工人阶级生活的直接记录。当时英国的《图画》(*The Graphic*) 杂志就直接用插图来揭露英国《济贫法》的邪恶，英国记者布兰卡德·杰罗尔德 (Blanchard Jerrold，1826—1884) 出版了一本《伦敦：朝圣之旅》(*London: A Pilgrimage*，1872)，由古斯塔夫·多雷绘制插图。

现在听说过古斯塔夫·多雷的人，恐怕不太多，不过如果读过一些传统的欧洲文学作品，估计大概率还是看过他的插图的。铜版画看起来有点像钢笔画，密密的排线纠缠复杂，让画面充满了神秘的气息。多雷最著名的作品是《伦敦：朝圣之旅》中的插图之一《伦敦上空》(*Over London-By Rail*)，在画中，他巨细无遗地描绘了伦敦无产阶级窘迫的居住环境，单调乏味的墙壁、屋顶，每块砖瓦都刻画得细致入微，就连后院晾晒衣物的纹理、敞开的窗户的闪光纤毫毕现。每栋房子都像一个重复图案中的元素，挤在非常狭窄的空间里。房屋的居住者矮小倦怠、衣衫褴褛，在建筑物的映衬下，他们变得无足轻重，就像被囚禁在一个如梦似幻的环境中。多雷通过从高架桥电车上看贫民窟的这个特殊视角，表现出现实世界里，建筑如何压抑着人们的生活，构建出一个充满坚硬表面、尖锐细节和幽闭狭窄空间的超现实噩梦。

他还在《城市大道》《黑屋巷》等作品中，通过扭曲空间及其中的人物来批判都市生活。这两幅画中都没有任何移动的空间，第一幅画中空间被公共汽车和人群挡住，第二幅画中空间则淹没在一盘盘鱼中。帕梅拉·吉尔伯特（Pamela Gilbert）评论说："空间是通过一系列有意义的指称来表达人类活动的，但我们在这些图像中所看到的只是压抑的无意义、拥挤和混乱，人们沦为庞大城市机器的组成部分。"

多雷引起我的注意，首先是他画得特别好，铜版画丝丝入扣，同时场景气氛也渲染得栩栩如生，达到腐蚀版画（蚀刻版画）的最高境界。他曾经自诩平均一天画 8 幅画，他一生画了超过一万幅作品，绝大部分是铜版画，这样巨大的工作量是现在的铜版画家们难以想象的。其实他是铜版画这条产业链上的顶端，负责画出底稿，而具体到刻板、腐蚀、印刷等环节则另有一批人在做，因为版画是那个时代书籍插图的"刚需"。多雷的铜版画插图上，通常有两个签名，一个是他自己的，另一个是雕刻工匠的。先后有不少工匠为多雷的作品完成后续工作，如路易－亨利·布雷维埃

（Louis-Henri Brevière）、埃米尔·德尚（Émile Deschamps）、路易·杜蒙（Louis Dumont）、让·高夏尔（Jean Gauchard）、皮埃尔·古斯曼（Pierre Gusman）、夏尔·莫朗（Charles Maurand）和拉普兰特（C. LaPlante），这些人就是他高产背后的团队。

由于作品需要快速完成，多雷创作的水墨素描草稿上，并没有直接画出许多细致的线条，而是由熟练的工匠将之改成复杂的排线，这样才能应付大量的订单。如果订单是木刻，要靠木刻工人用不同的粗细和浓淡去搭配；如果是蚀版，则要靠铜板雕刻师先把粗放的块面转刻为晕线、交叉线或弯线，来决定虚实之分。

在巴黎的奥赛美术馆，我看到过多雷版画的水墨、水彩原稿，展品说明中指出：多雷坚持认为，仅凭印刷出来的木版画无法充分评判他的插图，因此他坚持要展示木版雕刻前的画稿。他对《圣经》插图也采取了同样的措施。当出版商指责他在书出版前就展示画稿时，这位插图画家反驳说，只有他的图画才能表现他作品真正的魅力，从某种意义上说，他的作品只有“未雕刻”时才存在。

从造型艺术的立场来看，很多人认为多雷仅仅是一个商业艺术家，而商业艺术家是不会真正进入艺术殿堂的。早在15岁时，多雷已经进入商业艺术界，为《笑声》（*Le Journal Pour Rire*）绘制漫画和插图。丰富的想象力和深厚的功底使他很早就成为一名多产的插画家。但商业艺术与纯艺术之间的鸿沟在 19 世纪就已经存在，就像今天一样。尽管他渴望作为一名美术家，因其华丽浪漫的风景画、人物画和雕塑而得到更广泛的赞赏，但他作为插画家的名气似乎总是阻碍着他实现愿望。

与他作为插画家的巨大名气和他的书籍的受欢迎程度形成鲜明对比的是他在沙龙上受到的冷遇。他提交的许多作品都被直接拒绝了，即便是展示出来的作品也没有引起人们的兴趣。有人公开批评他的绘画和雕塑，认为它们在印象派时代显然已经过时了。这种观点现在依然存在，因此我说我非常欣赏多雷的作品，其实在“纯”艺术圈子里，也是有风险的。

古斯塔夫·多雷是一位天生的艺术家。小时候，多雷很喜欢听故事。5 岁时，他便开始创作第一幅画作。8 岁时，更是在学校老师格朗德维尔（J.J. Grandville，1803—1847）的启发下，绘制了长达 28 页的插图故事。一年后，这个未满 10 岁的男孩第一次尝试为中世纪诗人但丁（Dante Alighieri，1265—1321）的经典诗歌《神曲》（*La Divina Commedia*）创作插图。1844 至 1846 年间，他创作了几篇故事，并且自己绘制插图，包括《卡吕普索的故事》（*Histoire of Calypso*）和《笛音先生与花影公子历险记》（*Les Aventures de Mistenflûte et de Mirliflor*），表现出非凡的天赋。起初，他进入布雷斯地区布尔格公立学校学习艺术，后来他又在查理曼公立中学学习。他的绘画作品主要受到格朗德维尔、查姆（Cham，原名 Charles Amédée de Noé，1818—1879）和鲁道夫·托普弗（Rodolphe Töpffer，1799—1846）三位老师的影响。15 岁的多雷通过父亲认识了讽刺杂志《笑声》的出版商夏尔·菲利庞（Charles Philipon，1800—1861）。1847 年，他为这本杂志创作了他的第一幅漫画，题为“怪诞漫画”（Grotesques），很快就成为该杂志的驻场漫画家。合同规定菲利庞每周至少印刷一幅多雷的画作。这个条款来得太及时了，因为多雷的父亲不久后就去世了，他成了家里唯一的经济支柱。

虽然多雷以奇幻插画家的身份而闻名，但他创作的几幅欧洲大地和城市景观的现实主义绘画和版画也引起了注意。在他的职业生涯早期，他亲手创作的四部故事以漫画书形式出版：《赫拉克勒斯的功绩》（*Les Travaux d'Hercule, 1847*）、《三位怀才不遇的艺术家》（*Trois Artistes Incompris et Mécontents*，1851）、《乐游苦旅》（*Les Dés-Agréments d'un Voyage d'Agrément*，1851）和《神圣俄罗斯史》（*L'Histoire de la Sainte Russie*，1854）。尤其是《神圣俄罗斯史》更被誉为漫画史上的一大亮点。

《神圣俄罗斯史》全名为《神圣俄罗斯风景如画的、戏剧化的、漫画化的历史》，这是多雷以作家和插画家的身份，在 1854 年克里米亚战役期间创作的，可说是从历史上修理了一次俄罗斯。它被认为是古斯塔夫·多雷的最后一套“连环漫画”专辑，也是唯一一本公开出版的政治专辑。该书在克里米亚战争爆发后广泛的民族主义运动的背景下制作而成，表现了西方对俄罗斯霸权的不满。这本小册子由 500 多幅画面组成，用漫画表现出战争、屠杀、酷刑等场面，总结了俄罗斯自古以来的血腥扩张史，很受欢迎。

从孩提时代起，他就展现出了超越其年龄的天赋。他的作品中，最出名的是为拉伯利亚、但丁、莎士比亚、弥尔顿、丁尼生和爱伦·坡的著作绘制的插图，但他的艺术成就还包括非凡的风景画和人物画、雕塑和各种形式的版画。古斯塔夫·多雷更多的原创漫画故事刊登在讽刺杂志《笑声》上。通过对布局、文本、图像进行滑稽夸张的创造性实验，多雷将漫画这一尚处于年轻阶段的媒介的地位，提升到一个新的高度。

1854 年是多雷职业生涯的转折点。他为弗朗索瓦·拉伯雷（François Rabelais，1483—1553）的再版小说系列《巨人传》（*La vie de Gargantua et de Pantagruel*）绘制插图，小说以《拉伯雷作品》为名出版后，让多雷实现了商业上的突破。读者们喜欢他极其细致和奇幻的艺术作品，这些作品与流浪汉小说完美契合。1873 年又出版了插图续集。1855 年，多雷为巴尔扎克的《都兰趣话》（*Les Contes Drolatiques*，1855）绘制插图。一年后，他制作了一幅描绘流浪的犹太人的版画《流浪犹太人的传说》(*La Légende du Juif Errant*, 1856),这幅作品被视为他十年后创作的《圣经》插图的前身。

这一年,多雷放弃了漫画事业,将余生都用于创作小说插画。当时他只有 22 岁,而在这个年龄,大多数艺术家还在为完成一部真正可以出版的作品而奋斗。他则已经度过了漫画这个阶段,走入小说插图的天地了。从他绘制的小说插画不难看出他的漫画背景,他以丰富的想象力使奇幻文字背后的图像形象化,创造出华丽的漫画面孔、奇妙的生物和梦幻的场景。在一些故事中,他还运用了夸张的表现手法创造出物理上不可能实现的情景。多雷的绘画才能如此强大,读者甚至可以跳过文字,只欣赏他的插图,也不会错过太多情节。

1861 年,多雷为意大利诗人但丁著名的叙事诗《神曲》绘制了插图。维吉尔和但丁游历地狱、炼狱和天堂。多雷绘制的《地狱篇》发表于 1861 年,《炼狱篇》和《天堂篇》发表于 1868 年。这三本书一经出版,立即成为经典,并确立了他的声誉。特别是他所绘制的地狱插图,就像荷兰 16 世纪的世俗画家耶罗尼米斯·博斯(Hieronymus Bosch, 1450–1516)的画作一样,成为对冥界标志性的诠释。某些图像特别激发了读者的想象力,例如撒旦被锁在地上、罪人长成树木以及地狱的荒凉景象,启发了无数的平面艺术家和电影导演。

1862 年，多雷将鲁道夫 · 埃里希 · 拉斯佩（Rudolf Erich Raspe，1736—1794）的小说《吹牛大王历险记》（*Baron Munchhausen*）形象化。被称为“吹牛大王”的闵希豪森男爵荒诞不经的故事对多雷来说正是完美的素材。男爵讲述的那些不合逻辑、离奇古怪的故事，比如被砍成两半的马、月球巨人、从壁橱里跳出来的皮大衣等令他感到异常兴奋。多雷把男爵设计成一个留着一头卷发和山羊胡子的大鼻子男人。这本书一出来，立即洛阳纸贵，非常受欢迎。

1862 年，多雷还完成了夏尔 · 佩罗（Charles Perrault，1628—1703）的《鹅妈妈童话》（*Tales of Mother Goose*），这部作品或许最能体现他的标志性风格，书中有《睡美人》《灰姑娘》《穿靴子的猫》《小红帽》《蓝胡子》和《小拇指》等标志性童话故事。在多雷出生前的几个世纪，这些古老的故事就已经被一遍又一遍地讲述，但他成功地为这些人们熟悉的文学人物、地点和场景提供了鲜明的视觉形象。他的插图营造出一种浓郁的梦幻氛围。深色树林的灵感来自多雷印象中年轻时的孚日地区森林，每个幻想的生物都经过精心绘制，看起来逼真、生动，令人信服。大灰狼、穿靴子的猫和蓝胡子等形象都是由多雷的插图直接塑造的。《鹅妈妈童话》影响深远，尽管多雷在整个职业生涯中只绘制过这一本童话书，但人们总是将他与童话联系在一起。

1863 年，多雷还为有史以来最经典的小说之一，米格尔·德·塞万提斯（Miguel de Cervantes，1547—1616）的《堂吉诃德》（*Don Quixote*）创作了插图。他笔下那个身材瘦高、一身铠甲的风车追逐者和他大腹便便的仆人桑丘·潘沙（Sancho Panza）给千千万万的读者留下了不可磨灭的深刻印象，背景则令人领略到西班牙阳光明媚、浪漫多姿的风光。

多雷还为《辛巴达航海记》（*Sinbad the Sailor*）的故事绘制了插图，这个故事原本并不包含在《一千零一夜》中，但从 18 世纪开始被添加到原文中。不难理解为什么辛巴达七次航海的故事会吸引多雷，故事中巨大的船只、鲸鱼、食人巨人、水下马、人鸟混合体以及神话中的巨鹰洛克等，都为他提供了天马行空、恣意挥洒的空间。插图版《辛巴达航海记》于 1865 年出版。

当时的法国评论家说多雷的画只是商业插图。对于这个观点，我既同意，也不同意。他的作品中普遍存在的格式感、构图感、装饰感，以及某种舞台艺术效果，都是一般插图没有的。他还通过变换视角，高角度、低角度、全景或正面镜头来寻求图像的最大表现力。多雷是第一位使用图像制造悬念的画家。著名特效设计师雷·哈利豪森（Ray Harryhausen，1920—2013）曾说，如果放在现代，多雷会成为一位伟大的电影摄影师，因为他是从摄像机的角度来看待事物的。

1861–1862 年间，也就是投入《堂吉诃德》创作的时候，多雷已越来越专注于绘画。1861 年 4 月，他搬进了巴黎一间新的、更大的工作室，位于第 8 区的巴亚德街 3 号。经常参加社交活动，扩大了他的绘画活动。

1866 年对于多雷来说不仅是多产的一年，也是虔诚的一年。那一年，他为两部基督教文学经典——约翰·弥尔顿（John Milton，1608–1674）的叙事诗《失乐园》和“万书之书”《圣经》绘制了插图。尽管几个世纪以来《圣经》中的场景一直频繁出现在西方艺术中，但多雷却成功地打上了自己的烙印。

1867 年，多雷的《圣经》插图在伦敦获得了巨大成功，他在新邦德街 35 号开设了一家多雷画廊，他为该画廊创作了许多宗教画作，然后运往美国。1870 年普法战争期间他加入国民自卫队，保卫巴黎，并创作了多幅爱国画作。1871 年巴黎公社大乱，他到凡尔赛避难。

多雷一直患有哮喘病，1878 年首次出现心绞痛，但是最令他心塞的是法国艺术界一直不肯接纳他为艺术家，只是把他排在商业插图画家之列。其实在多雷的整个艺术生涯中，他对绘画和插画是同等投入的啊。

1883 年 1 月 23 日，他因心脏病去世，享年 51 岁，留下了万余幅气势磅礴的作品，对后来的许多插画家产生了巨大影响。他的朋友、未来的福煦元帅（Ferdinand Foch，1851—1929）组织了葬礼，将他安葬在拉雪兹神父公墓。

我这一次去斯特拉斯堡，参观大岛，很容易就找到了位于蓝云街 5 号（Rue de la Nuée-Bleue 5，现在改为 16 号）的多雷故居，那是很普通的一所老公寓，就在克勒贝尔广场旁边，离奥贝特大楼不远。其实，多雷离开斯特拉斯堡之后，一直在巴黎工作，很少回老家。虽然他生活在法国，但在全世界都很有名，只是斯特拉斯堡自己的名人录并不多提起他。

带着梅尔的手记去法国南方
Dans le sud de la France avec Peter Mayle

•

离开斯特拉斯堡之后，我们就直奔法国南部的尼斯，我特别带上一本彼得·梅尔（Peter Mayle，1939—2018）的《永远的普罗旺斯》（*Toujours Provence*，英国出版的“企鹅丛书”之一，我手头这本是1991年版的）。如果我没有记错的话，他以前还写过一本书《普罗旺斯的一年》（*A Year in Provence*，比较精彩的中文译名是《山居岁月》）。由于接二连三地撰写有关法国南部小镇文化的书，因此在英语世界中，梅尔就被视为法国南部小镇文化的专家了。我读此书，也是想事先了解一点南法小镇的基本生活形态。他的书是以梅纳村（Ménerbes）作为背景的，那是个几乎到了法国最南端的滨海山区小镇。

在《永远的普罗旺斯》这本书中，梅尔以幽默风趣的笔触，记录了他与妻子在普罗旺斯定居后的日常经历。他描述了与当地居民的互动，从参加葡萄收获、橄榄压榨等传统活动，到应对法式官僚体系战，以及探索当地市场的乐趣。书中充满了对普罗旺斯风土人情的细腻描绘，包括美食、葡萄酒、节日和风俗。梅尔还介绍了一系列独特的角色，如热情的邻居、古怪的工匠和厨师，他们共同构成了普罗旺斯生活的丰富画卷。

我和这位梅尔先生，素昧平生，但有一点是相似的——都是写作之人。他在《泰晤士报》上写专栏，撰稿谋生；我也给近10份刊物写过专栏，每年还出几本书，写作可算是我们共同的日常了。我去南法是因为写作，梅尔去普罗旺斯住一段时间，其实也是为了写作。不过我是那种急就章类型的作家，他是精雕细琢的。对于和我有相似之处的另一位作者的写作动机，我是很好奇的，而他书中的几段话，还真是实实在在地打动了我。

绝大部分的时间，这（指写作）是项极其孤独而且单调的工作。有时也许会因为写出一句绝妙的好辞而喜不自胜。事实上倒不如说，你自认的旷世名句，只是因为现场没有人可以浇你冷水。

只要一想到现实的问题，比方说自己是不是应该谋一个像专业会计师这样的铁饭碗工作，那么，保证你自珍的一点文思才华全被打败，不知有多长的一段时间挤不出任何的只言片语。而大半的时间，总会像个蠢蛋，不断地问自己你写的什么东西，有人要看吗？如果碰上老编催稿，那种交不出稿的惊慌及挫败感，简直如同世界末日降临。

对世界其他人来说，一天写一千字、两千字，或者压根儿一个字也没写，根本无关紧要；但对一个作家来说，那可是生死大事。

这样备受煎熬的写作生活，跟狗过的日子有何不同？

读到这里，对这个梅尔还真的有了几分亲切感。在美国，像我这样，写的书关乎点学术，有一点消闲，还有点文化，即便是高手，也多是叫好不叫座的。出版一次的稿酬，通常也就是三五千美元而已。除非有什么特别的机遇，比如像梅尔这样，正好遇到有群美国佬想了解一下普罗旺斯地区的生活，被书评排入畅销榜，印刷四五次，收益可以高达几十万美元。这种书，一年一本就足够过日子了。等你出了名，价码也会水涨船高，但是这样的人毕竟是极少数，这样的机会也是可遇不可求。一路上读着梅尔的书，想到以写作为生的辛苦，自己还是有点庆幸的，虽然我也写，好在不是赖此为生，就安心了。

梅尔的书还让我产生共鸣：法文真难啊！他在书中说："一有空余的时间，我们还是捧着英法大字典，持续不断与'法文'战斗。"

不同的工作性质，决定了我不可能像梅尔一样在南法住上一年来享受缓慢的生活节奏，观察四季的变迁，但我却可以和他做一件相同的事情——"临时抱佛脚"地啃法文。

我在当研究生的时候，学的第二外语是法文，阅读尚可勉强应付，但口语绝对不行。自从前几年，来法国出差的机会多了起来，有点意识到需要恶补一下。这次要去基本没人讲英语的南法山区，就更得多少讲上几句才能应付得了。然而语言实在不是能够一蹴而就的，特别是语法复杂的法文，太难了。

英语中法文词汇很多，因此阅读还能勉强地连认带猜，看看招牌、告示、说明书之类的还能应付，但是讲就难了。记得有次我在巴黎的撒玛丽丹百货公司问服务员电器部在哪里。我讲的，他听懂了，但是他告诉我的话，我却听不懂。太快，根本抓不住。法文和俄文有点像，名词、动词和形容词，都有性、数、格的变化，比英语要复杂多了。比如法文中的“海”是阴性的，“洋”却是阳性的；“湖”是阳性的，“水坑”却是阴性的。一汪水，就能让人一脑子糨糊。

我上中学时，学的是俄文（那是当年中国大陆绝大多数中学生学习的外语），对于语法中的性、数、格，还算是有点概念。但是法文是我在读研究生时按规定选修的第二外语，当时美国史研究的课程很重，对外语的投入时间不足，因此只是“半瓢水”，加上毕业之后几十年没有碰，基本上就生疏了。后来，虽来过巴黎几次，但都是公干，都可以说英语。加上街上的招牌、标识、简单的说明书还基本看得懂，也就没有继续学习的动力。这次突然要到南法地区，并且还要进到几乎无人讲英语的山区，才想起“临时抱佛脚”，真的有些来不及啊。姑且不说自己讲得结结巴巴，别人说的话一多半听不懂才是最要命的。当然，手机上装个翻译软件，多少可以解决一些燃眉之急。但举着个手机，跟人比画来比画去，那还叫“交谈”吗?

这次去法国南部，我们选择开车前往，再飞回巴黎。美国地大人少，加利福尼亚州又是后开发的州，人口密度比东海岸还要稀疏得多。高速公路纵横交错、穿城而过，上个班得转几条高速公路。我在加州住了三十多年，开车是每日必做之事，所以开个长途，对我并无难度。欧洲的高速公路虽不如美国那么宽、那么直，有点弯弯曲曲，但经过许多山中村镇，小河潺潺，教堂巍巍，林木森森，烟云氤氲，实在非常可人。有时候觉得自己是走进了电影《音乐之声》开场的景色中，连绵起伏的山麓、绿茵如毯的坡地，就差有人在那里引吭高歌了。

想起一众印象派的“大款”们，当年都曾来过南法。估计他们是坐马车来的吧? 不知道走了多少天呢? 那种颠簸今人是难以体会了。尤其是那位身体虚弱，精神接近崩溃的凡·高是怎么到的呢？我还有点好奇，原本生活在英伦西南一隅德云郡的梅尔先生，又是怎样来的呢? 我们生活在如今这个高科技的时代，一脚油门，风驰电掣，又有卫星导航，弄得连“人生地不熟”这句话都要打个折扣了，只可以“人生”，有 GPS 带路，怎能“地不熟”呢? 开车要去哪里都不是难事，不知不觉，尼斯已在眼前了。

一首优美的法国小调
Une Belle Chanson Française Mineure

尼斯，法文叫“Nice”，正如其名的英文意思一样，它是美好的、和蔼可亲的、令人愉快的。这座人口不足 40 万的海滨城市，位于戛纳电影节的举办地和摩纳哥赌城蒙特卡罗之间，北边是号称“香水之都”的格拉斯，南边则直接面对漂亮得难以言状的地中海，地理位置上真是左右逢源。整个城市坐落在山丘之上，面朝蓝色海洋呈扇形分布。终年阳光充沛、活力十足，却既无赌场的傲娇豪气，也没有影展场地的招摇张扬，依然是一派悠闲轻松、潇洒自然，与马赛、土伦这样的大城市相比，算是一首优美的法国小调吧，的确称得上“最佳休闲城市”。

虽然历史上英法两国一直多有争拗，但英国人对尼斯的发展还真是“功不可没”的。2018 年 5 月，当时的尼斯市长埃斯特洛西在欢迎英国查尔斯王子（现在的英国国王）夫妇的宴会上曾表示：“如果没有英国人，尼斯就不会是尼斯。”17 世纪初，一位名叫彼得·伊斯顿（Peter Easton，1570—1620）的海盗，在大西洋致富后，金盆洗手，将他的财富带到了尼斯，在此建起了豪宅，结婚成家。从 18 世纪开始，英国人成群结队地来到尼斯，享受在英伦难以享有的蓝天白云、和煦暖风，建起了避寒别墅，开启了这个风光旖旎的海岸市镇的繁荣历史。1820 年，圣公会牧师刘易斯·维（Lewis Way，1772—1840）在英国发起了一场募捐活动，募捐得来的钱用来把尼斯的一条小路改建成了著名的

"英国人林荫大道"(Promenade des Anglais)。1895至1899年间，维多利亚女王曾在尼斯住了5年，更使得尼斯闻名遐迩。1897年，尼斯为她修建了一座富丽堂皇的丽晶行宫酒店（Excelsior Regina），至今仍是这里的地标。而且自那以后，一代又一代的英国王室成员都曾到此参观，大大扩展了尼斯的知名度。

讲到现代城市规划，英国人的贡献是不可低估的。工业革命源起英国，英国人最早对城市的现代功能形成了完整的认识。想想看，英国人设了上海租界之后，并没有在已经很旺的旧南市城隍庙一带发展，而是在当时尚很荒凉的黄浦江边泥滩上开发出外滩，开设了洋行，盖起了英国公馆，并开拓出垂直于外滩的南京路等商业大道，开创了现代上海最初的繁荣。英国人在尼斯也做了同样的事情。在尼斯的大街上，建起了豪华饭店，吸引来了一批批的贵族、富豪、艺术家。至于那条长达5千米的沿海林荫大道，更深受游客、行人、自行车骑士、婴儿车使用者的欢迎，也成为滑板和直排轮运动爱好者们的最爱。2013年、2020年和2024年的环法自行车赛在这里举行。

我们在尼斯住了一夜，酒店在尼斯市中心的罗塞蒂大道（Rue Rossetti）旁，这是条游人大街，品牌店林立，这些对我并没有什么吸引力，只是图个方便，好停车而已。我更喜欢具有中世纪色彩的老城区，法文叫"Vieille Ville"，就是“村中村”的意思，在靠北一点的海滨。最早是罗马人修建的，山头有要塞，山下是市场，粗粝的铺路石，横街窄巷，露天鱼市摆满了刚刚从地中海捕捞回来的各色海鲜。我们跑进一家小餐馆，吃本地的烤鱼拼盘，有四种鱼，鲜美无比，配上本地产的白葡萄酒，真是完美的搭配。街头还有些画家卖画，那种悠然自得的气氛，实在很迷人。望着夕阳下的那些旧城古宅，突发奇想：如果退休到这里写书该多好。不过一想自己那烂法文，勇气就没有了。

法国美食是世界著名的，不过尼斯的烹饪和巴黎的烹饪很不一样。因为靠近意大利，离西班牙也不算太远，尼斯的烹饪与尼斯人的性格一样，或多或少地糅合了点意大利与西班牙的调调，比如本地最出名的菜色尼斯沙拉（Salade Niçoise）、法式比萨（Pissaladiere）以及海鲜饭（Paella）都和巴黎的餐饮大相径庭。尼斯沙拉的用料仍是番茄、黄瓜、洋葱、黑橄榄、绞碎的水煮蛋之类的常见食材，不过本地的沙拉酱料极有特色，鲜香味美，非常好吃。海鲜饭应该是传入的，和在西班牙吃的几乎是同样味道。所谓的法式比萨就完全不像我们平日吃的意式或美式比萨，小小的，圆圆的，倒像国内的京东馅饼，将炒熟的洋葱放入酥酥的派皮中，再加上尼斯料理中最注重的香料，完全不是通常的比萨做法，很有特色。

当然，尼斯毕竟是法国的城市，正宗的法餐仍然比比皆是，对于这一点，我倒并不意外。意外的是，美式快餐也多，麦当劳就有好几家，这就有些莫名其妙了。街边小店里摆着一排排外脆内软的新鲜法国面包，夹上火腿、芝士、蛋、生菜、番茄做成的三明治很好吃，很快捷，也很便宜。若是赶着果腹，一个就足够，比起油腻的汉堡包，不知道好到哪里去了。当然，本地食品也不是每一种都适合每一个人的，据说索卡饼是这里的一种地方风味，用豆粉加橄榄油煎烤而成，趁热吃味道很好。我尝了一个，感觉一般，并没有什么特别。可见旅游手册上的话也不可全信。

尼斯的建筑大部分兴建于中世纪之后，其中，比较著名的有尼斯圣雷帕拉特大教堂（Cathédrale Sainte-Reparate)、港口圣母堂（Church of Notre Dame du Port）和拉斯卡里斯宫（Palais Lascaris）等。19 世纪下半叶，奥斯曼男爵在巴黎大展拳脚，令城市面貌焕然一新，尼斯受到影响，也在市中心兴建起一批具有奥斯曼风格的建筑，例如尼斯市政宫（Palais Communal）、尼斯歌剧院（Opéra de Nice）等。

尼斯的现代建筑则主要建于第二帝国时期，还有一些是 20 世纪初期建的。从那时起，尼斯开始成为一个国际著名的度假区，一度繁华得难以想象，那个黄金时代给这座城市留下大量的奢侈痕迹和故事。在市内转转，会有一种记忆中或想象中的 20 世纪初期的繁华感觉。简言之，是一种“昔日阳光”感，大概一般游客不太会产生这种感觉，因为那里的阳光实在太灿烂了，那里的市场实在是太热闹了。但是对我这种比较习惯从设计上看文化感觉的人来说，尼斯是一种灿烂的凄凉（或者说凄凉的灿烂），但它的迷人之处也正在这里。

虽说尼斯和加州的气候相似，但我还是更喜欢尼斯的。原因当然不止一个，但最主要的一个是因为它很小。多年来，我参与过国内不少开发项目，在各种场合我总是要突出地强调“小城价值”，就是希望不要再盲目追求那种庞杂硕大的“国际大都会”，而应该突出小城市，甚至小城镇的价值。尼斯是小城市中一个很精彩的典范，面积不大，人口不多，既有 19 世纪末 20 世纪初英国人规划建造的滨海大道新区，也有古老的旧城；既有高档的商业街，也有很平民化的街市码头。古老而富有生气，袖珍而服务周全。文化古迹可以上溯到罗马时期，但同时也有相当不错的现代艺术博物馆。这样的城市，我们应该大力提倡，精心保护，而不是一味追求所谓的超级大都会。

山居马蒂斯
La maison de montagne de Matisse

·

尼斯常年风和日丽、干燥温暖，并且早些年这里的生活费用也不高，因此，法国南部成了艺术家的乐园。印象派的主要大师基本上都在这里生活和工作过，连毕加索（Pablo R. Picasso，1881—1973）在出名之后，也退隐到这里的山区闭门创作，直到去世。

这个小小的尼斯就住过好多的艺术家，其中最重要的要算野兽派奠基人亨利·马蒂斯和从俄罗斯移民来的超现实主义大师马克·夏加尔（Marc Chagall，1887—1985）。不过，更加吸引我的倒是那个一辈子就画自己情人裸体的皮埃尔·博纳尔（Pierre Bonnard，1867—1947）。这里街头到处都有交通指路牌，上面清清楚楚地写着“马蒂斯博物馆”“夏加尔博物馆”。我去的时候，夏加尔博物馆正在大规模翻修，要到6月份才开门，因此这次只看了马蒂斯博物馆。

马蒂斯博物馆坐落在一座小山上，设在一座漂亮的别墅里。这栋别墅建于17世纪，热那亚风格，砖红色的墙体，粉绿色的窗户衬着浅泥土色的边框。1950年，尼斯市政府将别墅买下，此后一直将其命名为“竞技场别墅”（The Villa des Arenes）。别墅不算大，附近有片漂亮的橄榄树林，还有一个西米埃花园（Gardens of Cimiez），用来展览“豪华、沉静、性感”的画家马蒂斯的作品，还挺合适的。马蒂斯最初到尼斯时，尚不满50岁，是想借这里温和的气候来养病。后来被这里透明、精致的光线深深地吸引，便一直生活在尼斯了。他在这栋别墅里度过晚年，直到去世。

这是世界上收藏马蒂斯作品最多的博物馆之一。展出的作品，追溯了画家艺术生涯的起步以及发展过程，还包括了他最后的几件作品。这些作品主要来自马蒂斯本人以及他的继承人的捐赠，内容包括油画、水粉画、素描、版画、雕塑、摄影等，相当丰富。

诸多作品中，备受关注的有一尊雕塑《奴隶》（*Le Serf*, 1900–1903），是马蒂斯雕塑作品中唯一的男性裸体。为了创作这座雕塑，他至少用了三年的时间来研究和描绘，画下许多素描，做过五十多个草稿，其石膏版于 1904 年首次在秋季沙龙中展出，直到 1908 年才被制成铸铁雕塑。作品象征性地展示了奴隶的沮丧、无助、顺从，以及那种无声的抵抗。这件雕塑作品具有明显的试验性，在马蒂斯的作品中独树一帜，不仅因为它采用的材质，也因为它寓意性的主题。这件作品展示了马蒂斯对于人物形象以及古代和早期现代艺术的浓厚兴趣。

还有一幅剪纸作品《鲜花与水果》（*Fluers et Fruits*, 1952–1953），是现存于法国的马蒂斯最大的一幅作品，长 8 米多、高 4 米。当年，美国洛杉矶的西德尼 · 布罗迪夫妇为装饰自己的别墅庭院，委托马蒂斯设计瓷砖面板，这幅作品是画家所做的一系列研究中的一部分。如同调色板上的颜色展示方式一样，马蒂斯使用涂满鲜艳色彩水粉的纸张剪出各种形状，并根据自己的灵感，将这些剪纸摆放在工作室的墙壁上。这幅作品整体构图对称，两个凹槽柱支撑着位于作品两端的柱头，赋予作品一种建筑感。这个作品创作于马蒂斯去世的前两年，不过他最终没有采用这个最初的设想，而是提交了另外一幅名为《禾捆》的作品。

说老实话，我小时候看马蒂斯的作品是不太明白的，觉得好像是我们幼儿园小朋友的作品，色彩鲜艳，造型拙趣，很具童趣。怪不得当时的评论家说它不是人画的，是“野兽”（fauve）画的，所以就叫作“野兽派”了。马蒂斯不但作品很有趣，他本人也是个有故事的人。

20 世纪初，三十出头的马蒂斯和比他还要年轻的安德烈·德兰（André Derain，1880—1954）一起成为野兽派的领军人物。他们喜爱明亮且有表现力的色彩，使用许多狂热的、多半不协调的颜色，而全然不顾物体原本的真实颜色，来表达出多种情感。1905 年，他们在秋季沙龙里举办野兽派的作品展，既引起了尖锐的批评，也得到了不少正面的关注。

1917 年，声名日隆的马蒂斯开始向往阳光充沛的生活，来到了南方的尼斯。他在郊区一间娴静的画室里完成了许多作品，室内的女人及静物是他最喜欢画的题材。1920 年之后，马蒂斯扩大了创作领域，他在雕塑、版画、壁画、插图方面都展示出过人的才赋。1927 年，马蒂斯开始运用一系列复杂的彩色光线和色块来进行创作，进入 20 世纪 30 年代，他的艺术生涯达到高峰，被认为是 20 世纪最负盛名的美术巨匠。

对马蒂斯来说，暴力和危机永远是他绘画激情的来源，焦虑和恐惧时常笼罩着他的画室。晚年的他曾经在一次采访中告诉记者，他在画布上的每次创作都始于温柔的调情，但最后都以激烈的强暴结束。被强暴的不是作品，而是他自己，或者更确切地说是他在创作中产生的激情。这些作品可以是鲜花，是果实，大部分都是人物肖像画。

在之后的 8 年里，马蒂斯逐渐放弃了在画板上创作，他尝试彩色剪纸拼贴，还进行大规模的装饰画创作。直到 1935 年，他找到一个新的模特。一位长着金黄色的头发、蓝色的眼睛，拥有清秀面容的俄罗斯姑娘。就像马蒂斯自己描述的那样，她看起来就像一位白雪公主。莉迪亚·德莱克托斯卡娅（Lydia Delectorskaya，1910—1998），生于 1910 年，1917 年俄国革命后，她在骚乱中逃离俄罗斯，辗转来到尼斯。她一无所有，只剩下自尊心、智慧和坚定不移的意志。1932 年，她找到一份临时工作，在画室当助理，同时为马蒂斯和太太艾米莉当保姆。不到三年，马蒂斯开始让她当模特。那时莉迪亚 25 岁，马蒂斯 65 岁。她认为马蒂斯是一位有礼貌的老人，因为他从不摆弄她的姿势，也不试图脱她的衣服。渐渐地，莉迪亚喜欢上了绘画模特的工作。

1939 年，艾米莉与马蒂斯结束了 41 年的婚姻。第二次世界大战爆发，为躲避德国入侵，莉迪亚和马蒂斯加入了逃难队伍。马蒂斯有一幅画，描绘逃难初期莉迪亚戴着头巾的样子。从此莉迪亚一直陪伴着他。正是有了莉迪亚的支持，马蒂斯才能创作出他生命中最后的杰作——被誉为 20 世纪最伟大的艺术创作之一的彩色剪纸画。

1941 年，72 岁的马蒂斯因肠道疾病接受两次痛苦的手术，身体虚弱使他无法再站在画布前作画，转而开始创作剪纸艺术。为了剪出鲜艳色彩的作品，他亲自动手染色，靠在病床上不停剪裁。这个老人仿佛以孩童般的娱乐消磨着生命的最后时光。虽然生命最后两年他几乎都在病床上度过，但他的创造力却从未停歇。

马蒂斯于 1954 年 11 月 3 日去世，享年 85 岁。去世前一天，莉迪亚来到他的床边，刚洗过头，裹着毛巾，展现出马蒂斯画作中常见的古典美脸部线条。马蒂斯用圆珠笔为她素描，这是他的最后作品。

与此同时，马蒂斯与毕加索这两位 20 世纪艺术巨匠在南法的交往也极为重要。毕加索虽然不像马蒂斯那样长期定居尼斯，但他在 20 世纪 30 年代末至 40 年代初，尤其是二战期间，多居于瓦洛里（Vallauris）和戛纳附近的小镇，频繁出入南法的艺术圈。尼斯不仅是马蒂斯创作与生活的重要基地，也是毕加索艺术活动的一个关键地点。两人虽风格迥异，却时常相聚于画廊和艺术沙龙，展开丰富的艺术对话和思想碰撞。马蒂斯是尼斯的招牌，走在尼斯街头，到处都可以看到他的博物馆的标志，好多商业设计也都采用了源自他晚年剪纸作品上的图形。一个城市有位杰出的艺术家真是幸运，正如在西班牙的巴塞罗那，到处都是胡安·米罗的绘画的痕迹，在尼斯就是马蒂斯了。

想去参观马蒂斯博物馆的朋友，一定要注意，这个博物馆 4 至 7 月是每天 10 至 18 点开放，星期二除外；而 10 月至次年 3 月是每天 10 至 17 点开放，星期二除外。1 月 1 日、5 月 1 日、12 月 25 日是不开门的。门票价格很公道，只需 3.8 欧元。可惜受场地的限制，展出的作品不是很多。真想看他的作品，特别是划时代的杰作，还是得到巴黎、纽约等地的大博物馆去。

顺便说说，几年前我曾造访过靠近尼斯的戛纳（Cannes，又称“坎城”）。那时正值电影节的淡季，城市没有喧嚣的人潮，街道显得格外宁静和从容。相比起人声鼎沸的盛会时刻，这样的坎城更显得真实而平易近人。沿着海边漫步，蔚蓝的地中海水面泛着温柔的光，海风带着盐分和花香，令人心旷神怡。

戛纳的建筑和街景让我联想到邻近的尼斯，两者虽各具特色，却又不无相似之处。某种程度上，这让我对坎城的印象变得模糊，仿佛它是南法海岸线上一个安静的音符，而尼斯则是那段旋律中更为响亮的节拍。这里的街巷不似巴黎那样繁忙，也不如马赛那般粗犷，有一种温和而雅致的生活节奏。

我走过宽阔的克鲁瓦塞特海滨大道（La Croisette），透过阳光洒落的树影，感受到这座城市既有奢华的底蕴，也有恬淡的日常。宫殿般壮丽的戛纳节日宫（Palais des Festivals et des Congrès），坐落在克鲁瓦塞特海滨大道的中心地带。

提到戛纳节日宫，我想起电影《憨豆先生的假期》（*Mr. Bean's Holiday*），电影中憨豆先生误打误撞地来到戛纳，节日宫及其周边环境被拍摄得活灵活现。

戛纳节日宫是一座现代感十足的建筑，宽敞的玻璃幕墙、直线条的设计和巨大的展览空间令人印象深刻。它不仅是世界最著名电影节的主会场，更是各类国际会议和大型文化活动的中心。电影中憨豆先生在这里闹出各种笑话，也让人感受到这个建筑背后承载的繁忙与荣耀。

这里不只是红毯和闪光灯的代名词，它同样是一座能让人安静下来感受海风与阳光的城镇。在这里，时间仿佛被拉长，生活细节被放大，更多的是一种悠然的南法气息。

古老变时尚
Ancien à la mode

在法国南部的海滨和山里走走，和巴黎周边完全不同，阳光且不用说，就是人的气质也大相径庭，这里的人更加松闲，这里的自由文化人更多，这里的富人也更多。站在海边，望着一碧万顷的地中海，想起当年希腊人、罗马人就是在这里登陆的，有种时光倒流的感觉。

最早统治法国南部这个地区的是希腊人，他们将古希腊文明带到了这个原本比较落后的地区。希腊人之后，住在欧洲北部的凯尔特人迁人，之后就是罗马人了。罗马人将这里看成是罗马的省份，以“省”相称，读音就是“普罗旺斯”。

罗马人在这里修建了许多公共和私人建筑，例如斗兽场、露天剧场、大浴场等，具有明显的罗马风格，于是，希腊建筑、凯尔特建筑和罗马建筑，逐渐形成了普罗旺斯深厚的建筑文化沉淀。7 世纪前后，来自北非的阿拉伯“摩尔人”入侵了普罗旺斯，在森林和山丘之间也建造了他们自己的城市，就是现在称为“摩尔”（Les Maures）的地区。后来，这个区归属了意大利教廷，在 1277 年划为阿维尼翁教廷（Court at Avignon）下属的领地。于是，这里就成为意大利文化的一个延伸，历史长达 300 多年，因此这里留下了深刻的意大利文化的印记。直到法国大革命时期，普罗旺斯才重新回归法国所有。这里的许多小城镇，具有法国和意大利的双重特色，原因也在这里。

现在意大利和法国普罗旺斯的边界基本是 20 世纪才划定的，这里的历史太丰富了，因此充满各种传奇色彩，究竟哪里才算是“真正的普罗旺斯”是当地人乐此不疲争议的话题之一。

较宽容的说法是整个法国地中海沿岸都可以视为普罗旺斯，但是把它限定在一个较小的地段里，各有各的道理，好在大家都还宽容，说说而已啦。

有一点大家比较一致的是，这里的人们在提到普罗旺斯、阿尔卑斯滨海省的时候，往往不把这里的几个大城市包括进去。在他们看来，普罗旺斯是乡村，而不是都会，因此，虽然尼斯、马赛，甚至摩纳哥都在这个地区，但是本地人从来不把它们算作普罗旺斯。这里的人有一种非常强烈的村镇自豪感，他们对自己那些美轮美奂的村镇倍感骄傲，因为正是这些村镇的多姿多彩，才让普罗旺斯得到了全世界的称颂。这种氛围、这种文化的存在和发展，绝对不是戛纳的国际盛会、摩纳哥的赌场、马赛的大都会生活能够替代的。

我在这里的乡间行走，体会到一种精品小城的娴雅感和优越感，这在国内是不多见的。可能因为经历了太过漫长的、比较落后的农业时期，国人会对乡镇有点歧视。然而在西方国家，经过漫长历史沉淀的村镇文化，才是真正弥足珍贵的。这里的人们对于省内的几座大一些的城市，比如尼斯、马赛似乎兴趣不大，更谈不上羡慕，他们最感骄傲的是周围成群的小城镇，觉得这才是最有价值，也最值得自豪的，这一点和我们国人的心态很不一样。通常，北京郊区的人总说自己离北京不远，是北京的一个部分；上海远郊的农民也总说自己是上海人。但在普罗旺斯，我还从未听那些住在马赛十多公里郊外的人说自己是马赛人；离尼斯才一个小时车程的格拉斯小镇的人也从来不说自己是尼斯人，他们以自己的那个小城镇自豪，因为小城镇价值观已经根深蒂固地扎在民众心中了。

南下的路上，行车经过好多个小乡镇，第一感受就是村镇之间的差异性大。每个村子都各不相同，有自己独特的历史、独特的艺术、独特的文化、独特的产品。人们说这里最能够体现法国人的特点，心胸开阔，从容悠闲、很会享受生活。几千年的文明融化在他们灿烂的微笑里，弥漫在葡萄酒的醇香中。欧洲的古典文明、阿拉伯的古典文明在这里融为一体，充满了地中海的活力。

刚上路的时候，我感觉和在加州沿海开车差不多，但是一旦进入法国南部滨海的那些山区，看见那些千年小镇，整个感觉就开始发生变化，一切都放缓了速度，就连血液也好像流淌得慢了一点。那是一种在现代社会中极为难得的轻松、闲适、从容和宁静，这恐怕就是法国南部带给我们最好的享受。

普罗旺斯的好多小城镇，在中国人眼中大概只是一个村子而已。这个地区南部是地中海，北部是山脉，地貌非常戏剧化。城镇按照具体地块的条件，经过历史的沉淀程度而形成。地貌的变化多端，造成了每个小城镇的形式、面貌、设计、布局各有不同，而这正是我最喜欢的地方。在国内，虽然也有不少的小城镇和村落，但看过去基本上是大同小异，一个模样。一是缺乏因地制宜的设计，千篇一律地挂满红灯笼，求同不存异，你在周庄拍一张相片，告诉别人说这是在同里拍的，绝对没有违和感；二是多年来不断进行没有长远规划的大拆大改，将那些文化沉淀也给冲刷得几乎没有了。现在大概非得跑到四川、湘西那些边远乡下，才能够找到像普罗旺斯这样丰富的小城镇面貌。

法国南部普罗旺斯的上阿尔卑斯区盛产花岗岩，村民从古代就开采石材建造房子。因为各处花岗岩的色彩和肌理都不同，因此每个小镇的感觉都有差异。山海之间洒落着一群群这样的小镇，一路上看得真开心。这里的建筑大部分都是东西朝向的，和国内通行的南北朝向不一样。我问当地人为什么会这样设计，他们说历史以来就这样，因为这里并不炎热，利用东西朝向，可以尽量享受更多阳光，想想还真是有道理。小城镇里面除了高高低低错落矗立在山头上、山坡上的民居之外，总有一座色彩斑斓的老教堂，规模不一定大，但进去看看，多有惊喜。旧而不破、色彩各异的屋顶瓦片，橄榄绿色的百叶窗，石料砌成的牙黄色的墙，总有一抹色调会吸引住你的目光。更不用说那些露天的小集市，撑着彩色棚顶的小咖啡馆。到了这里，你会不想再走了，就想坐下来喝杯咖啡，吃个可颂，享受一下地中海的阳光和拂面的轻风。

我坐在小咖啡馆的门口，看着那个18世纪建的小喷泉淅淅沥沥地喷着水，觉得有点不可思议。正如这个小喷泉是原生的、自然的，这里的居民在建造自己的小镇时，也压根就没有想到要创造一种时尚，但是从19世纪末开始，普罗旺斯风格居然成了流行时尚，先是在北美传开，21世纪更在中国成了时尚。中国各地的所谓豪宅楼盘，哪一个不安排上一座或几座这样的喷泉呢？

南法的小城镇不仅吸引了外国游客，更重要的是吸引了好多杰出的艺术家来这里工作和生活。日积月累，浓厚的艺术氛围也成了这些古老村镇一个非常显著的特色。

在这里生活和工作过的艺术家中，最著名的应该是凡·高、保罗·塞尚了，还有印象派画家莫奈、雷诺阿也曾来过这里。在他们之后有博纳尔、西涅克（Paul Signac，1863–1935）以及杜菲（Raoul Dufy，1877–1953）。20世纪的两位画坛巨匠马蒂斯和毕加索也都在这里定居过很长一段时期。因此，如果说氛围，这里最具有20世纪现代艺术运动的感觉了。凡·高曾经在普罗旺斯的阿尔勒住过一段时间，他特别喜欢黄色，而这里处处可见绚烂的黄色，加上地中海地区温暖的阳光，太适合他了。

早在 19 世纪，这里已经是欧洲富人冬天的度假胜地了。一些艺术家也开始在埃兹（Eze）、穆然（Mougins）、勒·卡内（Le Cannet）、图雷特（Tourette）、塞扬（Seillans）、卡涅（Cagnes）、圣 - 保罗 · 德 · 旺斯（Saint-Paul de Vence）等好几个小城镇聚集起来。圣 - 保罗 · 德 · 旺斯是其中人气最旺的一处，最终成为法国当代艺术的中心。一个小小的山区城镇，竟能孕育出法兰西的当代艺术，对于外国人来说，这真是难以想象。

第一次世界大战结束之后，从欧洲、美国来普罗旺斯地区居住和工作的艺术家超过上千人，有的来工作几个月，有的就干脆在这里定居了。早期来定居的艺术家主要集中在蔚蓝海岸（Cote d'Azur）地区。

第二次世界大战之后，普罗旺斯和其他法国南部滨海地区的城市生活费用越来越高，造成越来越多的人，特别是艺术家，开始在内地、山里小城镇找寻自己生活和工作的空间，这股热潮刺激了这个地区的繁荣。其中一个最近的热点就是在沃克吕兹（Vaucluse）的吕贝隆（Luberon）。

第二次世界大战期间，已经有一批建筑家、作家、艺术家跑到奥帕德 - 勒 - 维克斯这个废弃了的城镇里安营扎寨，建造起自己的社区。后来，后期立体主义画家安德烈·洛特（André Lhote，1885—1962）和欧普艺术家维克多·瓦萨雷里（Victor Vasarely，1906—1997）带了一帮艺术家到另外一个村镇戈尔德（Gordes）定居，建造自己的工作室。20世纪70年代，这里的一个小城镇阿普特（Apt）集中了众多的艺术家，以至于被称为“吕贝隆的圣热尔曼区”（Saint-Germain du Luberon）。要知道，圣热尔曼区可是巴黎艺术家最集中的区域之一，以此冠名，可见这里聚集了多少来自巴黎的前卫艺术家、作家和其他知识分子。他们在这里居住和工作，使得普罗旺斯山区村镇的性质发生了巨大的变化。

正如人有生老病死，小镇虽美，也有荣辱兴衰。18世纪初是普罗旺斯的黄金时期，当时香水生产业方兴未艾，葡萄酒酿造业也是好年头，蚕桑业非常发达，农民则以栽种葡萄、制造香精的鲜花香草，以及加工橄榄油的橄榄树为主，可以说整个地区一片兴旺，欣欣向荣。

1900年前后，铁路从沿海通到山里来了，不少贫困的农民离开家乡，到滨海地区找寻就业机会。这样一来，一些比较偏远的山区村镇开始衰落，人去楼空。到20世纪初，一些历史村镇甚至变成空无一人的鬼镇，另外有些小镇，虽然还有人居住，但是也死气沉沉的，年轻人走光了，只有一些老年人在那里喝咖啡、晒太阳。还能够维持一定人口的村镇，都是位于交通干线旁边或者在山脚下的那些。

那是这个地区的小城镇最暗淡的时期。

法国作家、电影制片人马塞尔·帕尼奥尔（Marcel Pagnol，1895—1974）曾写过两本关于这里景物人情的小说，一本叫《恋恋山城》（*Jean de Florentte*），另一本叫《甘泉玛侬》（*Manon des Sources*），后来他又将两本小说改编成电影，反映了山区小城镇的衰败，描写了在工业化过程中小镇生活逐渐凋零的过程。其实，帕格诺尔本人是个乐观主义者，他是想用艺术来淘洗出小镇的精华，唤醒公众对这个地区小城镇的热情，他的电影中充满了法国南方小城镇迷人的景观：小小的咖啡馆、醇正的葡萄酒、佳肴美食、色彩丰富的市场、斑驳的小镇、乐天的人民。

艺术家先行，外国人和游客跟进，终于，普罗旺斯的村镇生活变成时尚。20世纪后期，本地的房地产价格持续高涨，前来定居的人络绎不绝。人们的价值观发生了变化，小城镇生活不但被视为舒适、悠闲的代名词，并且成了时尚，成了理想。不断有精英、富人、文学家、艺术家离开大都会，到这里居住和工作。现代化的通信手段，使得他们无须挤在大城市里，山区村镇的生活是那么的惬意，嘈杂、喧嚣、污染严重的大城市还有什么好留恋的呢？

就拿烹饪来说吧，现在法国最流行的时尚餐饮是简朴的普罗旺斯型的乡村饮食，新鲜红酒、蘸着橄榄油吃的粗麦面包、鲜嫩的烤羊肉、大量新鲜的蔬菜和水果，有谁还在乎城里头那些用数不清的碟子端上来的豪华大餐呢？国际知名的美食作家，如伊丽莎白·大卫（Elizabeth David，1913—1992）和费雪（M.E.K.Fisher，1908—1992）等，都选择在这里居住，在这里写作，在这里享用美食，好不自在！

到了21世纪，这里的形象整个翻转过来了，不再是颓败的、破落的乡村，而是顶级舒适的、馥郁文化气息的生活所在。经过100多年的淘洗，小城镇更讨人喜爱，成为现在发达国家精英阶层追逐的目标了。

时光隧道
Tunnel du temps

在尼斯住了一晚，该开车去格拉斯，看看真正的山城了。次日一早，收拾了行李，先开车去戛纳。

因为要赶路，没在戛纳多停留，离开市区，转公路北上，就是连绵不断的大山了。好在公路质量不错，虽然坡度大些，但是开起来还算顺的。出了城，公路两边都是星罗棋布的村镇。严格说来，称之为村镇也有些不准确，因为这一带已经开发得很厉害，剩下的农田不多了，大部分都是住宅，也夹杂着一些工业建筑在内，原来想象中的薰衣草花田则完全没了踪影。

出了高速，下面的道路就比较乱了。在美国开车，交叉处基本是十字路口，横平竖直，或者有红绿灯，或者有写着“Stop”的标牌。而法国的情况很不一样，大概从第二帝国时期开始，道路交叉处多有个圆盘小广场，少则三四个出口，多则五六个，最夸张的见到过有八个的。环着圆圈行驶，既要避开同在转圈的车，还得辨认路标。而路牌上写着的都是“东格拉斯”“格拉斯老城”“格拉斯中心”“西格拉斯”……看得眼花缭乱，很容易出错，绕了好几个圈才找到上山的小路。山路是单车道，非常狭窄，弯弯曲曲地蜿蜒而上，终于开进了古老的山城，行驶在小街巷上，那种感觉非常怪异，自己在开着车，走的却是石板铺底的建于中世纪的小路。狭窄的巷子，大概是 12 世纪前后的作品，从建筑的装饰上可以辨认出，好多都是文艺复兴前的风格。常听人说起“时光隧道”，这或许是我一辈子最有时光倒流感觉的一程了。

来法国以前，我上网查过格拉斯的酒店，好像只有一家叫“夏梦”（Charme）的酒店号称在古城中心，赶快就定下了。幸亏没有搞错，它的确就在这座中世纪古城的中心位置，可俯瞰整个格拉斯山谷，酒店完全依山而建，有5层。顶上是格拉斯的长途汽车总站，时常可以见到好多人在这里等车去附近的地方。整座酒店虽然是新建的，但因设计风格完全循着12世纪前后的旧住宅形式，而且还把很多旧建筑的构件，比如石头的拱顶、旧的木门等，整个镶嵌在新建筑墙体中，新旧搭配，因此完全没有突兀的感觉。估计除了酒店的老板有眼光、有品位之外，另一个重要的原因就是市政规划的管理得力了。

房间不大，但是应有尽有。百叶窗打开，看见青翠的山谷，错落的红瓦民居。夜里的天空，清澈明亮，一颗颗星星比我们通常见到的大一些，而且低低的，似乎爬上屋顶便可以摘到一样。这里不像尼斯、戛纳那么喧闹，游客不多，车辆也少。这座安静的小城，有一座钟楼，有一个要塞，蜿蜒的城墙围绕着建于中世纪的民居群落。如果不知道它的背景，会以为这仅是一个普通的阿尔卑斯山村，其实格拉斯可是法国香水之都呢。

夏梦酒店位于格拉斯9至12世纪建造的老城中，老板是位中年妇女，名字很法国，叫“弗朗索瓦”，她的先生是餐厅的大厨，某种程度上算是夫妻店吧。酒店是四星级的，有餐厅、露天咖啡座、香水店，还有自己特制香水的作坊，我看她日子过得蛮惬意的。

弗朗索瓦在自己酒店入口的地方开了一个香水店，专门销售自己作坊生产的香水，包装虽然不算十分考究，但香馨可人，价格也很合理。来来往往的客人都会买点作为礼品送人。我也买了几瓶，顺便和她聊了聊格拉斯的香水。

在聊天中，弗朗索瓦几次用到“Proventian”（普罗旺斯化）这个词，看得出，她对身为地道的普罗旺斯人是非常自豪的。她能说有口音但基本流利的英语，所以我们交流没有障碍。她对中国很有兴趣，希望有一天能到中国看看，她的先生也想学些做中国菜的本事呢。

我在那里停留的时间不算长，除了和弗朗索瓦有时聊上几句之外，另有一个非常活泼的酒店接待部的法国女孩，整天叽叽喳喳地要和我练英语。酒店的露天咖啡座上总是有些老人家，不过大概语言的关系吧，他们只是在我走过时礼貌地点点头而已。唉，真该把法文学好一点啊！

自从公元 9 世纪，格拉斯初具形制以来，1000 多年的历史沉淀，营造出小城的浪漫。格拉斯的老城区充满了历史的氛围，这里的街道是 17、18 世纪开拓的，建筑大部分也是那个时期建造的，说来也有两三百年了。因为是个山城，因此到处都要走阶梯上下，有点像在重庆。在这里步行，很是有趣，尤其是作为初到的客人。因为这里的古老小巷实在太有魅力了，曲曲弯弯，斗折蛇行，永远不知道前面有什么样的惊喜在等待着你。巷子虽小，却是四通八达，首尾相接，环环相扣，条条都走得通，却条条都逛不完，似乎永远没有尽头。那些古窗、旧门、老街灯，在你耳边呢喃着远去的历史。窗台上、屋角边、墙缝里钻出来的花花草草和遍布街头巷尾的大大小小的香品店争奇斗艳，香气氤氲，缭绕不散。有些小巷干脆从建筑物中架空而过，给你一个俯视全城的机会。街道交叉的地方，总会有片小小的开阔地，或是个环绕着喷泉的小广场，从百转千回的狭窄小巷中，豁然开阔一把。那里照例有几处铺着明丽桌布的咖啡座，留住了过往的客人，留住了湛蓝的天。

因为是古城，又是老旧建筑，破损颓败总是免不了的。那些教堂、钟楼、一战纪念碑等地标性的建筑自然是维护的重点，即便是民居也被小心地呵护着。城里常可见到不动声色、一丝不苟地修补、整治。在巷子里闲逛，偶尔也需要从脚手架下钻过。这里不但见不到那种野蛮的大拆大卸，而且修整后的墙角、门楣、窗框周边，总会留下一行或几块裸露的石头，一拱旧式的门洞，继续散发着思古的幽情。有时整面墙都重新砌过了，却嵌上一扇古旧的木门，令千年的历史风情、人文气息得以传承。老城区里一律是石板路、石台阶，每天清晨有专人用清水冲洗，连墙根的护石也洗刷得干干净净。建筑外墙的色彩多是略带灰调子的橙黄色或淡橘红色，配上灰白色，既明快活泼又不刺眼。就连那些为数不少的新建民居，也都严格地沿袭了传统的风格和色调，全无张扬喧嚣，一点也不显突兀。

我对于小城镇一向情有独钟，喜欢得很。因为自己长期生活在大都市，虽然方便，但是生活品质其实是在不断下降的，大都会的各种毛病，已经很让人头痛了。所以出行时，会对那些保留古风的小城镇尤其注意。这次驾车周游南法，也有这个目的。

说到小镇的规划设计，除了着意小心地保护历史文化沉积之外，格拉斯还有两点让我感触很深。

一是尺度适宜。走在小镇上，自有一种“闲庭信步”的感觉，就算突然看到对面有什么惊喜，也无须紧张地左顾右盼，从容踱步过去便是。那里的街巷虽然不宽，却也足够车和行人通过，绝不会令人为过街而踌躇。在保证人流顺畅的前提下，才能聚集人气。那种不考虑周围的城市生态，不顾及商业氛围，动不动就将道路“拓宽”“取直”的做法，并不一定科学，更不是“放之四海而皆准”的。

二是疏密有致。人在狭窄的环境中停留的时间长了，会产生一定的压抑感。看来，小镇的规划者和建造者们对此深有体会。所以，过不了两三个街口，就会有一处或大或小的开阔地。或者是一方以古老喷泉为中心的小广场，或者是摆放着几张舒适咖啡桌椅的小空地，或者有一个小小的球场，或者是一座周围饰以花草的雕像，或者是一个林木扶疏的小公园……总之，让人有放松一下，做个深呼吸的冲动。

反观一些被我们讥为“现代鸽子笼”的新居民区，长得一模一样的房子，一栋接一栋，密密麻麻，过道笔直窄长，单调无趣，是不是可以从小镇的布局中学到一些东西呢？

与以前去过的意大利同类的小镇比较，法国南部的这些小镇更加质朴。比如教堂就建造得简单，钟楼一般就是用铸铁做成一个架子，再把钟挂上，很简单，但并不简陋。城镇的小广场上多有一个超过百年历史的老喷泉，水流量不大，喷得也不高，淅淅沥沥，滴滴答答，流水的轻响像是时光的脚步，既轻轻，也匆匆。

去年曾经路过周庄，一到庄前，那条阔大的水泥马路，那排不伦不类的新建商业楼房，那种宰死人不偿命的漫天要价，让我连停车的念头都没有了。这种现象并不鲜见，一方面各种无厘头的拆迁重建，令这种传统的小城镇已经越来越少了；另一方面有些小城镇虽然躯壳还在，过度的商业化，使得传统早已流失殆尽。如果不尽快采取一些强硬有效的行政、立法手段加以保护，可能我们的后代，就真的不知道中国还曾经有过这么美丽的传统小镇了。

法国人是深得浪漫精髓的，当会用心维护好这颗明珠。再过一二百年，后代子孙来到这里，若仍可领略到这馨香、这浪漫、这幽幽古镇风情，那真要算法国人为世界人民做出的贡献呢。

世界香水之都
Capitale Mondiale du Parfum

格拉斯是距离尼斯、戛纳不远的一个山区小城。16 世纪以来，芳香植物在该地区大面积种植，促进了格拉斯香料业的发展，并使其逐渐成为闻名遐迩的“香水之都”。今天，格拉斯虽然不再种植大面积的芳香植物了，但仍然是世界香料的重要产地。这座小城既没有尼斯“蓝色海岸”的绚丽，也没有戛纳“电影之城”的夺目，但她并不刻意去模仿别人，而是着力发展自己的个性，保持原有的特色。这也正是国际香料博物馆被指定建在格拉斯的重要原因。格拉斯这个传统香料业的摇篮正在揭去她神秘的面纱，以其飘逸诱人的芳香，吸引着八方游客。

说到香水，人们往往会联想到法国，联想到巴黎，以为香水是法国人发明的。然而事实并非如此。早在公元前 4000 年的波斯，已经出现各种储存芳香精油的容器了。根据考古发现，最早的香氛配方出自古埃及，后来得到古罗马和古代阿拉伯的继承。11 世纪十字军东征，给欧洲带来了灿烂的东方文化，随着东西方贸易的不断加强，香水这种悦人悦己的产品，逐渐为欧洲人所接受和喜爱。后来，法国和意大利的一些地区研发出酒精蒸馏技术，开始制作香料，但受宗教的限制，只是应用在医药、烹调和宗教仪式上。直到文艺复兴时期，香水业才得到发展。当然，在香水的发展过程中，法国人功不可没。18 世纪时，法国的格拉斯已经开始大量种植香料植物，而著名的药剂师让－

路易·法尔琼（Jean-Louis Fargeon，1748—1806）担任了法国皇后玛丽·安托瓦内特（Marie Antoinette）的御用调香师后，改变了香水设计的潮流。加上路易十六动用倾国之力将意大利的香水及香皂工业高手挖过来，奠定了法国香水工业的基础。拿破仑当政后，对香水工业亦是鼎力支持，他鼓励法国的科学家投入对有机化学的研究，从而使法国香水工业产生了革命性的变化。从此，法国成为香水工业的潮流引领者，也成为世界上公认的“香水王国”。

18 世纪的欧洲人就知道，最迷人的香水出自法国格拉斯。而法国香水的鼻祖居然是“臭皮匠”，这是我这次去格拉斯才知道的。

早在 16 世纪，格拉斯就以其卓越的制革工艺而闻名，皮革贸易蓬勃发展。当时的传统手工业使用橄榄油浸泡熟皮来制作手套，这样加工后的皮革总有股难闻的气味，难怪中国谚语中会有“臭皮匠”的说法。为了解决这个问题，当地的制革工人想出了用香花提取物为皮手套增添香味的主意。这种带有香味的皮手套风靡一时，很受当时上层社会的欢迎。远在巴黎的法国皇后凯瑟琳·德·美第奇亦被这些带香味的手套所吸引，随之便在法国宫廷和贵族中掀起了一股潮流。后来皮匠们干脆甩开了那些制造手套的牛、羊皮，转而为追逐时髦的贵妇们制作香精，这项创新标志着格拉斯香水产业的开端。1614 年，格拉斯开始种植各种香料，随着王室、贵族大量使用香水，此业日渐兴隆。谁也想不到，当年在小山城那些阴暗简陋的作坊里与气味难闻的皮革打交道的“臭皮匠”，竟引领出一项时尚产业来。17 世纪，手套制造商和香水商会获得官方认可，香水行业站稳了脚跟。到了 18 世纪，香水产业的发展已远远超越了皮革产业。1730 年，法国第一家香精香料生产公司诞生于格拉斯。从此，香水业逐渐在格拉斯落地生根。

如今，这里已成为名副其实的“香水之都”，承担着为法国名牌香水公司生产香精、配制香水的业务。法国 80% 的香水都在这里制造。驰名世界的“香奈儿 5 号”香水，也是在这里研制出来的。

20 世纪 20 年代初，时装大师嘉柏丽尔 · 香奈儿（Gabrielle Chanel，1883—1971）将目光瞄向了香水市场。当时市场上流行的香水大致分成两个类别：一种是单一花香的，比较清淡；另一种则比较浓烈，是以动物香料为原料的。香奈儿对这两种都不满意，一心想要为 20 世纪的新女性创造出一种前所未有的香水来。于是，她专程来到格拉斯，请她的好友、年轻的化学家欧内斯特 · 博（Ernest Beaux，1881—1961）帮忙。博克斯当时已在格拉斯设置了实验室，而且对乙醛进行了多年的研究和试验，发现这一化工原料有助于将鲜花的芳香浓缩和提炼出来。在这里，香奈儿学到了用嗅觉感受玫瑰、紫罗兰及木兰等不同花朵的特色香气。她对博克斯将不同香料混合调配的主意很感兴趣。后来，博克斯将他的样品放在标有序号的小瓶子里，让香奈儿自行挑选。时装女王最终选中了第5号，5号恰恰是她的幸运号码。“这，就是我要的。一种不同于以往的香水。一种女人的香水！”就这样，世界上最著名的香水——“香奈儿5号”在1921年5月的第5天问世了。

5号香水一上市，立即获得极大的成功。与过去的贵族式香水相比，5号香水清新自然得多，价格也便宜不少，被称为“民主化的香水”。乙醛在香水工业上的革命性应用，也由此开始。现代香水，几乎没有不采用这一技术的。逾半个多世纪以来，香奈儿5号香水历久不衰，征服了世界各地的女性。不但复合香味成了香水界的主流，就连5号香水的瓶形，也成了一种经典的优雅。

我在格拉斯的加利马尔（Galimard）香水总厂见到一位公共关系部门的负责人，他细心地向我介绍了香水制作的过程。香水的初步提炼和酿酒的过程一样，需要蒸馏提炼，相异之处在于二者使用的材料不同而已，酿酒是用葡萄，而提炼香精则是用花瓣或植物。

传统的香精提炼方式有两种，一种是加热提炼法。利用加温煮沸的方式，使花瓣在蒸馏器中分解，过程需要几个小时。热炼后香精和植物油会分开，提取到的香精用来做香水和古龙水，剩下的植物油则用来做香皂。我问那位负责人："香水和古龙水有什么不同呢？"他告诉我，香水的成分中有 20% 的香精及 80% 的酒精，古龙水则为 6% 的香精、80% 的酒精及 14% 的水分。

另一种提炼方式是冷脂吸收法。这种方法仅适用于最脆弱的植物和花卉，如茉莉花和水仙花，因为这些品种一经加热，香味会发生变化，所以工艺流程比较麻烦。先将一层室温的动植物油脂涂抹在木质盘子上，然后将最新鲜的花朵一朵一朵地压在脂肪面上，再密封加压，静置不少于 24 小时，让脂肪吸收花卉的香味。这个过程需要多次重复，不断更换鲜花，直至达到合适的浓度。最后，将所有花瓣取出，将脂肪收集起来，再将脂肪与香味分子分离，得到珍贵的香膏。

格拉斯共有 40 家香水制造厂，其中只有 3 家对大众开放，分别是慕莲纳（Molinard）、花宫娜（Fragonard）及加利马尔，其中以伽利马德的历史最为悠久。伽利马德香水厂是加利马尔先生（Jean de Galimard）1747 年在格拉斯创办的，已有近 300 年的历史，是法国最古老的香水厂。他们依传统配方生产香水，最主要的原料是茉莉花、玫瑰花及薰衣草。因为要用到茉莉花，所以提炼香精的过程十分费时，用鲜花花瓣经冷脂吸收法提取，平均要花费 3 个月时间，3 个月后再加入纯酒精放置 24 小时，整个提炼过程才算大功告成。

“你知道提炼一公升茉莉香精的花费是多少吗？”那位负责人用手指比出一个“6”，然后一个字一个字慢慢地说：“60000 法郎。”天哪！一公升的茉莉香精居然要花掉 6 万法郎的成本，难怪香水的价格会如此昂贵了。据他介绍，茉莉花有着馥郁的芳香，几乎所有的高级香水都含有茉莉香精成分。

顺便说一句，过去我以为茉莉花是中国特有的花种，来到这里，才知道茉莉花的家族大得很，种类多得很。西班牙茉莉（也叫皇家茉莉）是 16 世纪以来欧洲最常用的品种。通常 10000 平方米的土地种植的茉莉只能产出不足 450 公斤的茉莉花，从 560 万朵鲜花里，才能提炼出 1 公斤的茉莉精油，所以茉莉也成了最昂贵的香水原料之一。茉莉花的香气约从黎明的 4 点到 7 点之间最为浓郁，随着太阳的升起，芳香成分会渐渐消失，所以采摘茉莉花需要争分夺秒。

格拉斯能够成为“香水之都”，究其原因，一是气候条件适合花卉种植，二是传统工艺的承继，三是品牌的建立。今日的格拉斯，不仅生产自己品牌的香水，也为其他的法国名牌，如克丽斯汀 · 迪奥、圣罗兰等制作香水，当然更少不了诞生于此的“香奈儿 5 号”香水。格拉斯的香水业务已经走向世界，日本品牌高田贤三（Kenzo）、美国品牌卡尔文 · 克雷恩（Cavin Klein）以及意大利品牌阿玛尼（Amani）等都在格拉斯生产自己品牌的香水。

格拉斯有家很古老的香水公司，是成立于1850年的罗伯特（Robertet）香精香料公司，通过一个半世纪以来的积累，从原先很小的手工作坊，发展成全球十大香精香料公司之一。该公司总裁菲利普·莫贝尔特曾自豪地说："罗伯特集团成功的历史，就是一个充满自信的历史。它同时将这种具有浓烈香味儿的自信带给了顾客，而顾客的信任又使公司充满了活力。"据介绍，2011年，该公司生产的香精香料已经超过了4千吨，产品销往50多个国家。其中法国国内市场销售额占其销售总额的16%，国际市场占84%。这是法国香水工业引领全球的一个生动写照。

格拉斯位于距地中海20千米的山麓上，地形自南向北猛烈抬升，城区大部分海拔在350~1000米之间，冬季寒冷的西北风对这里影响不大，基本上冬无霜冻。夏季从海上吹来的空气温润宜人，适合香料作物生长。冲积形成的土质十分肥沃，顺着阿尔卑斯山而下的充足的水流汇集于格拉斯，再加上山前充足的阳光，使格拉斯成为得天独厚的花草种植地带。再往南一点，戛纳和尼斯一带，气温偏高，而且淡水不足；再往北一点，地势的增高又会造成冬季的寒冷。因此，格拉斯一带最适宜香料花卉的生长。保加利亚、土耳其有很广阔的花田，新疆也有大片的薰衣草花田，格拉斯的花田则多半是小块小块的，散布在山坡上。从产量上来说，这里不是最高的，但据说花的质量却是最佳的，开花季节的格拉斯山谷，香气袭人。

格拉斯地区的花卉种类很多，有本地土生土长的，如玫瑰、茉莉、薰衣草等，也有外国香料植物。基本上一年四季都可以看见鲜花开放。冬季圣诞节后，来自澳洲的黄绒花（含羞草类）将格拉斯及整个蓝色海岸染成金黄色；春季，染料木的黄花取代黄绒花；夏季，田中是紫色的薰衣草；5、6月份是玫瑰的季节，7至9月茉莉盛开。此外，还有晚香玉、柠檬、柑橘、老鹳草、薄荷、黄地仙、紫罗兰……由于格拉斯位处坡地，各个品种的花均能找到自己需要的海拔而各得其所。我查了查这里的花卉产量，高峰时期，每年在格拉斯地区采集的花卉在700万公斤左右。法国三分之二的天然香料出自这里，格拉斯香料工业每年的产值超过6亿欧元。

到了格拉斯之后，我就四处寻觅花田，结果是收获不大，山坡上零零星星的花田，大的几亩（1亩地约666.67平方米）左右，小的大概就几分地（1分地约66.67平方米），旁边是花农的住宅。找人问问，为什么现在花田少了这么多，回答是地价高涨，因此造成格拉斯本地种花成本太高，还不如从外国进口香花原料，在这里加工成制造香水的材料。

因为离戛纳太近，格拉斯的地价涨得很快。几年前，凤凰卫视的摄制组来这里，还参观了香花种植园。但我这次来，到市政府去了解，他们说那几片种花的田地已经开发成房地产了，要看花田，必须深入阿尔卑斯山区，或者到邻近的意大利北部山区，或者到保加利亚、土耳其去。我攀上格拉斯古城山顶那座钟楼，眺望整个格拉斯山谷，的确看不到什么成片的花田了。最后找到一块不大的草地，旁边建造了现代化的公寓，名字倒是叫作“花农之家”，不过田地已经荒了。

法国的花卉种植业并没有完全消亡，只是迁往更加偏僻的内地。工业化带来的一个结果就是工业取代农业，这种过程往往是刻板取代浪漫，但却有点无可奈何。好在过去的十多年里，情况有了些改变。一些年轻的企业家们成立了格拉斯地区特有鲜花协会，致力于复兴某些已经消失了的香料植物。

格拉斯这些年靠进口花作为制造香水的基础原料。比如，高质量的玫瑰花从保加利亚、土耳其、摩洛哥等国进口；茉莉花来自埃及、意大利；苦橙和柠檬主要产地也是意大利；依兰来自热带的科摩罗和印度尼西亚；珍贵的霍广香多从印度尼西亚进口；檀香来自印度；橡树苔是南斯拉夫的特产；最受欢迎的来自中国的原料是桉树和老鹳草。这些进口原料在格拉斯加工成香精，加固定剂后运往巴黎，就地加工配制成品香水的并不多。所以，现在的格拉斯实际是巴黎名牌香水制造商的原料供应地，巴黎各香水厂将格拉斯生产的香精封存在自己的库房中，再根据自己的秘方加工成各自品牌的香水，这些高品位的香水出口到世界各地，为法国带来了香水之国的美称。

想全面地了解格拉斯的香水业，最简便的方法，当然是参观城里的格拉斯国际香水博物馆（Musée International de la Parfumerie，简称“MIP”）。你不但可以了解到香料植物的种植方式和香水的制作过程，更可以了解到格拉斯的历史，以及世界香水业的发展历史。博物馆里有个温室，在这里可以看到一些非常奇特的植物，还可以在嗅觉花园里接受嗅觉测验，在设在地下的实验室里探索香精提取技术。此外，在格拉斯城门附近，有一个占地超过20000平方米的芳香植物花园，也是属于MIP的，游客可以漫步于玫瑰、茉莉、晚香玉、金雀花、天竺葵和薰衣草的花海之中，体验那种令人陶醉的芳香。当然，这里的礼品店也是你搜寻中意的香水的好地方。

除了国际香水博物馆之外，有几家大香水公司也在这里开设了自己品牌的博物馆。其中比较大的是花宫娜香水厂的博物馆，这也是本城第一家香水博物馆。两层楼的房子，原来就是生产名贵香料及香水的工厂，现在规模大了，工厂迁往东格拉斯山谷的工业区，这里就成为博物馆了。展品中有一个银制的小物件吸引了我的眼光，它合起来像一个很小巧的苹果，但打开来就像被切成六瓣的样子，原来这是一个香囊，用来盛放干燥的香料或小块的浸透香精的海绵。它既可以穿在腰带上作为佩饰，也可以当作吊坠挂在胸前，其制作工艺之精良，与真正的珠宝首饰几无差异。

格拉斯的香水店实在是多，除了上面提到的几家大公司之外，这里的小型香水作坊简直多如牛毛。走在山城的横街窄巷里，隔三岔五就会遇上一间香水店，销售自产的香水。虽然店面并不堂皇，包装也不甚精致，但香味各有特色，价格更是亲民。这些小店除了卖自制的香水，也卖各种香味的肥皂，是格拉斯一景。

香奈儿笃信“不用香水的女人没有未来”，香水不仅给自己，也给周围的人带来温馨。漫步在格拉斯的小路上，不经意间某位优雅女士迎面而来，未及看清面孔，已被那擦肩而过的一缕幽香所迷住，格拉斯，真是一个香气氤氲的温柔乡。

凡·高和阿尔勒
Van Gogh et Arles

第一次听说阿尔勒（Arles）这个地名，是因凡·高。画家的最后岁月，曾在此地度过。所以，当时在我的想象中，这是一个略带阴郁的小山村。实地一看，真是大错特错了，这是个有着悠久历史、多姿多彩的法国南部市镇。

公元前1世纪中叶，这里已经有了定居点，罗讷河贴着阿尔勒的老城区流过。罗马人在公元前123年占领了这座城镇，并将它扩展为一座重要的城市。现在这里还保存着很多罗马时期遗留下来的古迹，半圆形剧场、圆形斗兽场、剧院、一整圈城墙、古罗马浴场、古罗马墓园等。这里还是罗马基督教的关键地点，也是高卢基督教化的重要基地。数百年里，阿尔勒都是一个重要的宗教中心。855年，阿尔勒成为法兰克勃艮第王国的首都，后来，王国的大部分领土逐渐并入了法国。多年来，阿尔勒一直是罗讷河上的重要港口，经济地位举足轻重。直到19世纪，铁路的兴建削弱了河运贸易，阿尔勒的地位才逐渐下降了。现在该市的居民人口大约在五万三千人上下。

阿尔勒的老城区里有一个小广场，为纪念荣获诺贝尔文学奖的法国诗人弗雷德里克·米斯塔尔（Frédéric Mistral, 1830–1914），广场以他的名字命名，法文叫“Place du Forum et statue de Mistral”，广场中间竖立着诗人的塑像。四周都是餐馆、咖啡店和卖小吃的流动摊贩。大小餐馆的桌椅摆得广场上几无一处空隙，能坐人的地方都坐满了人。出现在凡·高那幅《夜晚露天咖啡座》(*Café Terrace at Night*)里的小酒馆，仍照样蹲踞在广场的东北角上，跻身于一排小咖啡店、小餐馆中间，连顶上那个倾斜的凉棚都依然如故。

凡·高曾在阿尔勒住过，虽然时间不长，却留下极为丰富的画作。今日的阿尔勒城区内，只要是凡·高曾经作画的地方，都有一块贴着凡·高画作的木牌，并附上说明。而且在附近的人行道上，还钉有专门的指路铜牌，上面刻着画家背着画箱赶路的剪影，方便游人亲临凡·高作画之处，感受一下画家眼中的景色。

那天，我们一行驾车来到了阿尔勒，因为下着小雨，游客很少。参观斗兽场和露天剧场的时候，除了我们几个之外，居然并无他人。当我们走出那座巍峨的圆形斗兽场时，太阳还很配合地露了脸，甚至还给出了一道彩虹。我们浏览了所有标有凡·高作画处标记的地方，领略画家曾经描绘过的景致，追寻凡·高独特的观察事物的方式。居住在阿尔勒的凡·高，是一个精神病患者，同时又是一位极为敏感的艺术家，他透过自己的眼睛，通过自己与众不同的、非常规逻辑的大脑去看阿尔勒。那数百张作品就是他这个时期的心理和精神状态的写照。凡·高似乎只钟情于自然山水田园，对带有工业化痕迹的物品不屑一顾，他没有画雄伟的斗兽场、壮观的露天剧场，倒是去描绘了古罗马墓地里面的林木和小径。所以，我们看到的景色，除了树长得高了之外，比照原画，改变并不太大。我们走进了凡·高曾疗伤的城中医院，方形小院子里面仍然开着与凡·高画中一模一样的黄色和蓝色的小花，四周建筑黄色的柱子和蓝色的围栏照旧抢眼。时光好像凝固在凡·高那些画中了。凡·高已经成为这座古城的一张名片。

凡·高是在 1888 年 2 月 20 日移居法国南部的，到 1890 年 7 月 29 日他自杀为止，在南法大概逗留了不到两年半的时间。当时，他的家人和他自己都希望这里温暖的气候和安静的生活能够治疗他的精神忧郁症。这一段时间，是他一生中最高产的时期，画了数百幅油画、彩色粉笔画和水彩，上千张速写和素描。有一些最著名的作品就是在这个时期创作的，其中包括脍炙人口的《向日葵》（*Les Tournesols*）、《阿尔勒拉马丁广场的夜间咖啡馆》（*Le Café de nuit, place Lamartine à Arles*）、《鸢尾花》（*Les Iris*）等，还有大量的风景画、独特的肖像画和静物画。

我曾在美国费城艺术博物馆观赏过他 1889 年在阿尔勒画的《向日葵》，也在洛杉矶的盖蒂中心观赏过他的《鸢尾花》，那些花朵长得那么饱满，开得那么绚丽，甚至有些光彩逼人。他在阿尔勒画了那么多的画，在圣雷米住院的时候，他又画了 142 幅作品，包括那幅极为诡秘而绚丽的《星夜》（*La Nuit étoilée*）。在艺术史上，这样奇特、怪异、高产而短暂的艺术创作阶段是极为少见的。

1888 年，凡 · 高离开了巴黎，因为身体虚弱，他搬迁到比较温暖的南方，来到普罗旺斯的小城阿尔勒。这里阳光充沛，丽日晴天，使得他的画风有一个非常明显的转变，从比较阴暗转为灿烂，他所用的黄色、金色、绿色、蓝色，几乎都是纯色，而这正是阿尔勒给人留下的强烈感觉。我在阿姆斯特丹的凡 · 高博物馆看过他的《凡 · 高在阿尔勒的卧室》(*La Chambre de Van Gogh à Arles*)，就是在阿尔勒画的。这次我去那个房间参观，屋里的陈设，几乎没有改变，阳光从百叶窗穿透过来，就是那种色彩。凡 · 高确实是把自己在阿尔勒生活时的生理感受和心理感受同时倾注在自己的作品里了。他在画中描绘的阿尔勒的强烈色彩和氛围，不身临其境是不容易体会到的。

凡 · 高早些时候在巴黎认识了画家保罗 · 高更（Paul Gauguin，1848–1903），他自己在阿尔勒安顿下来之后，就写信给高更，讲述在这里的感受，并且邀请高更过来住一阵子。接到信之后，高更毫不犹豫地就从巴黎过来了。他和凡 · 高在这里的画室、咖啡馆和酒馆里多次交流过各自对于艺术的看法。他们两人的性格其实差异很大，1888 年 12 月的一天，两个人大吵了一架。凡 · 高怒气冲天，拿了把剃刀威胁要砍高更，那天晚上，狂怒的凡 · 高割掉了自己的左耳，此时的他基本是处在精神错乱的状况。

事情发生后，邻居和朋友把凡·高送到阿尔勒本地的医院治疗，住院一个月后，他回到了自己居住的黄房子。但在接下来的一个月里，他辗转于医院和家里，饱受幻觉和妄想的折磨。最终，他在 1889 年的 5 月离开了阿尔勒，住进了位于圣雷米的圣保罗医院（Saint-Paul Asylum in Saint-Remy），这里最初是 12 世纪的修道院，19 世纪被改造成精神病院。凡·高在这里画了不少画，描绘了他从房间里看到的世界，如爬满常春藤的树木，花园里的丁香花和鸢尾花，还有周围乡村的麦田、橄榄树林和柏树，这一年里，他画出大约 150 幅布面油画，非常高产，那幅著名的《鸢尾花》就创作于这个时期，花朵的轮廓非常强烈，有棱有角，一朵朵的，充满生机，凡·高是借此表达自己强烈的求生欲望吗？从画中，还可以看出一点日本浮世绘的影响影子。精神病院里强制性的规律生活，虽然在一段时间内给凡·高带来了相对稳定的状态，但可能因为某种癫痫病的周期性发作，凡·高的病情最终还是恶化了，这也导致了他在 1890 年 5 月搬到了巴黎北部的奥维尔（Auvers）的一家医院。

在奥维尔，凡·高继续病着，但也继续画着。他画了很多松树、草地，那幅《加谢特医生像》（*Portrait du Dr. Gachet*）大概可以算作这段时期最著名的作品之一。这位加谢特医生（Paul Gachet，1828—1909）是位业余画家，他对凡·高和印象派艺术都很推崇。凡·高转到奥维尔的医院后，加谢特医生照顾了他整整 3 个月，对他的境遇非常同情。就是在这里，凡·高画了著名的《麦地上的乌鸦》(*Champ de blé aux corbeaux*)，蓝黑纠缠的暗色天空，三条不知通向何方的小路，成群的黑乌鸦低空掠过剧烈起伏的金色麦田，一切都显得纷乱无序，给人不祥的感觉，似乎预示着某种不幸的结局。凡·高曾多次描绘过麦田，有青有黄，有荣有枯，似乎从中找到了慰藉和灵感，对他而言，麦田像是生死轮回的象征。凡·高在给弟弟的信中曾经谈到这幅画："它们在动荡的天空下是一片麦田，我在画里要强调悲伤感和极致的孤独感……"站在画前，的确让观者感同身受。

在阿尔勒，我们不时看到一棵棵或一排排的丝柏树，它们既野生在山边田头，也被种植在街心花园。这种树和我们常见到的柏树长相不同，叶子并不伸平张开，而是一束束地归拢向上，呈现出独特的涡旋状线条。凡·高对它喜爱有加，认为此树是普罗旺斯风景的典型代表，在他晚期画作中经常以此作为主题，同行的朋友则干脆称它为"凡·高的柏树"。在给弟弟的一封信中，凡·高曾提及，丝柏树给了他很多灵感，他被这种树完美的线条深深地吸引。凡·高的多幅画里都有它的身影，例如《碧绿麦田》(*Champ de blé vert*)、《麦田里的丝柏树》(*Champ de blé avec cyprès*)、《有丝柏的道路》(*Route avec cyprès*)等，都是在这个时期创作的。2023 年夏天，为了纪念凡 · 高的 170 周年诞辰，纽约大都会艺术博物馆还举办了“凡 · 高的丝柏树”专题展览，可见凡 · 高这一题材的作品之丰富。丝柏树几乎成了凡 · 高充满生命力的视觉表达的形象代表。

傍晚，趁着夕阳西下的一点余晖，我们来到离古罗马浴场遗址不远处的罗讷河畔，顺着人行道上的指路牌，找到了凡 · 高画的《罗讷河上的星夜》(*La Nuit étoilée sur le Rhône*) 的现场。可惜，星星尚未升空，晚霞中流淌的河水微带红色，是另一番景象。也好，留下一点遗憾，有机会再来。返程的路上，车窗外接连闪过小小的农舍，浅浅的土黄墙壁，旧旧的粉绿窗框，都曾在凡 · 高画中出现，似曾相识。

阿尔勒的古迹
Les monuments d'Arles

阿尔勒是古代罗马帝国在高卢地区的重要据点，因而留下了大量珍贵的古罗马遗迹。2025 年 1 月我来到这座南法小城，参观了阿尔勒圆形竞技场和古罗马剧院，那种穿越千年的历史厚重感让我深感震撼。竞技场中央矗立着几根不同材质的罗马柱，每一根都精雕细琢、色彩斑斓，仿佛在诉说着那个时代工匠们的非凡技艺与对美的极致追求。

阿尔勒竞技场（Arènes d'Arles）不仅是南法最具代表性的古迹之一，也像一座承载了两千年历史风雨、战火洗礼与文化嬗变的“时光之塔”。它不仅是建筑的杰作，更像是一部活着的“城市编年史”。竞技场建于公元前 90 年至公元 100 年间，正值罗马帝国扩张至高卢的关键时期，是当时城市建设和社会生活的核心。

这座能容纳两万人的竞技场，长 136 米、宽 107 米，设有两层拱门和 60 个通道，体现了古罗马在公共建筑“流线设计”上的卓越智慧。中央竞技场是角斗士和野兽搏斗的舞台，四周的观众席上人声鼎沸，而上方还能张挂遮阳布（velarium），保护观众免受烈日炙烤。

想象两千年前，这里激情燃烧，角斗士奋勇搏杀，观众欢呼声如雷，竞技场不仅是娱乐场所，更是帝国权力与民众身份的象征。罗马文明的宏伟和秩序在此得以具象显现，那种对建筑、技术、社会组织的极致追求，令人肃然起敬。

随着西罗马帝国的衰亡与蛮族入侵，竞技场的功能发生了戏剧性的转变。进入中世纪，阿尔勒竞技场摇身一变成为“城中之城”，被改造为坚固的防御堡垒，甚至内部住进了数百居民，教堂也建于其中。它见证了文明的衰败，也承载了人们的生存与希望，成为生活与历史交织的见证者。

文艺复兴后，随着考古学兴起和社会对古典文化的重新热爱，竞技场逐渐恢复原貌，成为欧洲文化复兴的标志之一。19 世纪起，阿尔勒开始保护和修复这座遗迹，使其摆脱了“被生活改造”的宿命，重现古罗马的辉煌。

1888 年，凡·高在给弟弟的信中写道 :“这里的光线和色彩，就像罗马时代还活着。”竞技场虽未成为他画作的直接主题，但它那悠远的历史气息无疑渗透在凡·高笔下的城市氛围中。

如今，阿尔勒竞技场依旧是南法文化的中心。每年春秋，传统的卡马尔格斗牛和西班牙式斗牛在此上演 ; 夏季摄影节期间，这里变身为艺术表演的舞台。竞技场见证着历史与现代的对话，成为时间的见证者，也承载着南法人对传统与艺术的热爱。

漫步在这座竞技场，空旷寂静，我感受到的不仅是石头的冷硬，更有文明的温度和生命的延续。它不仅是古代罗马权力的象征，更是跨越千年的文化符号，是人与历史、人与艺术相遇的奇迹。午后的阳光洒在斑驳的石阶上，仿佛能听见历史在低语，那是一种穿越时空的回响。

阿尔勒的古剧场（Théâtre Antique d'Arles）是一座深藏在历史长河中的文化瑰宝，它不仅与阿尔勒竞技场齐名，更是南法城市文明从古典到现代的见证者。它背后同样有丰富的故事，充满诗意与历史厚重感。这个剧场是罗马帝国时期的剧场，建于公元前1世纪末（大约在奥古斯都统治时期），是罗马人在高卢地区最早兴建的剧场之一，最初可以容纳约一万名观众，为阿尔勒的市民和贵族提供戏剧、音乐和诗歌朗诵的公共文化空间。

这个剧场是半圆形布局，分为观众席（cavea）、舞台区（orchestra）和背景舞台墙（scaenae frons）。观众席从剧场中心逐级向上，可以让观众体验极佳的音响效果，无须扩音器也能听清演员台词。舞台墙高达20米，中央是通向后台的拱门，传说是供皇帝或高级官员入场用的，舞台墙原本装饰着雕刻精美的柱廊和神像，以彰显帝国权力与艺术繁荣。这是典型的罗马舞台景观。

和竞技场一样，这座剧场也随着罗马帝国衰落而逐渐荒废，在中世纪被废弃、破坏。到了公元6世纪，剧场被当作采石场使用，许多大理石雕像、柱基被拆除，用于建造教堂和城墙。中世纪居民在剧场中修建了民宅和堡垒，剧场逐渐被“埋没”在人类日常生活中。这其实是整个欧洲古迹的普遍命运，伟大的古代遗产，在中世纪要么变成

“石料库”，要么变成“防御工事”。

到了 18 世纪末、19 世纪初，法国考古学兴起，人们开始意识到这片废墟的真正身份。从 19 世纪 20 年代起，法国政府陆续拆除剧场中的建筑物，开展考古发掘，并对剧场进行修复。

在发掘过程中，发现了两尊珍贵的大理石雕像，一尊是《阿尔勒的维纳斯》（*Vénus d'Arles*）的雕像，现藏于卢浮宫；另一尊是奥古斯都皇帝的雕像，象征剧场与帝国的政治联系。

如今的阿尔勒古剧场，不再只是历史遗迹，而是一个活跃的文化舞台，首先这个剧场是阿尔勒夏季艺术节的核心举办场地，每年 7–8 月，这里会举办各类表演艺术活动，如古典音乐会、戏剧演出（莎士比亚、古希腊悲剧等）、阿尔勒摄影节等。

阿尔勒古剧场曾激发了普罗旺斯作家弗雷德里克·米斯塔尔对地方文化的热爱。他是普罗旺斯文学复兴的领军人物，他的作品深入体现了普罗旺斯的文化、历史和语言。作为普罗旺斯方言（奥克语）的保护者和推广者，米斯特拉尔的作品不仅是文学成就，也反映了强烈的地方色彩与民族情感。1859 年，他用普罗旺斯方言创作的长诗《米瑞伊》（*Mirèio*）发表，这是米斯塔尔最著名的作品之一。它讲述了一个浪漫悲剧，围绕着普罗旺斯乡村女孩米瑞伊和她的爱人一位年轻农夫的爱情故事。尽管他们深深相爱，但由于社会与家庭的阻力，他们的爱情最终以悲剧收场。这部长诗是普罗旺斯文学的标志性作品之一。米斯特拉尔对普罗旺斯乡村生活的细腻刻画和抒发，使米瑞伊成为普罗旺斯文化的象征，米斯特拉尔也因此赢得了 1904 年的诺贝尔文学奖。

我们在阿尔勒的书店里还看到有他的《弗雷德里克·米斯塔尔的诗歌》(*Poésies de Frédéric Mistral*)，这是米斯塔尔的诗歌合集，展示了他作为诗人的创作风格和才华。这些诗歌大多以普罗旺斯的历史、风土人情、民俗故事为题材，展现了他的地方情感和对家乡的热爱。这些诗歌不仅是普罗旺斯文学的珍贵遗产，也反映了 19 世纪文学中民族主义和地方主义的兴起。米斯塔尔通过这部作品，呼吁恢复和保存普罗旺斯方言和文化。

在书店中还有他的《菲列布里热词库》(*Lou Tresor dóu Felibrige*，1878)、《流亡者》(*L'Exilé*)，最吸引我的还是他的《普罗旺斯故事与传说》(*Contes et Légendes de la Provence*)，这本书收录了米斯特拉尔从民间记录的流传下来的普罗旺斯故事和传说。通过这些故事，他传递了普罗旺斯人民的传统与生活智慧。作为民间文化的集大成者，米斯特拉尔通过这些故事不仅弘扬了普罗旺斯地区的风土人情，也丰富了法国乃至世界文学中的民族文化形象。弗雷德里克·

米斯塔尔的文学成就，不仅为普罗旺斯文化注入了新的生命力，还为法国乃至欧洲文学史提供了宝贵的地方性文学财富。通过他的文学创作，普罗旺斯方言被重新赋予了文化和文学的价值，成为法国文化多样性的一部分。米斯特拉尔的作品不仅仅局限于文学创作，更是对地方身份、文化认同与语言保护的宣言。他通过文字，把普罗旺斯的风景、历史、民俗深深刻印在文学的记忆里，至今仍影响着世界各地热爱这一地区文化的读者。

米斯特拉尔在 19 世纪致力于推动恢复普罗旺斯语言和戏剧传统，许多传统戏剧在古剧场中重新上演，让这座古剧场成为“地方身份复兴”的象征。

我们那天从早到晚在阿尔勒看古迹、看博物馆，马不停蹄，到傍晚还到了罗马时期的浴场，也是一个收获。阿尔勒的康斯坦丁浴场（Thermes de Constantin）是这座法国南部城市古城罗马遗迹中的一颗明珠，也是阿尔勒古罗马辉煌时期的象征之一。它不仅是考古学上重要的遗迹，更是历史与艺术爱好者追寻罗马文化足迹的理想之地。

康斯坦丁浴场建于公元 4 世纪初，也就是罗马皇帝康斯坦丁一世在位时期。他于公元 306 年即位，后迁都至君士坦丁堡（今伊斯坦布尔），并在整个帝国推动基督教合法化和罗马行政制度改革。

当时的阿尔勒是高卢地区的重要城市，亦是皇帝的行宫所在地之一，地位非常重要。康斯坦丁大帝曾在此设立帝国官署，因此也修建了许多代表帝国权威和文明的建筑，康斯坦丁浴场就是其中之一。

虽然如今我们所看到的只是一部分遗迹，但康斯坦丁浴场依然展示出古罗马城市建设中典型的公共浴场风格。浴场内保存得最好的是冷水浴区（Frigidarium），拥有高拱顶和厚重的墙体，是整个遗址中最具观赏性的部分。温水浴区（Tepidarium）和热水浴区（Caldarium）保存较差，但通过地基与加热系统（Hypocaust）的痕迹，仍可辨认其结构。浴场地板下的加热系统是罗马浴场的一大特色。通过热空气在地板下循环，使地板保持温暖，是罗马人对舒适生活的智慧体现。考古中曾发现部分装饰材料，包括马赛克与大理石残片，显示出当年浴场内部的精美与豪华。

在古罗马社会中，公共浴场不仅仅是洗浴场所，更是社交、谈判、休闲，甚至读书和做运动的综合性空间。康斯坦丁浴场作为皇家行宫附属的一部分，其规模和建造技术象征着帝国权力与文明的辐射。阿尔勒的浴场见证了从异教文明到基督教文明过渡的重要时期。

如果按照历史顺序来看，可以构想出这样一个场景：公元 310 年的某个夏日，皇帝康斯坦丁在行宫中召见高卢各省的代表。会议结束后，他与随从一同步入这座浴场，享受在热水与冷水之间交替的舒缓，同时在蒸汽中讨论帝国未来的边疆政策。

漫步在阿尔勒那些宏伟的古罗马遗迹之间，我不禁陷入了一个耐人寻味的疑问：为何这座城市最著名的画家文森特·凡·高，几乎未曾将这些壮丽的古迹作为他画作的主要题材？凡·高在阿尔勒生活过一年多，他的笔下有明媚的阳光、扭曲的柏树、热烈的向日葵，以及那些色彩斑斓的街道和咖啡馆，却很少直接描绘这座城市引以为傲的古罗马竞技场或古剧场。即便是他画过的罗马墓地，也仅仅是作为背景出现，并不是画面焦点。

或许，这正是凡·高内心世界和艺术追求的写照。他并非古典主义者，也不是考古学家。他关注的是眼前活生生的自然与人性，是色彩与光线如何影响情感与精神的表达。阿尔勒的古迹对他来说，或许更像是历史的沉默见证，而非他情感的直接源泉。那宏伟的石柱和坚固的墙壁，代表了古代文明的辉煌，却难以捕捉他内心炽热且孤独的生命张力。

此外，19 世纪末的艺术风潮正处于转型期，印象派和后印象派画家们更关注现代生活的光影变幻与内心感受，而非历史遗迹的宏伟与壮丽。古罗马遗迹对他们而言，可能更是一种文化背景，一种精神依托，而非绘画的直接主题。

这种艺术选择的背后，隐含着对时间和记忆的不同解读。凡·高选择捕捉当下的光与影、情绪与生命，而非过去的辉煌。阿尔勒的古迹因此成为他笔下隐隐的注脚，而非画作的中心。

在这座古城漫步，既能感受到历史的厚重，也能体会到凡·高对生命细节的敏锐捕捉。或许，这种错位正是艺术与历史对话的魅力所在——伟大的遗迹见证文明的永恒，而艺术家则用画笔探寻那一刻的人类情感和存在意义。

贝桑松的故事
L'histoire de Besançon

•

在法国南部的阿尔勒附近，有一座被群山环绕的古老城市——贝桑松。这座城市坐落在索恩河的支流杜河旁，旁边便是波澜壮阔的牛轭湖。贝桑松三面环水，第四面由一座雄伟的山脉守护，仿佛是一座天然的堡垒。早在公元前 1500 年，高卢部落便在湖畔扎根。

历史的车轮滚滚向前，从公元前 1 世纪到现代，贝桑松一直是军事战略的关键之地。尤利乌斯·凯撒在其征服高卢的壮丽篇章中提到了这座城市，它不仅是大自然的屏障，更是帝国争霸的必争之地。阿尔卑斯山在贝桑松的正南方以险峻姿态屹立，成为这座城市与外界隔绝的天然防线。

走进贝桑松，你会感受到这座城市血脉里流淌着战争与权力的气息。15 世纪的文艺复兴风潮吹进了这里，勃艮第公爵的影响使这座城市的命运开始变得复杂而多变。当勃艮第的玛丽公主与神圣罗马帝国的皇帝马克西米利安一世结婚后，贝桑松成为哈布斯堡王朝的领地，而玛丽的婚姻象征着权力的交接与新秩序的建立。

在接下来的数十年里，贝桑松的命运犹如棋盘上的一颗棋子，在西班牙与法国之间来回徘徊。1519 年，查理五世成为神圣罗马帝国皇帝，统治了法语地区和贝桑松。他不仅将贝桑松纳入自己的统治版图，还赋予了这座城市铸币的权利，直到 1673 年。在这段时间里，每一枚铸造的硬币上都刻上了查理五世的名字，仿佛他永远铭刻在这座城市的历史中。

然而，历史的车轮并不止步于此。1555 年，查理五世退位后，将弗朗什－孔泰地区交给了西班牙国王菲利普二世，贝桑松再度成为西班牙国王的保护城。直到 1648 年《威斯特伐利亚和约》签订，贝桑松才正式成为帝国的一部分。西班牙的重新控制让这座城市失去了自由城市的地位，而这一切的纠缠，都在贝桑松的城墙与战火中熔炼成了历史的金属。

随着路易十四的崛起，贝桑松的命运再一次发生剧变。1667 年，路易十四以结婚为契机，宣称对弗朗什－孔泰的主权，并通过继承战争攻占了这座城市。尽管《亚琛条约》将贝桑松暂时归还给西班牙，但路易十四并不甘心，他的视线早已锁定了这座充满战略意义的城市。

当法国最终在 1674 年重新夺回贝桑松，著名的军事工程师沃邦开始设计这座城市的防御工事，为其加固了防线。沃邦按照自己精湛的设计方案，打造了一系列巍峨的堡垒，这些堡垒如今依然屹立在城市周围，成为贝桑松的象征。这些防御工事中，著名的特罗伊沙特尔堡、绍达讷堡、格里芬堡等，它们见证了贝桑松在战争与和平之间摇摆。

当你漫步在贝桑松，抬头仰望那座耸立的城堡，你会感受到一股威压的力量。它的灯光在夜晚照亮了整座城市，成为那片土地的灵魂标志。这座城堡不仅是一座军事要塞，更是贝桑松历史不断变迁的象征，屹立在山巅，俯瞰着曾经风云变幻的世界。

贝桑松城堡，这座矗立在圣艾蒂安山顶的宏伟要塞，是这座城市的灵魂所在。它不仅是军事防御的象征，更承载着无数历史的变迁。据说，沃邦当年曾亲自踩着山间崎岖的小径，仔细考量过城堡的每一块石砖，力求将其打造成最坚固的防线。1678 年，沃邦的设计开始付诸实践，而建设过程几乎跨越了整个 17 世纪。尽管工程艰难，但当这座城堡最终完工时，它以一座巍峨的石堡屹立在杜河的曲流之上，仿佛一个巨人凝视着整个城市的命运。

有一则传说在当地流传，讲述着一次围城战的故事。那时，敌军曾围困这座城堡长达三个月，而城内的守军却奇迹般地坚持了下来。每当夜幕降临，城堡的火把就会在高墙上闪烁，守卫们在瓦斯灯下耐心等待，直到救援终于及时赶到。敌军失望地撤退，贝桑松的城堡再次展现了它那不屈的力量。

与此同时，城堡内的博物馆里也有着一些动人的故事。抵抗与驱逐博物馆（Musée de la Résistance et de la Déportation）的展品记录着这座城市在二战中的顽强抵抗。一个年轻女战士的照片挂在展厅的中央，她在战斗中英勇牺牲，成为这座城市的不朽英雄。她的遗物、日记本以及一封封未寄出的信，静静地诉说着那段充满勇气与牺牲的岁月。

在贝桑松的街道上，另一个不容忽视的建筑是圣玛德莲教堂（Église Sainte-Madeleine）。贝桑松街头的教堂，是文艺复兴时期兴建的。当地人总喜欢在教堂钟声响起时，来到教堂前的广场上默默祈祷。圣玛德莲教堂的钟声并不如其他城市的钟声那般铿锵有力，而是柔和、悠远的，仿佛能穿透时间的长河。曾经有一个故事，一位年迈的老人，每天都会来到教堂前，等着钟声响起，听着钟声带给他的一份宁静与安慰。他说，这钟声已经陪伴他度过了漫长的一生，每一声钟响都像是带着上天的祝福。

而在圣玛德莲教堂的钟楼下，有一对恋人曾在钟楼的最高处许下了诺言。故事发生在 1786 年，那时他们还是年轻的学子，他们在教堂的钟楼下互许誓言，表示无论岁月如何变迁，都会守护彼此。虽然时光荏苒，这对恋人已经不在人世，但他们的故事仍旧在这座城市的风中回荡，成为当地人间温暖的传说。

贝桑松不仅仅是历史的见证者，它也是许多传世爱情故事的发源地。在那些古老的教堂里，曾有多少誓言被低声许下，多少灵魂在钟声中找到了归宿。而每一座建筑的背后，都是一段段动人的历史、无数个生命交织的故事，充满了爱、勇气和牺牲。

无论是贝桑松城堡的古老防御，还是市中心那些文艺复兴风格的宫殿，每一块石砖、每一根柱子都在诉说着贝桑松的故事。这座城市不仅是建筑的博物馆，更是一部活生生的历史书，记载着无数人命运的起伏与交织。

贝桑松四大名人
4 Célébrités à Besançon

说到贝桑松，第一个会提到的自然是维克多·雨果，因为他出生于贝桑松。

雨果是《悲惨世界》和《巴黎圣母院》的作者，法国最伟大的文学家之一。他于 1802 年 2 月 26 日出生在贝桑松。虽然他在这座城市的生活时间很短，但贝桑松至今仍以他为傲。他的出生地现在被改建为博物馆——维克多·雨果故居，展示了他的家庭背景、童年经历，以及那些后来影响他作品创作与政治立场的社会思想。

走进贝桑松老城区，一幢低调却庄重的灰色石屋静静地立在小巷里。门前没有喧哗的标语，也没有游客的长队，只有一块小牌子写着："维克多·雨果出生地"。那一刻，我忽然意识到，原来伟大的开始，有时悄无声息。

雨果的父亲是拿破仑军队的将军，因此他们一家经常搬迁。1802 年，父亲带着妻子参加贝桑松附近的战争，在这里生下了雨果，因此雨果就是贝桑松人了，不过他并没有回来过。这是一段短暂的驻足，也是命运的巧合——雨果在这座城里出生，却从未真正生活于此。战争结束后，雨果随家人辗转他乡，永远没有回到贝桑松。但这座城市却始终没有忘记他。

尽管雨果只在贝桑松短暂停留，但这座城市始终将他视为精神象征，而雨果本人所推崇的共和与人道主义理念也正反映了贝桑松启蒙时代的精神。

走进这座故居改建的博物馆，我看到墙上陈列着他童年的影像、父母的信件，还有那些日后支撑他笔下革命与正义的理念萌芽。他倡导共和、反对专制、为穷人发声——他写过巴黎圣母院的钟声，也写过冉阿让的苦难。但最让我触动的，是他对社会底层的关怀，如同这座城市，温和却坚定地守护着他短暂的起点。

有趣的是，尽管雨果并不曾回到贝桑松，这里却始终将他视为精神象征。也许正因为他没有归来，他的形象才得以保留在一种纯粹的理想状态中。贝桑松仿佛对他说："你虽只停留一瞬，我们却将你铭记一生。"

在贝桑松一座老电影院的外墙上，我看到一块嵌入墙体的大理石板，刻着两个名字，路易·卢米埃尔（Louis Lumière）与奥古斯特·卢米埃尔（Auguste Lumière）。那天傍晚，街道安静，光线柔和，我意识到这座貌不惊人的小城，曾是电影这一媒介诞生故事的一部分。

尽管人们习惯将卢米埃尔兄弟与里昂联系起来——他们在那里生活、工作，并于 1895 年在巴黎卡普辛大道 14 号地下室放映了被称为"世界第一部电影"的影片，但他们的出生地其实是贝桑松。他们的父亲查尔斯是一位摄影师兼机械工匠，在贝桑松开设过一家摄影工作坊。两兄弟正是在这里第一次接触到光学、化学、机械与图像，这些后来构成电影基本语言的元素。

我不禁想象，早年那些冬日的黄昏里，年幼的路易或许曾站在父亲的暗房，看着影像在银板上缓慢显现，某种好奇可能就此萌芽。三十年后，他们制造出活动电影机（Cinématographe）——这是一种可以拍摄、冲洗并投影胶片的装置，比爱迪生的活动电影放映机（Kinetoscope）更轻便，且能让多人同时观看。1895 年 12 月 28 日，他们在巴黎放映了十部短片，包括最著名的《火车进站》。据记载，当银幕上的列车向前驶来时，一些观众本能地后退，以为列车真的会冲出屏幕。

这不仅是电影作为公共艺术形式的起点，更象征着现代世界图像经验的变革。卢米埃尔兄弟并非最早尝试移动图像的人，但他们的发明实现了电影作为大众媒介的社会功能——影像可被复制、传播，并在剧院中构建集体观看的仪式感。他们还在全球范围派遣摄影师，拍摄世界各地的生活片段，从孟买街头到纽约港口，这种真实记录的视觉逻辑，奠定了纪录片和新闻影片的先声。

这段影史的开端，部分根植于贝桑松。相比大城市的张扬，这座城镇显得低调而坚韧。它没有刻意塑造“电影诞生地”的符号，却以小规模电影节、文化中心的常设展览等方式，默默延续着这一遗产。在那些街角咖啡馆的橱窗里、旧电影院的门楣上，偶尔能看到卢米埃尔兄弟的剪影，就像城市文化潜意识的一部分。

贝桑松老城区也用类似的方式保存着另一个更不为人知的名字——查尔斯·傅立叶。在杜河附近的一条小巷深处，一块被常春藤半遮蔽的石碑上刻着他的名字。他生于 1772 年，是一位空想社会主义者，以“法郎斯泰尔”（Phalanstère）等构想著称。傅立叶试图从根本上重构社会组织，他提出每个人应按照自身兴趣工作、学习，反对性别压迫，主张社会应促进个体的自我实现。

这些思想在当时的法国反响有限，但一度在大西洋彼岸的美国引发实践尝试，例如波士顿近郊的“溪农场”（Brook Farm）社区。尽管这些实验未能长期维系，但反映了 19 世纪某些思想家对理想社会秩序的探索冲动。

傅立叶在贝桑松的旧居如今并不显眼，几乎淹没在街道日常生活中。那栋不起眼的老建筑，似乎与周围的现代生活无声融合，仿佛隐匿着一段被时间揉碎的历史。然而，这座城市对傅立叶的记忆并非完全淡漠。尽管没有高耸的纪念碑，也没有广为人知的纪念活动，贝桑松却以含蓄而坚韧的方式悄悄保留着这位思想先驱的精神遗产。

傅立叶是法国 19 世纪初最具争议与远见的空想社会主义者之一。他生于工业革命初期的法国社会动荡时期，见证了封建秩序的崩溃与资本主义萌芽的冲击。傅立叶早年在贝桑松及周边成长，这里既有传统工匠的生活氛围，也逐渐受到机械化变革的影响。他对社会不公与劳动者困境的深刻体察，根植于这片土地的复杂现实。

他的思想反映了对当时社会结构的激烈批判——反对传统等级制度，反对当时盛行的专制统治，同时追求一种和谐、有机的社会组织模式。傅立叶提出“法郎斯泰尔”的理想社区形态，试图通过集体生活与分工合作，实现个体自由与社会整体福祉的统一。他主张按照个人兴趣而非经济利益分配工作，极力反对性别不平等，强调女性解放和社会性别角色的重塑。

在巴黎等大城市政治压抑与思想禁锢的环境中，傅立叶的思想一度被视为激进的，遭受官方打压。他曾数次入狱，但仍坚持撰写著作传播理想主义的社会蓝图。尽管他的空想社会主义在当时未能获得广泛现实响应，却为后来的社会改革运动、工人运动以及更为系统化的社会主义理论奠定了思想基础。

贝桑松似乎以独特的低调姿态，默默承载着傅立叶的思想遗存。这里没有豪华的展馆或热闹的宣传，但在一些文化讲座、地方史学者的研究中，傅立叶的名字仍时常被提及。市内的图书馆、文化中心偶尔举办小型展览和读书会，提醒人们这位思想家的存在。街头某些不起眼的角落、常春藤缠绕的石碑下，隐约流露出这座城市对理想主义精神的尊重。

这份隐秘而持久的纪念，仿佛映照出傅立叶本人对社会理想的态度：不张扬、不激进，却执着坚韧，期待在一个不完美世界里不断向善与自由前行。贝桑松不仅是他的故乡，也是这份理想在时间长河中的静默守护者。

在贝桑松，我还开车去了附近的一个小村庄，叫奥尔南（Ornans）。现实主义艺术大师古斯塔夫 · 库尔贝就生于这里。河水潺潺，悬崖与低矮的屋顶之间，有一种隐忍却不卑微的气质，仿佛也在呼应那位画家一生对真实与人的尊严的坚持。

虽然库尔贝出生在贝桑松附近的小镇奥尔南，但他与贝桑松的联系非常密切。他曾在贝桑松求学，后来才前往巴黎。他的现实主义绘画不加修饰地描绘普通人的生活，深受其家乡自然与社会环境的影响。

库尔贝具有强烈的地方自豪感，贝桑松的美术与考古博物馆（Musée des Beaux-Arts et d'Archéologie）收藏了多幅库尔贝的作品。他在艺术与社会活动中的贡献，使他成为法国现代文化中的重要人物。

我到贝桑松，有一个原因，就是想看看库尔贝画上的村庄奥尔南。穿过贝桑松西南的山谷小径，便来到了小镇奥尔南，库尔贝的出生地。他喜欢称自己为“奥尔南的画家”，而不是“巴黎的艺术家”。他出生在一个富裕的酒商家庭，从小就喜欢在河边画画、在山林中写生。他在贝桑松学习艺术，后赴巴黎，但从未忘记家乡那粗粝的岩石、清澈的流水和他身边那些朴素、沉默的农民。

库尔贝不喜欢理想化的画风，他拒绝描绘贵族的神话生活，转而用画笔描写现实，搬运石块的工人、穿粗布衣的农妇、在葬礼上默默哀悼的乡民。他的名作《奥尔南的葬礼》被评论界认为“过于巨大却毫无崇高感”，因为它没有天使、没有神光，只有一群普通人，站在泥地上送别一位平凡的逝者。

如今在贝桑松美术与考古博物馆中，你仍能看到他的原作，厚重的油彩仿佛还带着弗朗什－孔泰大区奥尔南的泥土气息。他那颗倔强、热烈又不屈的灵魂，在这里从未被遗忘。

我们之所以称库尔贝为现实主义艺术的大师，是因为他不仅以独树一帜的绘画风格和题材革新开启了19世纪中叶的现实主义艺术潮流，更在思想上推动了艺术从理想化、浪漫化走向对现实生活本质的关注。他的作品、宣言以及人格实践，共同奠定了现实主义在艺术史上的根基。

库尔贝的重大贡献之一就是创作题材的革新，将“平凡”抬升为艺术主题。在库尔贝之前，历史画、宗教画和神话题材被认为是高级艺术的典范。但库尔贝大胆地将普通农民、工人、石匠、乡村妇女这些日常生活中的人物，作为画布上的主角。

《碎石工人》(*Les Casseurs de pierres*，1849)是库尔贝的重要作品。1849 年，法国刚刚经历一场革命。库尔贝带着画具，回到了故乡贝桑松附近的乡村。他不是为了寻找宁静的风景，而是去看一场沉默的现实。在一条尘土飞扬的山路边，他停下了脚步。两个男人低着头，在碎石。一个是白发苍苍的老人，双膝跪在地上，身体随着锤子一下一下地晃动，像一架旧机器；另一个是少年，脸上还没褪尽稚气，却已身负沉重的石篮。日光炽白，砸在他们身上，却照不出任何荣耀。库尔贝没有打扰他们，只是默默站着，看了很久很久。

几天后，这一幕被他放到了画布上。他没有加戏，画中没有英雄主义的姿态，没有风景的点缀，甚至连人物的脸都几乎看不清。他只描绘了劳作本身，描绘了沉重、反复、几乎没有出口的生存状态。这就是《碎石工人》。画面中，老人与少年的并置，几乎像是一种命运的轮回。少年也许也将成为那位老人，而这份劳动只会代代相传。库尔贝没有批判，也没有哀怜，他只是让他们站在画布中央，像曾属于王室与神明的历史人物一样，占据整个构图的核心。就像在说："他们的生存，本身就值得被记载。"

在那个时代，画这种题材是冒险的。上层社会更愿意在画廊中看到神话、肖像、贵妇与花园，而不是贫苦与尘土。但库尔贝坚持："我不能画我看不见的天使，我只画我眼前的人。”

《碎石工人》展出后引发了争议，也赢得了喝彩。许多年后，人们说，这是一幅用画笔写成的社会学报告，是第一幅真正将下层劳动者以“历史画”体量呈现的作品。但在库尔贝心中，也许它只是那天黄昏在山路边目睹的现实：沉默的人群、无声的重量，以及艺术该如何对这些人说话。

可惜，原作后来毁于二战的轰炸，如今我们只能通过黑白照片，遥想那幅画的质感。但那两个砸石的人，依然像幽灵般留存在艺术史的记忆中。他们没有名字，却比许多帝王将相更真实。

我们在巴黎奥赛美术馆看到的库尔贝的巨作之一《奥尔南的葬礼》（*Un enterrement à Ornans*，1849—1850）是一幅庞大的画面，描绘的却是一场农村葬礼，打破了传统对高贵题材的要求。这在当时被评论界视为“丑陋”“粗俗”，但也标志着艺术开始关注真实人生，而不再追求神化或理想化题材。

库尔贝的第二贡献是绘画风格的革新，他拒绝粉饰与理想化，追求真实质感。库尔贝的绘画技法强调粗犷的笔触与厚重的油彩堆叠，呼应主题的沉重感。他采用真实的比例和自然光线处理，避免了学院派的虚构式光影。库尔贝业不刻意美化人物面孔或动作，而是忠实呈现他们的状态与境遇。他的画风摈弃了浪漫主义中的感伤氛围，转而表现世界的“如其所是”。

库尔贝具有革命性的思想与言论，他被称为自觉的现实主义旗手，库尔贝不仅是画家，更是艺术理论的积极发言者。他在1855年举办的“现实主义展”中发表宣言：“我不能画天使，因为我从未见过他们。”这句名言精确表达了他的创作理念：艺术应根植于感官经验与现实世界。他自称是“现实主义者”，是最早将这个词作为美学立场的艺术家之一。

当然，库尔贝积极参与社会与政治活动，提出现实主义不仅关乎视觉，也关乎政治立场，在艺术评论界亦有争议。库尔贝活跃于19世纪的社会变革中，尤其在1848年革命、巴黎公社等历史事件中立场鲜明。他曾反对拿破仑三世政权，并参与巴黎公社，主张将艺术还给人民。1871年，他因主张拆除象征帝制的旺多姆圆柱，被捕入狱，晚年流亡瑞士。他的命运如同他的画，沉重、粗犷，却饱含真诚。

库尔贝对艺术史影响深远，被视为从印象派到20世纪现实主义的先导人物。库尔贝影响了后来的写实主义画家，也间接推动了印象派的崛起。他强调光线和笔触对自然的捕捉，为马奈、莫奈等人铺平了道路。同时，他对下层社会的关注也启发了20世纪的社会现实主义与社会写实艺术。

教皇之城阿维尼翁
Avignon Ville des Papes

这一次前往法国南部城市阿维尼翁（Avignon），的确是为了探访那座历史上与梵蒂冈并肩而立的教皇宫（Palais des Papes）。当我动笔写这本书的时候，正值教皇方济各于2025年4月21日去世。人们习惯地认为教皇理应常驻梵蒂冈，然而，历史并非如此单一。在某些特殊时期，教皇也不得不“搬家”。这种迁徙的背后，往往涉及政治安全、世俗干预、教会分裂等多重复杂因素。首先，罗马多次陷人战乱和贵族间的权力斗争，教皇在政治压力下为了求得安稳，被迫离开故地。其次，世俗权力，尤其是法国王权，如腓力四世（Philippe IV le Bel）对教廷施加了巨大的影响，推动了“南迁”的决定。再者，为了维护教会的神圣权威，避免在动荡局势中“失颜面”，教廷选择迁徙以重塑形象。最后，更深层的原因还包括教会内部派系林立，分裂严重。在这样的背景下，阿维尼翁成为天主教教廷的避风港。教皇的迁徙史其实也是中世纪教会在乱世中建构权威、塑造神圣形象、左右世俗政局的一部浓缩编年史。

阿维尼翁之所以被称为“教皇之城”（La Cité des Papes），正是因为从1309年到1377年这段特殊历史。在这近七十年里，共有七位教皇常驻于此，皆为法国人，这是天主教历史中唯一一次如此明显的“法国化”时期。教廷在这里修建了著名的教皇宫，融合军事防御与宫廷仪式功能，是欧洲中世纪最宏伟的哥特式宫殿建筑之一，占地超过 15000 平方米，至今看到仍令人震撼。

然而，阿维尼翁绝不仅仅是“一个宫殿”，这座城市也因教廷的迁入而全面繁荣，成为 14 世纪西欧最活跃的宗教与文化重镇之一。城市四周环绕着中世纪城墙，圣贝内泽古桥（Pont Saint-Bénézet）横跨罗讷河（Rhône），是阿维尼翁的象征之一。城市街巷保存良好，至今可见鹅卵石路面、哥特与罗马风格教堂、古老的修道院与市政厅。14 世纪时，有教廷的支持，城市内兴建了大量宗教建筑，神职人员、艺术家、外交使团云集于此，造就了阿维尼翁短暂却辉煌的“文化黄金期”。教皇的到来，使阿维尼翁迅速成为宗教与文化的核心地带。七任教皇相继居住于此，带来了大批神职人员、外交使团、学者与艺术家，也催生了大量教堂、修道院和宗教艺术作品，使城市逐渐变得庄严而繁荣。

虽然 1377 年，教皇格里高利十一世（Gregory XI）将教廷迁回罗马，但风波未平。随后的“西方教会大分裂”使局势更加复杂——阿维尼翁仍有“对立教皇”，执政达四十年之久（1378–1417）。直到法国大革命前夕的 1791 年，阿维尼翁才最终脱离教皇国，结束了四百多年的“教皇之地”历史。

今天的阿维尼翁已成为世界文化遗产城市，每年夏天举办的阿维尼翁戏剧节（Festival d'Avignon）是欧洲最重要的当代表演艺术盛会之一。漫步其间，不仅可以追寻中世纪宗教权力的足迹，也能感受到一座城市在历史风云中的转化，从教皇宫殿的附属成长为一个融合信仰、艺术、生活的精神之城。

阿维尼翁教皇宫至今仍巍然矗立在城市的心脏地带，宛如一座沉默的纪念碑，诉说着中世纪欧洲教会最辉煌也最纷乱的一章。正是因为教廷在 14 世纪初被迫南迁至此，这座原本不甚显赫的南法城市，才逐步成为整个基督教世界的精神与行政中枢。

这座宫殿确实像一座教化之堡——既是宗教的圣殿，又如军事要塞般坚固森严。它是欧洲现存最大规模的哥特式宫殿建筑之一，外观为清一色的灰白石墙，棱角分明，塔楼林立，如同一座凝固的宣言。

宫殿分为两部分。本笃十二世时期所建的老宫（Palais Vieux）偏重防御与功能，格局紧凑；而克莱芒六世主持扩建的新宫（Palais Neuf）则更强调装饰与威仪，是艺术与教权并举的象征。在新宫中，教皇私人礼拜堂依旧留有壁画残迹，例如描绘《马太福音》场景的壁画，色彩绚丽，人物表情优雅端庄，风格融合了意大利与法国哥特的美学语言。

教皇的书房、壁炉厅等空间仍保留部分当年的样貌，从中可一窥他们当时的精神世界与审美趣味。礼仪大厅与宴会厅空旷高敞，冷峻中不失细腻，令人肃然。

我漫步其间，脑海中浮现出这70年间教廷在此签署敕令、册封主教、调遣使节的历史画面。那是一个信仰仍具有统摄力、欧洲已渐趋动荡的时代。阿维尼翁虽然一度成为天主教世界的权力中心，却始终游走于宗教神圣与政治权谋之间。

登上宫殿高处远眺，仿佛看见昔日骑士与主教缓步而过；穿行在大宴会厅，空旷的石室中似乎仍回响着教皇接见欧洲君主的庄重声音；凝视圣殿礼拜堂的壁画，油彩虽已黯淡，但依稀可见信仰的虔诚与艺术的精妙。阿维尼翁教皇宫，不仅仅是建筑，更像是一段化为石头的政治神话，一段曾震撼全欧洲的权力迁徙记。

计划了好多年，到2025年我才终于走进了阿维尼翁的教皇宫——这座中世纪最庞大的哥特式建筑之一。宫殿巍峨高耸，石墙厚重，步入其间，回荡在空旷空间中的脚步声，使人心生敬畏。然而，更让我震撼的不是它的宏大，而是它的空——空无一物，空得彻底，几乎找不到一件当年的陈设或遗留的文物。

极度的空旷，让我很难想象这里曾是教皇的居所、欧洲精神权利的核心，奢华、典雅、神秘、权谋曾经在此上演。如今，那些画在墙上的湿壁画只剩零星残迹，天花板的雕饰多已剥落，宫殿深处的礼拜堂、接见厅、寝宫和密室，都只剩下结构本身，仿佛整个教廷连同其繁复的权力运作、仪式威严、神圣光辉与世俗奢靡，在撤离时被一并抽空，只留下这空壳般的石头建筑。

我不禁想象，1377 年教廷决意返回罗马时，如何一件一件地将家具、文书、金器、圣物，甚至地毯全部带走——不仅是物理的迁徙，更像是一种刻意的“精神出走”，仿佛要将“教廷”这个概念彻底从这座城中抹去。而对于今日的参观者，这空空如也的教皇宫不仅令人怅然，更引人深思：繁华过后，权力的空间最终归于沉默，辉煌的舞台终将成为历史的留白。

参观阿维尼翁教皇宫是一场深刻的文化与历史之旅。在这座冷峻庄严的哥特堡垒中，我们不只看见了一个失落王国的辉煌残影，更体会到中世纪精神世界的裂变与重构。当信仰、艺术与权力交汇，历史就不再只写在纸上，而是刻进石头中，永不磨灭。

阿维尼翁的杰出人物
Personnalités Remarquables d'Avignon

阿维尼翁不仅以“教皇之城”闻名，它在历史上也孕育和吸引了不少文化、宗教与艺术领域的重要人物。

14 世纪的阿维尼翁，曾因教廷南迁而成为欧洲的精神与文化中心。在这个背景下，一位名叫让 · 维吉耶（Jean Viguier）的本地画家活跃其间。尽管关于他本人的资料极为有限，其作品也所存不多，但艺术史家普遍认为，他是阿维尼翁画派的早期代表人物之一，也为法国南部绘画风格的形成奠定了基础。

维吉耶所处的时代，正是欧洲艺术从中世纪哥特风格迈向文艺复兴的过渡阶段。他的绘画保留了哥特艺术中熟悉的元素，金色的背景、华丽的服饰、圣像式的人物布局等。但与此同时，他又尝试引入更自然的人物神态、更有层次的空间感，这是当时意大利艺术正在探索的方向。可以说，维吉耶的作品像是一座桥梁，一头连着法国北方精致的哥特传统，一头探向意大利早期文艺复兴的结构理性。

维吉耶与当时的教廷有密切关系。阿维尼翁的教皇宫是当时西欧最重要的艺术委托中心之一，维吉耶曾参与宫廷内部的壁画和宗教绘画项目，虽然很多作品如今已毁或无从考证，但艺术史界普遍认为，他极有可能参与了教皇宫部分壁画的绘制或修复。

目前留存下来的一幅作品《圣母加冕》（*Couronnement*

de la Vierge）被认为出自维吉耶之手。画面中的圣母与天使庄重排列，衣饰的图案精致华美，背景使用传统的金箔，显示出浓厚的哥特装饰风格。但若细看人物的神情与互动，却透出一种温柔的人性光辉，与此前中世纪绘画中呆板、程式化的圣像形象截然不同。

维吉耶或许不是像乔托、马萨乔那样载入史册的艺术巨匠，但他代表着阿维尼翁画派的起点。他的探索使意大利与法国艺术在此交汇，也为后来的画家提供了宝贵的风格借鉴与题材基础。他像是一粒悄然播下的种子，在阿维尼翁这个特殊的时空中生根，推动了法国南部艺术的发展。

虽然他的名字如今在大众文化中鲜有人知，但对于了解阿维尼翁的艺术地位以及法国绘画如何吸收并受意大利影响而言，让·维吉耶无疑是一个值得记住的关键人物。

阿维尼翁的第二位重要人物是伯特兰·迪·戈（Bertrand de Got），也就是教皇克莱孟五世（Clément V），他是第一位迁往阿维尼翁的教皇，1309年，他将教廷从罗马迁至阿维尼翁，开启了著名的阿维尼翁教廷时期，也改变了欧洲宗教与政治格局。他在位时，正式解散了圣殿骑士团（Templiers），这个决定在历史上引发了极大争议。

阿维尼翁的第三位重要历史人物是彼特拉克（Francesco Petrarca），意大利诗人、人文主义的先驱，被誉为“人文主义之父”，因他主张“以人的学问取代神的学问”，为文艺复兴奠定了基础。他长期居住在阿维尼翁，正是在这里邂逅了他终生铭记的劳拉（Laura），并由此创作出大量脍炙人口的意大利抒情诗。

彼特拉克的父亲瑟·彼特拉克（Ser Petrarca）于1302年与但丁一同被贵族“黑党”（Neri）政权放逐出佛罗伦萨，1309年随教宗克莱孟五世迁居阿维尼翁，彼特拉克的童年因此在此度过。

1317至1320年，彼特拉克就读于法国的蒙彼利埃大学；1320至1326年，则在意大利北部的博洛尼亚学习。尽管父亲希望他从事法律或宗教事业，但彼特拉克的兴趣始终在文学与古罗马文化，常与好友薄伽丘（Boccaccio）分享写作的热情。为了搜集拉丁文经典，他曾奔波于法国、德国、意大利和西班牙。随着他的首部拉丁文史诗《阿非利加》（*Africa*，讲述古罗马政治家大西庇阿的事迹）问世，他在欧洲声名鹊起。

1326年，父亲去世后，彼特拉克返回阿维尼翁，并供职于多个教廷机关。作为学者与诗人，他迅速获得声誉，1341年在罗马被加冕为“桂冠诗人”。此后，他以使节身份游历欧洲，并致力于搜集和整理古代文稿，以重现罗马与希腊文人的精神遗产。他曾说：“每发现一位古代作家，便是对前人疏忽的又一例证。那些人不仅不思进取，还任由先贤智慧与劳动的结晶湮没在遗忘中。”彼特拉克正是提出

“黑暗时代”这一概念的关键人物。

1327 年，一位名叫劳拉的女子在阿维尼翁的圣克莱尔教堂出现，她的形象触发了彼特拉克持久的创作热情。他写下 366 首诗，后人将其汇编为《歌集》(*Canzoniere*，又译《歌谣集》或《离散的诗篇》)。劳拉可能是贵族夫人劳拉·德·诺维斯（Laure de Noves），即萨德侯爵（Marquis de Sade）的祖先之一的妻子，也可能只是他理想化甚至虚构出来的缪斯。在他的诗中，劳拉既不同于游吟诗人描绘的宫廷爱情对象，也非风月女子。她象征着一种超越尘俗、不可言喻的美感，唤起诗人深沉却无望的爱恋。除了一头金发、温婉高贵的气质外，诗中几乎找不到关于她的确切描写。

劳拉与彼特拉克或许从未真正接触过。他将全部情感寄托于诗歌之中，这些诗不是为了追求回应，而是内心挣扎的抒发。他的散文作品亦表达了对男性追逐女性行为的批判。在晚年的《致后人书》中，他写道：“年轻时，我一直与那不可抗拒却纯洁的唯一之爱抗争。若非她早逝，我将继续这场痛苦却有益的挣扎——是这场斗争熄灭了心头的烈焰。我常盼能说自己已完全摆脱肉体的欲望，但我知道那将是欺骗。”

阿维尼翁历史上还有一位颇具争议的重要人物，本尼狄克·卡埃塔尼（Benedetto Caetani），即后来的教皇波尼法爵八世（Boniface VIII）。虽然他并非出生于阿维尼翁，也并未在此任教皇，但正是他与法国国王腓力四世之间的激烈政治冲突，间接引发了教廷迁移，从而深刻改变了阿维尼翁与教廷之间的关系。

波尼法爵八世在位期间（1294—1303），致力于加强教皇权威，推动教会法系统化，并于 1298 年颁布《教会法新书》（*Liber Sextus*，也被称为《第六书》），这本书至今仍是教会法律体系的核心文献之一。他还开创了天主教历史上第一个“禧年”，规定自 1300 年起信众可赴罗马朝圣以获得全赦，这也在精神和财政上加强了教廷在罗马的中心地位。

然而，他与法国国王腓力四世的关系极度紧张。1296 年，为筹措战争资金，腓力四世开始向法国境内神职人员征税，并剥夺其民事豁免权。对此，波尼法爵八世严正抗议，并宣布对国王施以绝罚。此举进一步激化矛盾，1303 年 9 月，腓力四世派军队突袭位于意大利阿纳尼（Anagni）的教皇宫邸，强行拘押波尼法爵八世三天。虽随后被释放，但据传教皇在押期间遭到羞辱和殴打，虽无确凿证据，但他于一个月后突然去世，引发广泛关注。

这次被称为“阿纳尼事件”（Outrage of Anagni）的教权危机，使教廷权威受到重创，动摇了其独立地位。此后教廷逐渐落入法国王权影响之下。1309 年，教皇克莱孟五世在腓力四世的施压下，将教廷从罗马迁至阿维尼翁，开始了长达近七十年的阿维尼翁教廷时期，共有七位教皇在此执政。对天主教而言，南迁不仅象征着罗马中心地位的丧失，也开启了教权政治日益受制于民族国家的时代。对阿维尼翁而言，虽然此举为其带来前所未有的荣耀与繁荣，使其一度成为基督教世界的权力中心，但这段历史也因政治干预教务、教皇被视为法国的“俘虏”而备受争议。1377 年教皇格里高利十一世决定返回罗马，标志着这一历史阶段的终结。

阿维尼翁还出了一位世界著名的时装设计大师克里斯蒂安·拉克鲁瓦（Christian Lacroix），他就是生于罗讷河口省的阿尔勒，从小就描绘历史服装和时尚。拉克鲁瓦于 1969 年中学毕业后搬到蒙彼利埃，在蒙彼利埃大学学习艺术史。1971 年，他进入巴黎索邦大学学习。在撰写有关 18 世纪法国绘画服饰的论文的同时，拉克鲁瓦还在卢浮宫学院学习博物馆研究课程。

他的设计风格是色彩华丽，戏剧感强烈，极富南法文化的浪漫精神，他将法国南部传统织锦、舞台元素与高级时装融合，大量运用刺绣、珠片、蕾丝与名贵缎纱，裁剪考究，成为 20 世纪八九十年代最具代表性的法国设计师之一。

阿维尼翁每年夏季都会举办阿维尼翁艺术节（Festival d'Avignon），吸引来自世界各地的剧作家、导演、表演者与思想者参与。自 20 世纪中叶以来，这里曾迎来萨特、贝克特（Samuel Beckett）、彼得·布鲁克（Peter Brook）等人，在古老的教皇宫或城市角落中发表演讲、排演新作，或与观众安静对话。戏剧在此不仅是一种艺术表达，也是一种公共生活的延续。

这座城市具备一种难以言喻的沉静气质。阿维尼翁不露锋芒，却拥有深厚而内敛的历史肌理。穿行于石板铺就的街道，人们会不经意间踏入几世纪前的空间。教皇宫的墙体厚重肃穆，街角的喷泉依然沿用着中古时代的水路系统。那座未通彼岸的圣贝内泽桥，像被岁月截断的一段记忆，静静伸向河心，似乎更接近遗忘而非完成。

傍晚时分，当石屋的墙面被柔和的光线染上淡金，街道上安静得几乎可以听见落叶的声音。一些小剧场开始点亮灯光，行人低语穿过广场，空气中夹带着葡萄酒、旧纸与普罗旺斯草本植物的气息。即使是节日也不喧闹，它像古典音乐中的慢板乐章，只是在提醒人们，戏剧、诗与思想从未离开过生活。

水光之城
La Cité des Reflets d'Eau

•

在法国普罗旺斯腹地，有一个被水环绕的小镇，索格河畔利勒镇（L'Isle-sur-la-Sorgue）。初听这名字，仿佛一句诗，而真正踏入其中，更像走进了一幅水墨与印象派交融的画境。短短两天的停留，却在心底留下了一道柔和的光，久久不散。

这座被索格河（Sorgue）支流分割的小镇，因拥有众多水道与古老水车，被称作“普罗旺斯的威尼斯”。清晨，薄雾在水面轻轻游走，石桥、老屋、拱窗与绿色藤蔓倒映水中，仿佛现实与幻象融为一体。水流缓缓、鸟语悠扬，小镇仿佛带着某种低声细语般的节奏，使人不自觉放慢脚步。

索格河畔利勒镇最动人之处，并不只在于其水景，更在于那份融合优雅与闲适的生活气息。索格河畔利勒镇也因古董与艺术而闻名。沿着蜿蜒的河道，分布着众多小型画廊与古董商店，散发出波希米亚式的自由气息。我看见老式打字机、褪色的地图、普罗旺斯风格的橱柜，还有斑驳画框里沉默的肖像，每一件旧物都像藏着一段不愿被遗忘的故事。我虽无意购藏，却被那浓郁的旧日氛围所感染。一边喝着咖啡，一边听摊主从容讲述每一件物品背后的故事，不知不觉就坐了一个上午。

我印象最深的是镇中心那座古老的圣母天使教堂（Chapelle Notre Dame des Anges），外表朴素庄重，一旦走入内部，却仿佛步入了一座金碧辉煌的艺术圣殿。巴洛克风格的装饰、金色雕像、庄严的祭坛画，以及高高在上的管风琴阁，令人屏息凝神。虽然我未能深入了解这座教堂的完整历史，但它所营造出的神圣氛围与艺术张力，让我真切感受到：在这个小镇，美，曾是一种信仰。

那天，我静静坐在长椅上，看到透过彩绘玻璃洒落的光斑照在石柱与墙面上，宛如时间在耳边低语，一点一点将我包裹。教堂的沉静与教义的庄严，在这片水光的映衬下，并不显得沉重，反而带来一种灵魂的抚慰。

夜色降临时，整个小镇尤显迷人。游客散去，霞光倒映在水中，索格河畔利勒镇仿佛轻轻叹息，沉入梦境。我坐在运河边，手握一杯本地出产的玫瑰葡萄酒，看着暮光在水面微微荡漾，那一刻，有一种既熟悉又遥远的归属感悄悄升起。

我再次走进圣母天使教堂。这座始建于13世纪的天主教堂，外观克制而低调，内部却令人震撼。金色的巴洛克祭坛、精美的雕刻和彩绘玻璃，将整个空间点亮成一座光之殿堂。我不了解它所有的历史，但站在穹顶下仰望，我感受到一种静默、厚重而深远的庄严，仿佛灵魂也在这一刻变得柔软而安宁。

河水在夜色中静静流淌，灯光宛如落入水中的星辰。餐馆里传来煎鹅肝与薰衣草蜂蜜的香气，酒杯碰撞声与轻笑声相和。那一刻我明白，真正迷人的地方，并非雄伟壮观，而是像索格河畔利勒镇这样，能让人慢下来、静下来、重新聆听内心的小镇。

离开时，我无法带走这里的流水与阳光，却已悄悄将那份温润与诗意装进行囊。索格河畔利勒镇是一个无须刻意记住，却注定无法遗忘的地方。

藏在法兰西山间的一颗明珠
Une Perle Cachée dans les Montagnes de France

在法国南部起伏不定的山地间旅行，我总是习惯避开热闹的路线，循着一张张纸质地图与助手提供的位置，一点点寻找那些被时间轻轻掩盖的村庄。穿过中部，进入东南方，阿尔卑斯山的前缘渐渐浮现。某一日，我们离开高速公路，走过一座旧铁桥，山路由此开始蜿蜒上行，几乎没有车辆，路边偶有旧农舍藏在林中。

沙佩尔－维拉尔（Chapelle-Villars）就坐落在皮拉自然区域公园（Parc naturel régional du Pilat）的群山深处，是那种不会在旅游指南中翻到的小村庄。我在那里住了两天，正好天朗气清，山中寂静。我独自一人住在一幢靠近山脚的石屋中，屋后是一片栗树林，白天有鸟在林中跳跃，夜里只有风吹过树叶的声音，安静得几乎可以听见自己呼吸的节奏慢慢放缓。

村子不大，却层次分明。几条石板小径顺着地势铺展，两侧是黄褐色砂岩砌成的房屋，有些墙上挂着铁艺的藤蔓支架，开着些许薰衣草和野玫瑰。村民不多，但都温和亲切。第一天傍晚，我在路口的小广场上遇见一位年长的农夫，他用缓慢但清晰的法语跟我寒暄，还递来一小包刚晒干的香草。我虽然不能完全听懂，但那种平静的善意让我久久难忘。

清晨的空气尤为清澈，我曾沿着一条山道走到莫内山（Mont Monnet）的山坡上。那不是一座雄伟的高峰，却能俯瞰整个罗讷河谷。当时远处天气晴朗，天空如洗，连阿尔卑斯山的轮廓也若隐若现。小径穿过苔藓斑驳的林地，有时遇见一只山羊或一位安静劳作的牧人，还有一座几乎要被草掩埋的石十字架，仿佛立在那里已上百年。

沙佩尔－维拉尔的老教堂圣玛格丽特教堂（Église Sainte-Marguerite）就像山中一块坚实的石头，任风吹雨打仍伫立其间。我去了两次，一次在日落前，一次在晨光中。站在它斑驳的石墙前，没有语言，也无须解说，那是一种近乎本能的安静和敬意。它不再是活跃的宗教中心，却仿佛仍守护着村子的灵魂。

这短暂的停留，对我而言，是一种久违的喘息。一种远离节奏的缓慢回归，也是与自己相处的方式。在这样一个地方，你不会感到自己是旅人——你只是偶然来此，与山、与树、与石墙之间产生一点温柔的联系。这里没有非看不可的景点，没有必须完成的行程，却让我带走了一些难以言说的感动。

速写
Croquis

春雨初歇，巴黎街头悄然苏醒。雨水洗净了圣母院千年的尘埃，也清澈了行人的心境。孩子在树下奔跑，大人牵着手微笑前行，巴黎的暮色带着新绿的气息，低语着春天的到来。时间仿佛在这一刻变得柔软，空间里充满了期待与宁静。

“我的心在哭泣，恰如这座城市在细雨中；究竟是什么样的忧郁，渗入我的心中？”

——保罗 · 魏尔伦（Paul Verlaine）《我的心在哭泣》（*Il pleure dans mon cœur*）

午后，我坐在塞纳河左岸，阳光斜洒在巴黎圣母院的石墙上，也照亮了旧书摊泛黄的书页。一个女人靠在河堤上出神凝望，像是在回忆，也像是在倾听这座城市深处传来的低语。摊主与客人低声交谈，仿佛时间在这里慢了下来，只为让巴黎的旧梦更长久地停留。铅笔在纸上划过的声音成了我记忆中最柔软的巴黎之音。

在蒙帕纳斯街头，咖啡座永远不缺人，哪怕下着雨，也有法兰西灵魂披着大衣端坐露台。他们不赶时间，不讲效率，不追热点，只在意咖啡是否醇香，话题是否带点儿劲爆。你以为他们在等人，其实他们在等灵感；你以为他们在谈生意，其实他们在八卦隔壁桌；你以为他们很闲，其实……他们真的很闲。

就像法国幽默作家皮埃尔·达克（Pierre Dac）说的：“咖啡馆是唯一一个你什么都不做，却看起来很忙的地方。”

在巴黎，拐进一条无名的小巷才真正进入画家的乐园。小巷两旁，是低声细语的石砌立面，铺着鳞片似的屋瓦。窗台边垂下的铁艺招牌写着“Librairie”“Boulangerie”“Antiquités”，仿佛都是旧日故事留下的笔迹。我就坐在一张小咖啡桌前，手边是笔和本子，面前是时光缓缓流淌的街景。咖啡香里混杂着书页的尘气与烘焙的麦香，行人不急不忙地走过，仿佛巴黎人天生懂得“如何把一上午浪费得既优雅又有意义”。有人说巴黎是一座可以坐下来的城市。我在这里画画，不是为了完成什么作品，而是为了和巴黎一起呼吸。在巴黎，连沉默都带着咖啡的味道。

这是在塞纳河中的小岛——圣路易岛上回望圣母院后方的一景。画画的人说，这是一处练习透视的好角度，而对我来说，这样的城市肌理与尺度，总让我心生神往。年轻的时候，我也曾偷偷梦想：哪一天，我能在这里退休、写作、画画，在鹅卵石街道上慢慢踱步，在傍晚的阳光下看屋顶泛起金黄，在晨曦微露时听塞纳河畔传来巴黎的第一声鸟鸣……只是这样的愿望，如今依旧藏在画笔的线条里，悄悄燃着一丝未熄的温热。

这是巴黎的亚历山大三世大桥，是我走去荣军院时画的，非常宏伟，是为庆祝亚历山大三世在 1892 年与法国结盟而建的。左岸两座立柱上有代表文艺复兴时期与路易十四时期的法国标志。右岸两座立柱上有象征古代法兰西和现代法兰西的标志。在大桥两端入口处的立柱上分别有象征塞纳河与涅瓦河的装饰物，金碧辉煌。

在塞纳河边散步，看见在趸船上喝咖啡聊天的法国人，巴黎人永远喝着咖啡，永远有说不完的话，那种悠闲感，难以忘却。河对岸的巨大建筑物是撒玛丽丹百货公司，非常奢华的去处。

巴黎十八区蒙马特高地的小丘广场距离圣心教堂与狡兔酒吧不远。小丘广场经常聚集许多艺术家，毕加索等众多知名画家曾在这里居住。这里的中心是一个广场平台，一早上就有艺术家来这里占位置、摆摊画画了，也是不紧不慢的，整个高地就好像还活在 1900 年一样。

塞纳河上的游船。这张画其实最难画的地方是水面和波浪。诗人保罗·魏尔伦说："我的心在哭泣，恰如这座城市在细雨中。"这句诗柔和细腻，宛如塞纳河水面上轻轻荡漾的涟漪，映照出宁静而深情的气息。

巴士底歌剧院是密特朗的“总统建设计划”建筑之一，想用新古典主义和装饰艺术混搭当时流行的后现代主义。可惜这一风格在历史感浓厚的巴黎显得有些突兀，很多法国人都觉得它“不太合拍”。这就反映了建筑和城市的关系——建筑不是孤立存在的，它得和城市的历史与气质“对话”。巴黎的建筑有连续又统一的韵味，巴士底歌剧院却像个跳脱节奏的“异类”，让人感觉不太自然。我用钢笔画下这个建筑，试图捕捉这种既想现代又被传统束缚的微妙矛盾。

作为一个研究艺术与设计史的人，每次站在巴黎的先贤祠前，总有一种在经典面前诚惶诚恐的感觉。它那庄严的圆顶、工整的立柱、厚重的比例，让人不由自主地放慢脚步、收起浮躁。我也老老实实地用钢笔一笔一笔地把它画下来，没有任何夸张，只想忠实记录下这座承载法国精神的殿堂。这里安息着伏尔泰、卢梭、维克多·雨果、大仲马、居里夫人、左拉……只有真正被国家视为精神财富的人才有资格长眠于此。想到这些文化人能在这里“永休”，既敬畏，也感叹。这不只是纪念碑，而像是一部用石头写成的文化史。

荣军院是我在巴黎最动容的一个地方。这里集合了教堂、拿破仑的安息之地，以及法国军事博物馆，每一处都浸透着法国昔日的荣耀与骄傲。建筑本身并不浮华，是那种朴素、肃穆而古典的美。金色圆顶在阳光下安静闪耀，不是张扬，而像一种沉稳的自信。整个空间宽阔而克制，脚步一落在砂石铺就的庭院地面，就像走进了法国几百年的历史时光隧道，每一步都带着重量。这是纪念，但不炫耀；是荣耀，但不喧哗。站在这里，能感觉到一个古老民族对牺牲与荣誉的敬意，也让我对“法兰西精神”有了更真实的触感。

Croquis

在蓬皮杜中心对面的街头，我看到一个画肖像的艺术家在画架前安静地作画。他不急不躁，仿佛世界与他无关，只专注于面前的纸与人脸之间的对话。这是巴黎最古老也最浪漫的职业之一。阳光斜洒下来，鸽子在身边缓缓踱步，有时拍拍翅膀飞起，街头充满一种说不出的安详与诗意。我忍不住停下脚步，把这一幕画了下来——不是为了记录，而是为了记住巴黎最温柔的那一面。

2006

在巴黎的横街窄巷里，我看到两位法国老太太站在一家小餐馆门前，安静地细读着菜单。那一幕没有声音，却有种说不出的从容——她们不急着决定，不急着进入，而是把看菜单当作仪式的一部分。这正是法国生活的迷人之处：无论多小的事，都值得慢慢来、细细品。哪怕是吃一顿简单的午餐，也要先在心里过一遍味道的旅程。这让我想起法国诗人夏尔·波德莱尔（Charles Baudelaire）的一句诗："真正的旅行，是拥有一双会看的眼睛。"在这座城市，哪怕只是街角的一顿饭，也能让人感受到时间变得柔软、日子变得有味。

蒙马特的黄昏下，我画下了这家安静伫立的小酒馆——狡兔酒吧。它藏在山坡的转角，窗户泛着柔和的光，屋顶的轮廓线像巴黎老街上一个耐心讲故事的老人。百年前，这里是年轻艺术家的避风港，他们在这里喝着廉价的酒，交换彼此疯狂又笨拙的理想，很多世界上最伟大的画布，都诞生在这家不起眼的小屋之后。我用钢笔慢慢描绘它，没有刻意渲染什么，因为它本身就已经是一幅活着的巴黎画。每一块砖瓦、每一片藤蔓，都在静静诉说那个叫“自由与创造”的时代。

在巴黎的小巷子里穿行时，我抬头看见一幢跨街的小楼，窗户半开，一个女士正俯身浇着窗台上的花。她动作很轻，阳光斜斜地洒在她的肩头与花叶上，一切静得像一幅画。那一刻我忍不住按下快门，悄悄把这幅生活的画面带回旅店，晚上就画了下来。没有名胜，没有历史遗迹，只是一扇窗和几盆花，却让人觉得温柔极了。生活原来就是这样平静、琐碎，却又真实得动人。我忽然明白，巴黎之所以迷人，并不只在于它的艺术与宏伟，而在于这些小小日常的缝隙中流动着的诗意——不惊艳，却让人忍不住驻足。

这是巴黎的东站，巴黎有几个很重要的火车站，北站、东站、里昂站，这是有一百多年历史的候车大楼和站台，但是火车大部换成欧洲的高铁（TGV）了。

巴黎街头读报的老人家。我自己是长期保持每天都读《纽约时报》的，很能够体会读报的自在，可惜现在年轻人都只看手机了。

清晨的蒙马特高地。那天一早，我沿着石阶慢慢往上爬，阳光还没完全洒满街道，空气里透着一丝凉意。游客大多是冲着圣心教堂而来，那座洁白如冠冕的教堂，其实是 20 世纪初才建成的，是巴黎人心中对民族苦难的一种回应。但我真正想去看的，是在它背后一座更小的教堂——圣伯多禄堂。这座教堂安静得几乎被忽略，却有着久远的历史：它是 12 世纪的遗址，更是耶稣会（La Compagnie de Jésus）诞生的关键地点。

站在撒玛丽丹的顶楼，我意识到：巴黎不是用来看的，而是用来慢慢沉入的。这城市像一本展开的长卷，桥梁是她的章节，河水是她的叙述，而那无数深浅不一的屋顶、教堂、塔楼与圆顶，是她层层递进的呼吸。奥赛博物馆的钟面仿佛还在默默计算着时光，而远处蒙马特的斜坡上，仍然漂浮着画家的灵魂与歌声。我画得很慢，不只是为了还原景象，更像是一次沉静的阅读。每条阴影、每道线条，都像从百年旧书中拂起的一句诗。此时，内心响起了法国作家加缪的一句低语："在寒冬的深处，我终于发现，内心藏着一个不可战胜的夏天。"巴黎的文化就像这"内心的夏天"一样，并不张扬，却在不动声色中抚慰人心。迎着顶楼的风，我忽然明白，真正的巴黎，是在这些静默中，把你悄悄收编的。

Croquis

•

474

画下这个画面完全出自幽默感。在巴黎的奥赛博物馆，看见一个走累了的老人家在打瞌睡，旁边是一个古罗马的雕塑，一位古人举着手喂鸽子，一动一静，对比强烈，拍了照片，回去画出来了。有趣。

一对情侣在巴黎街头东张西望。画钢笔画的时候最费功夫的是画那些咖啡座凳子——著名的“索耐特椅”(Thonet chair)。

画拉德芳斯确实是件很枯燥的工作。那片现代商业区以其钢筋混凝土的丛林和直线条的摩天大楼闻名，少了传统巴黎街头的浪漫与曲线。然而，正是这份冷峻与简洁，承载了密特朗的雄心——它象征着法国现代化的精神脉搏。设计师保罗·安德鲁，那位设计戴高乐机场和中国国家大剧院的天才建筑师，将现代主义的力量与空间感注入这座“新凯旋门”——巴黎人如此称呼拉德芳斯。它不仅仅是一座高楼，更像是新世纪的门扉，打开通向未来的视野。站在这里，仿佛能感受到那个时代法国对全球化与现代化的坚定信念，虽然冷峻，却又隐含着一种力量与希望。用画笔捕捉它，也许枯燥，但这是一种对时代气息的默默致敬，一种用线条与色块讲述现代巴黎故事的方式。

304
051

SORTIE →

我在巴黎左岸东走西顾，横街窄巷里藏着无数画廊与旧书店，那些斑驳的墙面、陈旧的木门和纸张的气息，像是一部厚重的时光手稿，慢慢消磨着我的世界。左岸的每一条街巷都仿佛在低语，诉说着文学与艺术的秘密，仿佛海明威、萨特、波伏瓦的灵魂还在咖啡馆的角落轻声辩论。用钢笔把这片迷人的杂乱记录下来，是一件费事却充满仪式感的事情。每一道细线都承载着这座城市的历史与灵魂，虽然耗时，但每一笔都让我更接近那个自由而深邃的巴黎左岸。完成这一张画，仿佛捕捉了左岸那份独特的韵味——既是流动的时光，也是永恒的艺术。

从亚历山大三世大桥桥头的镀金雕塑看方尖碑，也是巴黎独有的一个绝美景观。

巴黎左岸街头，咖啡馆里座无虚席，空气中弥漫着浓郁的咖啡香与低语的谈话声。这里的年轻人像潮水般涌动，带着梦想和热情，眼神里闪烁着求知与创造的光芒。索邦大学的学术氛围与美术学院的艺术气息交织在一起，赋予这片街区无尽的活力与灵感。画廊的窗户透出斑斓的色彩，古董店和旧书店散发着岁月沉淀的味道，仿佛每一件物品背后都藏着一个故事。熙熙攘攘的人群中，有追梦的学生，有艺术家，也有漫步的旅人，共同编织出这座城市独特的节奏与韵律。这里是巴黎最温柔又最有力量的心脏，跳动着文化与青春的脉搏。

去巴黎，总是想画一幅能代表典型巴黎浪漫气息的画作。幸运的是，这次我捕捉到了那一刻——塞纳河边，一对绝佳的情侣在春光里缓缓散步。微风轻拂河面，阳光洒在他们身上，时间似乎在这一刻凝固。花了不少时间用心描绘，终于完成，内心满是满足与温柔。巴黎的浪漫，是塞纳河畔那份静谧与喧嚣的完美交织，是春天里花开的声音，是两个人在历史与现代间编织的私密故事。正如法国诗人保罗 · 瓦莱里（Paul Valéry）写道："春天的微风，轻吻着塞纳河，爱情在花丛中低语，两颗心，在这永恒的城市里，缱绻成最美的诗篇。"

这就是巴黎，浪漫如诗，温柔如歌，永远让人心动。

半夜的巴黎小街，想起《午夜巴黎》(Midnight in Paris)，伍迪·艾伦(Woody Allen)2011年的电影，是他最受欢迎的后期作品之一，以浪漫主义的笔触描绘了一位美国作家穿越时空，邂逅海明威、菲茨杰拉德、毕加索等20世纪初巴黎文艺巨匠的奇幻旅程。影片不仅展现了巴黎的浪漫，也表达了对“黄金时代”情结的反思。

先贤祠坐落于巴黎拉丁区高地，是法国新古典主义建筑的代表作品之一。其建筑最初由法国国王路易十五下令，于 1758 年为纪念巴黎的守护圣女日内维耶（Sainte Geneviève）而兴建，原为教堂，后因法国大革命期间政教分离的历史转折，数度在宗教用途与国家纪念之间转换。自 1791 年起，逐渐确立为供奉法国伟大人物的国家陵寝，象征法兰西共和国对文化、科学、思想和革命精神的尊崇。其建筑风格深受意大利文艺复兴建筑的影响，尤其正立面借鉴了罗马万神殿与多纳托·布拉曼特（Donato Bramante，1444—1514）所设计的拱顶形式，体现了 18 世纪法国对古典秩序与理性美学的回归与推崇。

在等候长途汽车，看到一位女孩集中精力读书，后面的大叔反而一头扎在手机里了。强烈的对比。

速写

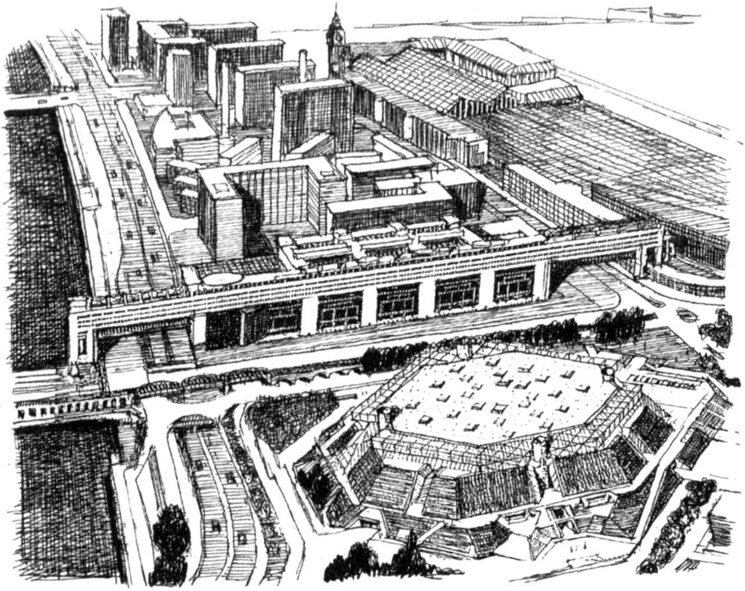

巴黎的现代建筑群示意图。前面是雅高竞技场（Accor Arena），后面是法国经济财政部大楼（Ministère de l'Économie et des Finances），1989 年落成，由建筑师保罗 · 舍梅托夫（Paul Chemetov）和博尔 · 哈维多布罗夫（Borja Huidobro）设计，是密特朗“总统建设计划”的一部分。时尚与设计之城（Cité de la Mode et du Design）靠近奥斯特里茨火车站（Gare d'Austerlitz），是一个面向河岸的绿色金属结构建筑，曾举办多个艺术展与设计活动。

巴黎的蓬皮杜中心不仅是现代与当代艺术的殿堂，更是一座挑战传统审美的城市地标，深刻体现了20世纪建筑与文化观念的变革。乔治·蓬皮杜在任内推动这项国家文化建设计划，由意大利建筑师伦佐·皮亚诺与英国建筑师理查德·罗杰斯联合设计，将所有功能性结构“外露”，是高科技派的代表作之一。

Croquis

巴黎街头一个匆匆赶回家的女士，我是根据照片画的，还是第一次画穿着黑丝袜的腿，不容易。

巴黎塞纳河边的旧书摊，这是我最喜欢徘徊的地方。我喜欢法国漫画，特别是让·吉罗的《蓝莓》系列，他也以笔名墨比斯斯画科幻题材，对我影响很大，包括我的钢笔画也受他影响。

春天坐在巴黎的街头喝咖啡，台面上一盆新鲜的郁金香，动人至极，老老实实地写生画下来，希望大家喜欢。

塞纳河上的新桥，字面意思是“新桥”，但实际上它是巴黎现存最古老的桥梁，横跨塞纳河，连接巴黎右岸和左岸，桥中段穿越西岱岛，是巴黎的中心。意义深远，极具历史与象征意义。由法国国王亨利三世下令动工，亨利四世继续推进并完成，桥上还有一尊亨利四世骑马的铜像。它标志着巴黎从中世纪封闭小城向文艺复兴时期现代城市的转型。开放式桥面，可供集市交易、行人和马车通行，是早期城市公共空间的代表。我花了不少时间完成这幅钢笔画。

巴黎的法国国家图书馆新馆是密特朗总统于 20 世纪 80 年代发起的，他试图用宏大的文化建设重塑法国国家形象。四座高达 79 米的“L”形玻璃塔楼分布在建筑四角，象征打开的书本，每座塔分别象征四类藏书，人文、法律、科技、历史。中央是一个下沉式的松树林庭院，试图将自然元素引入公共阅读体验。

在橱窗前的一对时尚青年男女。

卢浮宫，雕塑后面是贝聿铭设计的玻璃金字塔入口，后面是卢浮宫的黎塞留厅。

2006

巴黎办展览和时尚活动的大皇宫与小皇宫是法国第三共和国时期最具象征意义的文化工程之一，以其宏伟的玻璃穹顶、优雅的新艺术风格与庄严的古典主义立面，成为巴黎城市形象中不可忽略的重要地标。大皇宫高达 45 米，标志性的玻璃穹顶由钢铁骨架与玻璃组成，是 20 世纪初欧洲最重要的铁与玻璃建筑之一，仅次于埃菲尔铁塔，是“工业美学”的经典代表；小皇宫位于大皇宫对面，同样建于 1897 年至 1900 年，为 1900 年巴黎世界博览会而兴建，是一座集新古典主义与新艺术风格于一体的精致建筑。

巴黎第六区圣日耳曼大道 172 号的花神咖啡馆是左岸拉丁区最具传奇色彩的咖啡馆之一，也是巴黎文学与哲学思想的地标。花神咖啡馆长期以来是巴黎左岸文艺圈的核心聚集地，20 世纪初至今吸引了大量哲学家、作家、艺术家在此辩论、写作和社交。萨特、波伏瓦、毕加索、雷蒙 · 鲁塞尔（Raymond Roussel）、让 · 科克托（Jean Cocteau）都是常客。

第二帝国时期（1852–1870）巴黎著名的奥斯曼建筑。奥斯曼对巴黎进行大规模改造，拆除中世纪狭窄的街区，规划宽阔大道，统一建筑风貌，有了现代巴黎的雏形。住宅楼通常 5 至 7 层，底层为商铺，以上为公寓。石材立面，整齐划一，采用天然石灰岩，颜色统一，给人典雅明亮的感觉。2 至 3 层设有连续铁艺阳台，形成整条街道的视觉连贯。5 层通常设独立的阳台，较为豪华。屋顶一般是斜面屋顶，铺设锌板，顶部有烟囱，体现典型的巴黎屋顶景观。窗户往往高大均匀，带有雕花窗框和装饰线条。主入口宽敞，设有门廊和精致铁艺大门。我花了不少时间画出这一张钢笔画，基本把奥斯曼建筑表现得很清楚了。

从桥上看巴黎塞纳河中间的城市岛上的住宅。

奥赛博物馆是全世界收藏法国 19 世纪中期写实主义、印象派、象征主义、新艺术风格作品最集中的博物馆。

这条有点破旧的骑楼街摆满咖啡座，其实是巴黎最著名、最典雅的街道之一——里沃利街，横贯城市中心地带，具有浓厚的历史与文化气息。起点协和广场，终点巴士底广场，全长约 3 千米，紧邻卢浮宫北侧，横贯巴黎第一区与第四区，是城市中心轴线的重要组成部分。

Croquis

2006

巴黎地铁的“新艺术”风格入口。设计师赫克多·吉玛德带着自然主义的诗意，把金属当作藤蔓，把玻璃当作花瓣，为工业材料赋予生命。他设计的地铁入口仿佛从地底“生长”出来，像一株株植物，在街角悄然绽放。现在，巴黎地铁原始人口中的 86 处由吉玛德设计的站台仍保留下来，成为城市风景的一部分。

初春的凯旋门，春天的阳光明媚，法国梧桐树刚刚绽出新芽，要捕捉这种感觉，我采用了一种比较稀松的钢笔画法，希望能够传达那种懒洋洋的感觉。

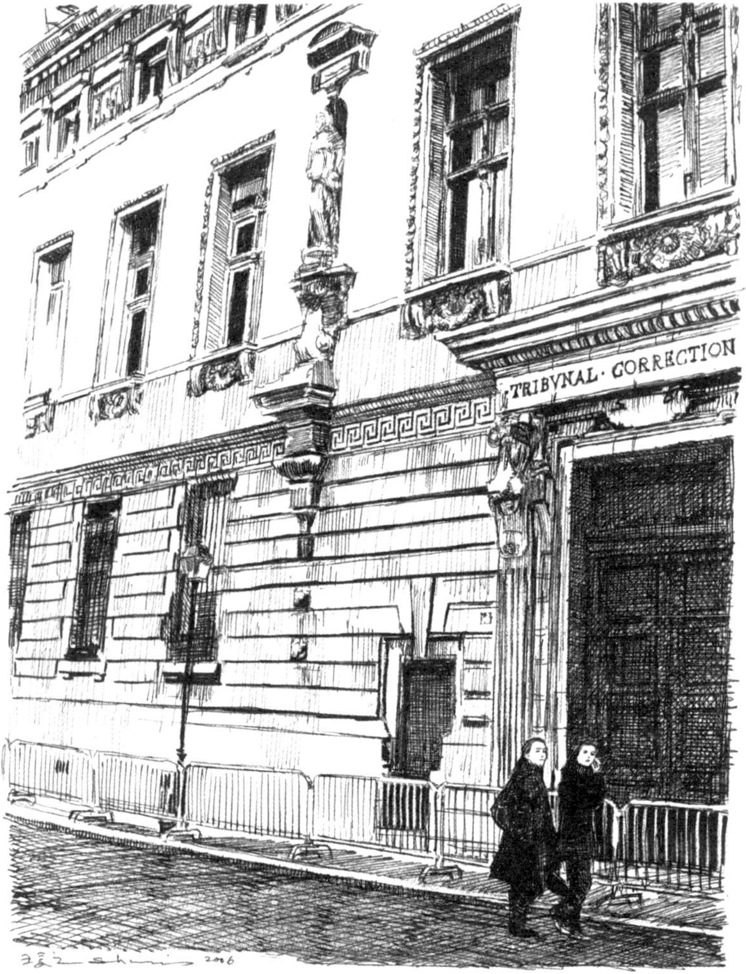

Croquis

•

城市岛上一座政府楼的建筑立面，这个建筑是法国的“轻罪法院”(tribunal correctionnel)。

用钢笔线描方式画的蒙马特高地。

用钢笔线描现场速写的工业咖啡馆（Cafe de l'Industre），靠近巴士底广场。

法国外省建筑其实是一个非常泛的称谓，外省建筑分阿尔萨斯-洛林风格（受德国影响），普罗旺斯风格（受古罗马影响），诺曼底和布列塔尼风格（受凯尔特文化影响），卢瓦尔河谷风格（受哥特风格影响）。这里画的是布列塔尼风格建筑，不对称，石材和木结构，很舒适。

19世纪，法国书摊是一个覆盖城市与乡村、固定与流动并存的文化系统。最为人知的是巴黎河边的“旧书摊”（Bouquinistes），沿塞纳河摆满了二手书与小册子，许多是革命宣传物、文学小品、政治讽刺漫画等。而外省的书摊，就是街头报刊亭，推销廉价丛书，如“大众浪漫”类的通俗小说、“新百科全书”式的小丛书，为新兴中产和工人阶层提供便宜、实用的阅读材料。此时还有流动书贩，他们带着书籍深入小镇、乡村，像卖唱者一样传播知识和新闻。

这一次我住在斯特拉斯堡住的波塔尔斯堡酒店，约建于1750年，由建筑承包商约瑟夫·盖罗兴建，梅莱妮·普塔莱斯伯爵夫人主持大规模改造，形成德国和法国混合的新古典主义风格。此地接待过拿破仑三世、欧仁妮皇后，路德维希一世、巴登大公和梅特涅公主等，还邀请李斯特、史怀哲等文化名流来住过。现在是欧盟开会的主要场地，我们去的时候刚好没有会议。

斯特拉斯堡虽然是法国的城市，却因地处阿尔萨斯地区，长期受德法两国轮流统治，其住宅建筑深受德国建筑风格影响。这里画的是胡格诺风格与德国传统半木结构的商住两用建筑，在老城区里最常见。木梁外露，与白色石灰墙形成强烈对比。三四层楼高，屋顶斜陡，用红瓦或灰瓦覆盖。顶层常设有阁楼，用于储物或酿酒。

斯特拉斯堡旧城有好多德国半木结构的古建筑，这种风格源自德国巴登-符腾堡州和黑森林的传统民居样式。斯特拉斯堡在1871年普法战争后并入德意志帝国，直到1918年，城市的新扩展区大量使用这种德国结构风格。

奥兰多·费吉斯的《创造欧洲人》中用三个人的关系来论述法国文化对“世界文化”的跨国界影响。这三个人分别是俄罗斯作家屠格涅夫、法国歌剧演员波琳娜以及她的丈夫、歌剧院总管路易。

斯特拉斯堡的小街是这座城市最迷人、最富人文气息的地方，不仅体现了中世纪到 19 世纪的城市演变，也融合了法国与德国建筑的传统。这些小街街道狭窄，常用鹅卵石铺地。这里的房屋紧凑、密集，多为 2 至 4 层，屋檐挑出，往往是半木结构，墙体偏斜但整体坚固。沿街房屋设有木雕阳台、鲜花窗台、铁艺标牌。巷道蜿蜒、不规则，随着莱茵河支流而展开，体现中世纪城市因水而生的特征，这里还有浓厚的手工业痕迹，许多街道曾对应不同行业，如面包坊街、皮匠街等。

19 世纪，法国外省的火车站情景。铁路使外省文化、农产品、工艺品快速流向巴黎，同时巴黎的报纸、图书、时尚也能通过火车抵达全国各地的书报摊。火车站附近兴起商业街、旅馆、咖啡馆，形成“站前经济带”，将法国的“共和国现代性”从巴黎向外推广，也改写了地方城市的社会构造和空间秩序。无论从建筑史、城市史还是社会文化视角看，它们都是现代法国的基石之一。

保罗·塞尚与普罗旺斯是法国艺术史上最深刻的地缘与精神联结之一。可以说，没有普罗旺斯，就没有塞尚的艺术世界。塞尚生于普罗旺斯的艾克斯（Aix-en-Provence），在那度过了大部分人生。塞尚一生最重要的创作主题之一是圣维克多山（Montagne Sainte-Victoire），他反复描绘圣维克多山，创作了超过80幅作品，这就是所谓的“一座山，一座世界”。

在法国外省的乡村小镇中，溪流是自然景观的重要组成部分，更承载了地方生活、历史记忆与艺术灵感。过去，溪流为村庄提供饮用水、洗涤用水、灌溉渠道，许多小镇围绕溪流而建，形成桥梁、洗衣石台、水车。法国人称这类村落为“靠水而生的村”。

阿尔勒与地中海之间有一条隐秘但深远的文化与地理脐带。虽然这座古城并不直接濒海，但通过罗讷河的水道、历史贸易网络，以及自然生态与光线气候，与地中海形成了紧密联系。阿尔勒通过地中海与意大利、西班牙、北非保持频繁联系，是罗马时期地中海帝国体系的一个重要节点。

凡·高与阿尔勒的牵连是西方艺术史上最为传奇也最具悲剧色彩的一章。1888 年 2 月至 1889 年 5 月，凡·高在阿尔勒短短 15 个月的时间是他艺术风格的飞跃与精神世界的爆裂时期。他在这里创作了约 200 幅油画、100 多幅素描和水彩，并写下大量信件。这个时期，几乎可以称为凡·高的“阿尔勒狂想曲”。

尼斯的滨海大道是地中海沿岸最著名的海滨长廊之一，也是尼斯的城市名片和生活脉络。19 世纪初，尼斯成为英国贵族冬季度假胜地，英国人出资修建了这条海滨长廊，原本命名为“英国人林荫大道”，供他们冬季散步、骑马、观海。后来法国本地居民和游客也纷纷使用，逐渐成为城市公共空间的核心。这条大道长约 7 千米，连接尼斯老城到机场附近，沿途的滨海沙滩和蔚蓝海岸尽收眼底。宽敞的步道两侧种满了棕榈树、松树，设有骑行道、慢跑道、长椅和露天咖啡座。周边建筑风格多样，从 19 世纪的豪华别墅到现代酒店，融合了英式庄园风格、地中海新古典风格、装饰艺术风格等。

1926至1928年，著名艺术家让·阿尔普与其夫人索菲，以及荷兰风格派的领军人特奥·凡·杜斯堡设计的奥贝特大楼是位于法国斯特拉斯堡市中心的一个多功能建筑，原为剧院与商业用的综合体。三人来自不同的先锋流派，阿尔普夫妇代表达达与超现实主义，杜斯堡是风格派的核心人物，主张抽象几何与理性设计。跨流派合作将艺术抽象与建筑空间融合，创造出全新的视觉语言。

古斯塔夫·多雷是19世纪法国著名的插画家和版画艺术家，以细腻且富戏剧性的黑白木刻版画闻名，作品涵盖文学经典、《圣经》故事及民间传说。他对19世纪视觉文化和插图艺术产生深远影响。他生于斯特拉斯堡，虽然他很早就离开家乡，但他创作的文学经典插图通过宗教的传播及印刷复制技术，在斯特拉斯堡产生了重要影响。

多雷的插画构图往往极具冲击力，画面充满了动态的力量感和壮阔的空间感。他营造出一种科幻般的壮丽场景，让人感觉进入了一个神秘且未知的“未来世界”。他的光影处理和细节刻画使得画面既真实又超现实，仿佛预示着未来视觉艺术的发展方向。这里是临摹他的一张铜版画。

库尔贝的名作《画家的工作室》创作于1855年，是19世纪现实主义绘画的代表作之一，也被称为“现实主义宣言”。画面的中心人物是身穿工装的库尔贝本人，正在画一幅裸体女性的肖像。画面左右两侧聚集了来自不同社会阶层的人物，象征现实社会的多样面貌。这是临摹原作最中间的一个部分。

阿维尼翁的教皇宫是欧洲中世纪最重要的哥特式建筑之一，也是阿维尼翁这座城市的标志性建筑。在教皇格里高利十一世之前，教廷长期设在罗马，由于政治和安全因素，从 1309 年至 1377 年，教皇迁到阿维尼翁，这段时期可称为“阿维尼翁教皇时期”或“教皇在位于阿维尼翁”。教皇宫规模宏大，坚固的城堡式结构，兼具防御和居住功能。

Besançon. S.Z.WANG. 2025

Églis Saint-Paul S.Z WANG

portal Strasbourg Cathedral
2025. 5 Z WANG

A Cafe in Paris Arcade. S.Z.WANG.23

2025.
Strasbourg Cathedral. S.Z.WANG

速写

Arcade in Paris

paris. S.Z.WANG. 2025

strasburg cathedral. S.Z. WANG. 2025

速写

看不尽的法国
L'œil inlassable sur la France

这趟法国之行，严格算起来，整整一个月。博物馆看了不下三十家，走过的城市从繁华的巴黎到偏远的山村，从海边的格拉斯、戛纳、尼斯，到内陆的阿尔勒、贝桑松、斯特拉斯堡，还不算途经的无名小镇，或者停下来只为喝一杯咖啡的路边小站。我原以为自己此行的目的是“系统地看法国艺术”，但越走越发现，那些真正动人的体验，往往不在展柜里，而在展柜外，在城墙阴影中，在一个被风吹铃响的老钟楼下。

巴黎当然依旧让人目不暇接。卢浮宫的宏伟、奥赛的光线、大皇宫里的现代装置、街角的独立画廊与左岸旧书摊，一次又一次地带给我精神上的洗礼。但相比之下，在小地方的收获，更像是悄然逼近的亲密——阿尔勒黄昏下的剧场轮廓，贝桑松不动声色的要塞线条，无一不是法兰西审美中“耐人寻味”的体现。

旅行的后半段，我逐渐放弃了“把所有重要的都看完”这种徒劳的想法，实在太多了，哪里看得完？转而学着放慢脚步，看花窗投下来的光影，看十字路口一位老太太走路的姿态，看博物馆地砖上的磨痕和修补痕迹。我开始相信，那些“非看不可”的，其实你早晚会遇到；而更能拨动心弦的，就发生在不经意的时候。

在寂静的沙佩尔－维拉尔，我在石屋中住了两天。不是为了看什么特别的风景，而是为了什么都不看。早晨的风吹动栗树叶子，傍晚有一位农夫递来一小把干香草，夜里没有路灯，只听得见自己的呼吸。那时我才真正理解，法国的魅力，并不仅仅在艺术品和历史遗迹里，而在其整体的美学态度中——它可以是富丽堂皇的，也可以是素净如水的。

写到这里，我其实很难说“结束”这个词。一个月是远远不够的，甚至一年也不够。法国不是一个能“完成”的旅程，它更像是一部展开的手稿，有些章节已经写得斑斓，有些只写了几行注脚。还会再来，带着另一双眼睛、另一种心情，去看那些还未曾翻阅的段落。

2025 年 8 月 1 日于洛杉矶